PATTLOCH

Reimer Gronemeyer
Andreas Heller

In Ruhe sterben

Was wir uns wünschen und was die moderne Medizin nicht leisten kann

PATTLOCH

Besuchen Sie uns im Internet:
www.pattloch.de

FSC
www.fsc.org
MIX
Papier aus verantwortungsvollen Quellen
FSC® C083411

Dieses Werk wurde vermittelt durch
Aenne Glienke | Agentur für Autoren und Verlage,
www.AenneGlienkeAgentur.de.
Umschlaggestaltung: ZERO Werbeagentur, München
Redaktion: Ilka Heinemann
Satz: Adobe InDesign im Verlag
Druck und Bindung: CPI books GmbH, Leck
ISBN 978-3-629-13011-2

2 4 5 3 1

*Gewidmet der Geschäftsführung, den Leitungskräften,
den Mitarbeiterinnen und Mitarbeitern der
Rheinischen Gesellschaft, Leichlingen,
für ihre eindrucksvollen Bemühungen
um ein gutes Leben und ein gutes Sterben*

Inhalt

1. Kapitel
Was wir uns wünschen und was die Medizin nicht leisten kann
9

2. Kapitel
Was hat sich heute im Umgang mit dem Sterben verändert?
29

3. Kapitel
Was hat die Gesellschaft der Hospizbewegung zu verdanken?
70

4. Kapitel
Warum in Deutschland so lange nicht über das Sterben geredet werden konnte
98

5. Kapitel
Warum tun wir Deutschen uns so besonders schwer mit dem Sterben?
120

6. Kapitel
Was wird aus der Trauer in modernen Zeiten?
142

7. Kapitel
Warum ist das Sterben in Pflegeheimen in Verruf?
157

8. Kapitel
Warum schaffen wir die Heime nicht ab?
182

9. Kapitel
Warum ist es so schwer, zu Hause zu sterben?
205

10. Kapitel
Warum ist die Hospizbewegung in Gefahr?
222

11. Kapitel
Warum geben wir die Verantwortung für unser Leben und Sterben ab?
246

12. Kapitel
Wie wir uns freundschaftlich sorgen können
264

Anmerkungen
293

1. Kapitel

Was wir uns wünschen und was die Medizin nicht leisten kann

»Die Sorge für den Schwachen schützt den Starken selbst. (...) Der Mensch, der es ablehnt, dem sinkenden Leben gut zu sein und der fortschreitenden Einengung, die es erfährt, zu Hilfe zu kommen, versäumt eine wichtige Chance, zu verstehen, was überhaupt Leben ist, wie unerbittlich seine Tragik, wie tief seine Einsamkeit, und wie sehr wir Menschen miteinander solidarisch sind.«

Romano Guardini

Wir leben heutzutage länger, und wir sterben länger. Wir sterben nicht plötzlich und unerwartet, sondern eher langsam und vorhersehbar. Zudem: Sterben ist längst kein sprachloses Tabu mehr. Eine »Überredseligkeit« (Martina Kern) ist beobachtbar. Wie kommt es, dass jetzt so viel über Sterben und Tod geredet wird? Ist da nichts spürbar als ein allgemeines Zähneklappern, das durch Geschwätz überdeckt werden soll? Werden Sterben und Tod gegenwärtig und – das hat es noch nie gegeben – zum Projekt von Experten, zum Marketingmodell von Klinik- und Pflegeheimketten? Wird Sterben zum Geschäftszweig, und übertönt diese Sterbegeschäftigkeit die Möglichkeit des »eigenen Todes«?

Der Wunsch, einen eigenen Tod zu haben, steht auf der roten Liste. Die verlorene Transzendenz, der Himmel als Horizont des Lebens und Sterbens, ist abgedunkelt und wird durch eine Technokratie ersetzt. Hinter der gegenwärtig erkennbaren Sturzflut von palliativen Angeboten wird eine Heimatlosigkeit des Sterbens erkennbar, die aller lokalen

Formen des Umgangs mit dem Lebensende entkleidet ist. Sterben wird hergestellt, wenn nötig geplant, assistiert vollzogen und so zum neutralisierten kontrollierten Verfahren. Dem fügen wir uns ängstlich, manchmal wortlos, oft hilflos und ohnmächtig. Die Möglichkeit zum eigenen Tod wird herausoperiert aus dem Leben. Die moderne Medizin hat uns unfähig gemacht, mit dem Schmerz, der Einsamkeit, den Demütigungen des Alterns und dem Sterben sozial und menschlich umzugehen.

Der medizinische Kampf gegen den Tod hat absurde Züge angenommen. Dieser medizinische Kampf, den Tod zu überwinden, erfordert Einspruch und Widerspruch. Wir brauchen keine neuen Versprechungen von »magischen« (und oft exzessiv teuren) Medikamenten, von der Heilung aller Krankheiten, von der kosmetischen Reparatur der Körper, der Schaffung neuer technischer Identitäten. Die Medizin muss selbst in die Schule des Sterbens gehen. Dort wird sie lernen, das Sterben in ihr Selbstverständnis aufzunehmen. Sie wird erkennen, dass Sterben und Tod immer zentrale Dimensionen menschlichen Lebens bleiben. Erst indem die moderne Medizin eine Beziehung zum Sterben gewinnt, wird sie wieder in Beziehung kommen mit den Sterbenden und gutes Leben bis zuletzt ermöglichen.

Die Kunst des Sterbens ist mit der Kunst des Lebens verschwistert, und wenn die Kunst des Sterbens ausgelöscht ist, dann schwindet auch die Lebenskunst. Anders gesagt: Die Abwesenheit einer sozial getragenen Kunst des Sterbens enthüllt, dass die Kunst des gemeinsamen Lebens verschwunden ist.

Was aber macht unser Leben gut und sinnvoll? Was lässt sich von sterbenden Menschen lernen? Was bedauern sie eigentlich am meisten? Angesichts der radikal verkürzten Lebenszeit, mit der Sterbende konfrontiert sind, gilt das größte Bedauern der Erkenntnis, das eigene Leben nicht gelebt zu haben. Man war gefangen im gesellschaftlichen Spiel, zu tun, was »man« von einem erwartet und was andere von einem wollten. Niemand ist traurig darüber, zu wenig gearbeitet zu haben. Im Gegenteil, die Arbeit war zu dominant im Leben. Es blieb zu wenig Zeit, um mit Freunden und Freundinnen wärmend verbunden gewesen zu sein.[1]

Vom todsicheren Tod her zu leben heißt, wesentlicher zu leben. Entscheidungen darüber, was wichtig und unwichtig ist, wofür Zeit investiert wird und wofür nicht, werden im Sterben klarer. Man muss aber nicht erst schwerkrank und sterbend sein, um verpasste Begegnungen, ungelebte Beziehungen zu bedauern, zu beklagen, dass Dankbarkeit und Freude, Liebe und Lust unausgedrückt blieben. Vielleicht leisten wir uns zu wenig »Verrücktsein«, ein »Wegrücken« von den allgemeinen Erwartungen, den sozialen Konventionen, von den Spielregeln des gesellschaftlichen Leistungsspiels. Achten Sie darauf, den eigenen Lebensfaden zu spinnen, den Intuitionen des Glücks, der Freiheit, der Liebe, der Leidenschaft und der Freundschaft zu folgen?

Was wir aber brauchen, ist die freundschaftliche Sorge anderer. Wir Menschen sind eben überaus sorgebedürftig. Die Fürsorge anderer begleitet unser Leben. Ihr Sorgen ermöglicht unser Leben. Diese Sorge ist ein Geschenk, das wir empfangen und dann erst weitergeben. Am Lebensende sind wir radikal auf eine Umsorge angewiesen, die sich nicht berechnen und verrechnen lässt, nicht im Planungsprojekt einer standardmäßigen gesellschaftlichen Sterbeentsorgung aufgeht. Wir können eben nicht leben und nicht sterben ohne das Wohlwollen, die sorgende Wärme und das Geschenk der »Umsonstigkeit« (wie der Priester und Autor Ivan Illich es genannt hat[2]) freundschaftlich Sorgender.

Wovon handelt dieses Buch? Wir haben nicht die Absicht, jene Medizin zu kritisieren, der es um das Heilen geht und die, wenn nichts mehr zu heilen ist, sich um eine gute Zuwendung und Sorge am Lebensende müht. Wir kritisieren aber einen Gesundheitsapparat, der das Lebensende zu einem Behandlungsprojekt macht, in dem eine schwer zu entwirrende Mischung aus Profitinteresse und Standespolitik vorzuherrschen beginnt; bei dem Sterben zu einer Krankheit gemacht wird, die kontroll- und überwachungsbedürftig ist. Dieser Vorgang – die Verkrankung des Sterbens – entzieht sich immer mehr der Kritik, weil die Betroffenen selbst inzwischen gar keine andere Vorstellung mehr haben als diese: dass der Sterbende ein Fall für die Medizin ist, ein Objekt und ein Kunde der Gesundheitsindustrie.

Innerhalb weniger Jahre ist es gelungen, um das Lebensende herum eine palliative Versorgungsindustrie aufzubauen, die dazu tendiert, besinnungslos flächendeckend zu werden. Jeder, der außerhalb des inkludierenden palliativ-medizinischen Komplexes stirbt, wird allmählich zum Irrläufer, zum bedauerlich schlecht Versorgten. Schritt für Schritt ist der, der nicht plötzlich am Infarkt stirbt oder am Steuer seines Autos umkommt, zum selbstverständlichen Adressaten der ambulanten oder institutionellen Fachversorgung geworden. Innerhalb kurzer Zeit ist ein Projekt realisiert worden, das den Sterbenden, der nicht professionell versorgt ist, zum Unglücklichen und bald wohl auch geradezu zum Außenseiter, zum Dissidenten und (bald vielleicht schon) zum Saboteur macht.

Es wird heutzutage viel über das Sterben geredet. Aber man hat das Gefühl: Wir wissen biologisch-medizinisch alles, aber zugleich wissen wir über das, was sterben heißt – nichts. Der Gedanke an den Tod ist wie ein Eisklumpen in uns. Wir ahnen gerade noch, dass das Leben mit dem Tod zu tun hat, aber ansonsten schieben wir den unangenehmen Gedanken, dass alles irgendwann ein Ende hat, weg. Das große Geheimnis lassen wir nicht an uns heran. Woran liegt es? Vielleicht ist uns die Frage nach dem Sinn des Lebens schon so abhandengekommen, dass die Sinnlosigkeit des Todes uns nur noch schwach berührt? Je weniger der Mensch sich derartige Gedanken und Gefühle noch leistet, desto leichter lässt sich der Tod vergessen. Nein, verdrängt werden Sterben und Tod nicht mehr, sie werden unablässig beredet, aber sie sind auf das Niveau eines organisatorischen Problems abgestürzt, nicht verdrängt, sondern weggeordnet.

Der Apostel Paulus konnte noch mit provozierender Kühnheit sagen: »Der Tod ist der Sünde Sold!« Pustekuchen! Auch eine so ekstatische Formulierung, wie sie Rainer Maria Rilke gewagt hat: Der Tod sei der »trauliche Einfall der Erde«, taugt allenfalls für die Ansprache eines professionellen Trauerredners. Dass der Tod die »Gipfelung des Lebens« sei – so hat Friedrich Hölderlin zugespitzt –, das können wir nicht einmal zu denken wagen. Gern wird gesagt, dass das palliative Projekt ja nur die Voraussetzung dafür schaffen wolle, dass man seinen eigenen Tod sterben könne. Das wird zur schönen Floskel – wenn die Betroffenen vom Versorgungsrauschen so eingelullt sind, dass die eigenen Gedanken und Empfindungen zum Nebenschauplatz werden –, für die dann die Experten für Spiritualität und Gespräch zuständig sind.

Jeder stirbt den Tod, den er verdient. Sollte diese finstere Vermutung stimmen? Dann müsste unsere Zeit, die das Leben vor allem als einen Akt des Verbrauchs von Waren und Dienstleistungen zu verstehen lehrt, auch das Lebensende auf dieses Niveau herunterbringen: Verbraucher und Kunde bis zuletzt. Eingebettet in ein palliatives Rundum-Sorglos-Paket, kann der *homo consumens* tatsächlich seinem Ende in bedauernder Ruhe entgegensehen: Eine gut organisierte Versorgung, zu der garantierte Schmerzfreiheit ebenso wie professionelle Versorgung und im Zweifelsfall terminale Sedierung gehören, lässt die empörte Frage nach dem Sinn oder Unsinn des Todes nicht mehr aufkommen. Wir bekommen den Tod, den wir verdienen: Mit der Patientenverfügung ausgestattet, im Bewusstsein der Gegenwart von Spezialisten, die Versorgungsbedürfnisse aller Art zu *managen* wissen – für den Dekubitus der Seele gibt es den Spiritualitätsbeauftragten –, gaukeln wir uns vor, das Lebensende in den Griff zu bekommen.

Der »Triumph der Medikalisierung« – den schon der französische Historiker Philippe Ariès konstatiert[3] – bringt die Gefahr mit sich, dass der Tod zum Projekt einer professionellen, qualitätskontrollierten, standardisierten Ablauflogik wird. Möglicherweise ist die Medikalisierung des Sterbens die einzige tragbare Antwort, die wir haben – nachdem die religiösen Hoffnungen abgeräumt sind.

Aber zwei Fragen bleiben. Die eine lautet: Bringt die Medikalisierung des Sterbens die schwere, unabweisbare Frage zum Schweigen: Hat das Sterben einen Sinn, oder ist es der Sieg des Sinnlosen über das Leben? Die andere: Wie kann die Frage nach der wärmenden Nähe von Menschen wieder in den Vordergrund rücken, die jetzt hinter dem Ausbau von Professionalisierung zu verschwinden droht?

Das sind die Fragen, die die Menschen bedrängen: Will ich unter diesen Umständen eigentlich noch leben? Darf ich im Innersten auf den erlösenden Tod meines leidenden Angehörigen hoffen? Warum kann jeder leidende Hund durch eine Spritze »erlöst« werden, wir Menschen aber nicht? Darf ich mir die Beschleunigung meines Sterbens wünschen, darf ich sie fordern? Übertrete ich da religiöse oder juristische Grenzen – oder beides? Die Gefahr, mit der wir heute konfrontiert sind, besteht darin, dass diese ernsten und innersten Fragen nur noch als technische auftauchen: Diese medizinische Maßnahme, ja oder nein?

Bei allem Respekt vor den palliativen Bemühungen beschleicht uns der Eindruck, dass die immer perfektere professionelle Kompetenz das verschüttet, was einmal die wichtigen Fragen waren. Was geschieht mit mir? Was geschieht mit den Menschen, die ich liebe, was ist der Tod? Was heißt es für mich, zu sterben, was für andere? Die perfekte Versorgung – stopft sie vielleicht den Sterbenden den Mund? Lenkt die überorganisierte Versorgung systematisch ab von den Fragen der Sterbenden, die die Überlebenden nicht hören wollen? Dient die professionelle Versorgung am Lebensende zuerst den Versorgenden, weil so drohende Fragen auf ein medizinisch-pflegerisch-technisches Gleis geschoben werden können?

Vom Tod in seiner metaphysischen, kosmischen, ungeheuerlichen Dimension ist nicht mehr die Rede – unablässig aber von seiner Verwaltung. Das Sterbegeschnatter ist vielleicht der nervöse Ausdruck für den Versuch, das Nachdenken über den Tod zu vermeiden. Es ist, als würden im Angesicht des professionalisierten Umgangs mit dem Lebensende die inneren Resonanzräume der Menschen verschwinden. Doch wenngleich die Sehnsucht nach Sinn und Bedeutung vielleicht unter dem palliativen Projekt verborgen ist, so ist sie nicht zum Verschwinden gebracht. Sie meldet sich, sie klopft an. Wir werfen uns der palliativen Technik verzweifelt in die Arme, weil es keine Alternative zu geben scheint. Aber die Verzweiflung und die Hoffnung und die Sehnsucht sind durch die Verprojektung des Lebensendes nicht zum Schweigen zu bringen.

Im alten Japan gab es Meister des Zen, die dem Tod als dem Geleiter in das alles aufhebende Sein in besonderer Weise entgegengingen: Wenn sie den Augenblick ihres Sterbens für gekommen erkannten, luden sie ihre Freunde zu einem letzten gemeinsamen Mahl ein. Wenn das Mahl zu Ende war, begaben sie sich in die Mitte des Kreises, schrieben ein letztes Gedicht und gingen in die Versenkung, die Meditation – aus der sie nicht mehr zurückkamen.[4]

Natürlich ist das eine außerordentliche Heiligengeschichte, keine Möglichkeit für uns. Aber sie erzählt, dass die Weise des Sterbens aus dem Leben kommt. Und das gibt uns etwas zum Nachdenken. Welche Weisen des Sterbens können sich aus dem ergeben, was wir leben? Bleibt uns wirklich nur eine Existenz als Palliativkunde im System – begleitet vom ultimativen patientenverfügten Schutzbrief in einer vom Sicherheitswahn besessenen Gesellschaft?

Wir sind Diesseitskrüppel: Die Hoffnung auf etwas, was nach dem Tod kommt, ist den meisten abhandengekommen. Deswegen sind die Menschen vor allem auf ein schmerzfreies Lebensende und auf das Bleiben bedacht. Dass zum Leben das Leiden gehört, lässt sich zwar leicht sagen, aber schwer ertragen. Sieht man im Tod nur das Ereignis, das das Leben unerbittlich beendet, dann ist es unmöglich geworden, den Tod als etwas zu begreifen, was zum Leben gehört; was die Kehrseite des Lebens ist; was dem Leben erst seinen Sinn und seine Bedeutung verleiht.

Es bleibt – wenn man es riskiert, über Sterben und Tod nachzudenken – ein merkwürdig zwiespältiger Eindruck: Wir sind gut ausgestattet, die von Experten getragene Versorgung am Lebensende wird immer besser, sie ergänzt unser Eingebettetsein um den letzten noch fehlenden Mosaikstein. Gut so. Reichtum und Sicherheit überall. Sogar am Ende. Und dennoch breitet sich bei uns – umringt und gesichert von Expertenstandards – eine unendliche Armut aus: Noch nie waren Menschen dem Tod so hoffnungslos ausgeliefert wie heute.

Der Tod ist kein Tor zu einem anderen Leben – wie fast alle Religionen es auf ihre je eigene Weise formuliert haben –, sondern das unwiderrufbare Ende. Wer da angekommen ist, warum sollte der nicht den sedierten, professionell verwalteten Tod als die logische Konsequenz ansehen?

Es war aber ein reicher Mann, der kleidete sich in Purpur

Wir sind so reich.

Deshalb ist das Ende so schwer.

Reich sind wir im materiellen Sinn, aber nicht nur darin. Die Zahl der Gegenstände, die wir besitzen. Die Zahl der Quadratmeter, die wir bewohnen. Un-*trag*bar eigentlich, wenn wir an unsere nomadischen Vorfahren denken. Niemand kann bei uns noch *tragen*, was er besitzt. Darum ist unser Leben un*erträg*lich. Und das Sterben auch. Deshalb ist der Ruf nach einem leichten Leben angebracht, nach dem »Lifestyle des Loslassens (...). Was man *nicht* hat, braucht keinen Raum, was man *nicht* hat, kann *nicht* geklaut werden, was man *nicht* hat, braucht man *nicht* umzuziehen, was man *nicht* hat, kostet nichts«, wie der Soziologe Harald Welzer es formuliert.[5]

Vielleicht ist die Familie vorbildlich, von der berichtet wird: Sie bringt einmal im Jahr alles, was in der Wohnung steht, auf die Straße, um dann gemeinsam zu entscheiden, was wieder hereingeholt werden soll. Möglicherweise müssen wir darüber nachdenken, was »leicht sterben« heißt, was loszulassen ist, worauf verzichtet werden muss (nicht erst) am Lebensende?

Aber reich sind wir, wie gesagt, nicht nur im Blick auf die Objekte, mit denen wir uns ausgestattet haben. Die Schränke quellen über von Hemden, Pullovern, T-Shirts, Anzügen, Kleidern, Outdoorsachen, Indoorkleidung – Schuhen für das Joggen, das Theater, die Freizeit usw. Vielmehr drohen wir auch am Überfluss der nichtmateriellen Güter zu ersticken. Bildungsgüter, die uns umstellen, Gesundheitsdienstleistungen, die uns aufgedrängt werden, Freizeitangebote, die uns verkauft werden; der Dreitagetrip nach Lanzarote, die Wellnesstage zwischendurch. Inmitten der Tabletten, Rehamaßnahmen, Last-Minute-Angebote, Festspielbesuche und Internetsurfereien entgleitet uns das Leben, das ahnen wir immer wieder. Die wachsende Zahl der Dinge, die Springflut der Unterhaltungen, das Rauschen des Lebens, der anschwellende Lärm – das alles verdeckt die Einsicht, dass das Leben woanders ist.

»Wenn ich Arzt wäre und mich einer fragte: ›Was meinst du, muß getan werden?‹, so würde ich antworten: ›Das erste, was getan werden muß, und die unbedingte Voraussetzung dazu, daß überhaupt etwas getan werden kann, ist: ›Schaffet Schweigen!‹ Der Mensch, dieser gewitzigte Kopf, sinnt fast Tag und Nacht darüber nach, wie er zur Verstärkung des Lärms immer neue Mittel erfinden und mit größtmöglicher Hast das Geräusch und das leere Gerede möglichst überallhin verbreiten kann. Ja, was man auf solche Weise erreicht, ist wohl bald das Umgekehrte: Die Mitteilung ist an Bedeutungsfülle wohl bald auf den niedrigsten Stand gebracht, und gleichzeitig haben umgekehrt die Mittel der Mitteilung in Richtung auf eilige und alles überflutende Ausbreitung wohl das Höchstmaß erreicht; denn was wird wohl hastiger in Umlauf gesetzt als das Geschwätz?«[6] Søren Kierkegaard, der dänische Philosoph und Theologe, hat nicht ahnen können, wie viel größer der Lärm noch werden konnte: In der Raserei der Informationsgesellschaft hat sein »Schaffet Schweigen!« noch eine ganz andere Dimension bekommen – und verhallt gänzlich ungehört. Das Getöse des materiellen und immateriellen Reichtums ist lebensverhindernd, das ahnen wir und erkennen es in klaren Augenblicken. Aber das Getöse hält uns im Griff, es lähmt, es sediert. Das Getöse ist ein *pain killer*, das die schmerzvolle, quälende Wahrnehmung abtötet, die uns ahnen lässt, dass wir das Leben versäumen. *Total pain management*: Das ist unser Alltag, in dem wir das Leben ertränken. Bisweilen kann man den Eindruck haben, dass dieses Getöse heute auch in den letzten Lebensabschnitt eindringen will. Sind die palliativen Orte nicht in der Gefahr, zu Orten anschwellenden Getöses zu werden? Konzepte, Therapien, Dienstleistungen, Programme und natürlich auch Apparate, Ausstattungen, Ärzte. Wann schreit der erste palliative Patient: »Wie kann ich hier irgendwo in Ruhe sterben?« Natürlich ist an diesen Orten für Ruhe gesorgt und an spirituelle Zuwendung längst gedacht. Aber ist die organisierte, ausgeklügelte palliative Stille das, was Kierkegaard herbeiruft: »Schaffet Schweigen!«?

Man mache sich die Beschaffenheit der palliativen Orte an diesem Beispiel klar: Ein Kind, das in den Straßen von New York groß wird, berührt niemals etwas, »was nicht wissenschaftlich entwickelt, fabriziert, geplant und irgendjemandem verkauft worden ist. Sogar die Bäume sind dort, weil die Gartenbaubehörde beschlossen hat, sie dorthin zu setzen. Die Witze, die das Kind im Fernsehen hört, sind kostspielig produziert worden. Der Müll, mit dem das Kind auf Harlems Straßen spielt, besteht aus kaputten Packungen, die für jemand anderen geplant worden waren. (...) Selbst das Lernen wird als Konsum von Themen definiert, die das Ergebnis eines auf Forschung und Planung beruhenden Programms sind. Um welche Ware es sich auch handeln mag, sie ist das Produkt einer spezialisierten Institution.«[7]

Täuscht der Eindruck? Oder nähern sich die palliativen Orte, die Sterbeorte, diesem Bild, das von dem Kind in New York gezeichnet wird? Das Kind kann auf nichts mehr stoßen, was nicht geplant, gekauft, gemacht ist. Der Sterbende wird in ein palliatives Paket gewickelt, das immer mehr zu einem hervorragenden, perfekten Produkt wird – das aber gerade dadurch so unheimlich wird, weil in ihm das Ungeplante, das Überraschende nicht mehr vorkommt, zumindest nicht vorkommen soll. Das New Yorker Kind und der Palliativpatient sind in einer Kunstwelt angekommen. Es wäre darüber nachzudenken, was da ausgesperrt bleibt. Füllen sich die Menschen am Lebensende noch einmal die Taschen mit Angeboten, mit Dienstleistungen, Waren? *Kunde* bleiben bis zuletzt? Ist der palliative Ort die Fortsetzung des konsumistischen Alltags – bis zum Ende? Überraschungsfrei, so sicher wie die All-inclusive-Reise? Der Verdacht keimt, dass die palliative Betreuung vielleicht, vielleicht die Erfahrung ausschließt, so wie das New Yorker Kind vom Umgang mit dem nicht Geplanten ausgeschlossen ist.

In Begegnungen mit Menschen, die nicht aus unserer Überflussgesellschaft kommen, etwa mit Menschen in Afrika, könnte man den Eindruck gewinnen, dass unser materieller und immaterieller Reichtum auch eine Beschwernis zur Folge hat, die Leben und Tod mit einem bleiernen Gewicht belastet. Wir sind so vollgestopft mit Individualität, dass unser Ende dem Ende der Welt gleichzukommen scheint. Vielleicht sind Menschen, die in eine große Familie oder Gruppe eingebunden sind, die es gewohnt sind, sich nicht zu wichtig zu nehmen, dem Leben und dem Sterben gegenüber freier – *unbeschwerter?*

In der langen Geschichte der Individualisierung löst sich das Einzelwesen allmählich aus der Gruppe – und damit erst scheint der Tod zum wirklichen Schrecken werden zu können. Das Bewusstsein vom Tode ist der Begleiter der Geschichte der Individualisierung, die für unseren Kulturkreis ab der griechischen und hebräischen Antike sichtbar wird. Die in der Antike aufkommenden Mysterien, die philosophischen Sekten bereiten vor, was das Christentum dann dieser individualisierten Todesangst entgegensetzen wird: die Hoffnung auf ein ewiges Leben. Christentum und Buddhismus finden angesichts des Prozesses der Individualisierung jeweils Antworten auf das Todesthema, die einerseits ganz gegensätzlich wirken, aber doch heimlich tief verbunden sind. Christus – so der Philosoph Paul Ludwig Landsberg – verspricht eine Geburt, der kein Tod mehr folgen kann, Buddha verspricht einen Tod, dem keine Geburt mehr folgen kann und nur darum kein neuer Tod mehr. »Das Christentum ist die höchste Bejahung eines über den Tod siegreichen Lebens. Der Buddhismus ist die Verneinung des Lebens um der Wirklichkeit des Todes willen.«[8]

Es gibt eine biblische Geschichte, in der sich diese christliche Hoffnung ebenso radikal wie brutal liest. Es ist die Geschichte vom reichen Mann und vom armen Lazarus. »Es war aber ein reicher Mann, der kleidete sich in Purpur und kostbare Leinwand und lebte alle Tage herrlich und in Freuden. Ein Armer aber mit Namen Lazarus lag vor seiner Türe; der war mit Geschwüren bedeckt und begehrte sich von dem zu sättigen, was vom Tisch des Reichen abfiel; dagegen kamen die Hunde und beleckten seine Geschwüre.« So steht es im Lukasevangelium (Kapitel 16,19–31). Beide sterben – so wird erzählt. Und im Totenreich schlägt der Reiche – von Qualen geplagt – die Augen auf und sieht Abraham und in seinem Schoß Lazarus. Und er ruft nun mit lauter Stimme: »Vater Abraham, erbarme dich meiner und sende Lazarus, damit er die Spitze seines Fingers in Wasser tauche und meine Zunge kühle, denn ich leide Pein in dieser Flamme.« Abraham antwortet ihm: »Kind, bedenke, dass du in deinem Leben dein Gutes erfahren hast und Lazarus gleichermaßen das Böse. Jetzt wird er getröstet und du leidest Pein.« Die

Kluft zwischen dort und hier sei – so Abraham – zudem so groß, dass man sie nicht überqueren könne. Darauf bittet der reiche Mann, Abraham möge sein Haus und seine Familie warnen vor dem, was sie an Qual erwarte. »Sie haben Mose und die Propheten, sie sollen auf sie hören«, sagt Abraham. Nein, antwortet der reiche Mann, nur wenn einer von den Toten käme, würden sie Buße tun. Aber Abraham gibt nicht nach: »Wenn sie auf Mose und die Propheten nicht hören, werden sie sich auch nicht gewinnen lassen, wenn einer von den Toten aufersteht.«

Eine harte, eine unerbittliche Geschichte, die – religionsgeschichtlich – wohl darauf reagiert, dass die Botschaft vom auferstandenen Christus nicht gehört wurde. Deshalb erzählte man diese Drohgeschichte. Das Böse wird sich rächen, lautet die Botschaft.

Man möchte zustimmen, man möchte sagen: Ja, der reiche Mann hat es nicht anders verdient. Man möchte hoffen, dass es so etwas wie eine ausgleichende Gerechtigkeit gibt, dass die Unbarmherzigen gestraft und die Leidenden getröstet werden. Man möchte auch da zustimmen: Ihr hättet es wissen können, was gut ist und was böse. Aber die Reichen – so kann man der Geschichte entnehmen – hören nicht und werden nicht hören. So einfach ist es. Und fallen nicht in unserer Zeit die Welt der Reichen und die Welt der Armen immer weiter auseinander? Würde man sich nicht wünschen, dass da Gerechtigkeit wiederhergestellt wird, dass irgendwann und irgendwo gestraft und belohnt wird? Gleichzeitig drängt sich die beklemmende Frage auf: Würde ich selbst eher auf die Seite des Lazarus oder auf die Seite des reichen Mannes, der sich in Purpur kleidet, gehören?[9]

Verwirrende Fragen tauchen auf: Sind unsere palliativen Einrichtungen der Schoß Abrahams, in dem wir geborgen, geschützt und getröstet sind? Oder sind es die Gemächer der

Reichen, in denen man das Flehen derer, die mit Hungergeschwüren vor der Tür liegen, nicht hören kann und muss? Hieße das: Purpur für alle? Palliative Versorgung als weltweite, globale Struktur, die allen Menschen zur Verfügung steht? Jeder weiß, dass das so nicht sein wird.

Die Grenzen der Reichtümer der Erde sind heute für alle, die das sehen wollen, sichtbar geworden. Kein Durchbruch in Wissenschaft oder Technik könnte jeden einzelnen Menschen auf dieser Welt die Waren und Dienstleistungen verschaffen, die heute in den reichen Ländern zur Verfügung stehen. Stattdessen wird unablässig neue Nachfrage nach institutioneller Behandlung geschaffen, und die Nachfrage wächst schneller, als die Dienstleistungsinstitutionen sie liefern können.[10] Insofern muss man befürchten, dass die palliativen Orte doch eher dem Purpur ähneln, in den sich der reiche Mann kleidet, als dem Schoße Abrahams.

Wer hat dieses Buch geschrieben und warum?

Reimer Gronemeyer ist 1939 geboren, Andreas Heller 1956. Wir haben beide unterschiedliche Erfahrungen mit dem Sterben gemacht und machen müssen. Gemeinsam ist uns, dass in unserem Umfeld lange Zeit darüber nicht gesprochen wurde, über Jahre und Jahrzehnte unseres Lebens nicht.

Reimer Gronemeyer ist ein Kriegskind, hat die Bombenangriffe auf Hamburg in Erinnerung, die Feuerstürme, die Nächte in Bunkern, die Hakenkreuzfahnen in den Straßen. Und später das eisige und eiserne Schweigen über die Nazizeit in der Familie. In der Schule und in der Familie atmete man die stählerne Disziplinargesellschaft ein, die sich allmählich in eine Leistungsgesellschaft verwandelte. Die Erwachsenen versuchten, ihre emotionale Verkrüppelung auf die nächste Generation zu übertragen. Sexualität und Tod waren die zentralen Tabus dieser Gesellschaft, in der ein Junge nicht weinte und elterliche Zuwendung eher als ein Zeichen von Schwäche galt.

Andreas Heller gehört der sogenannten Babyboomer-Generation an, also den geburtenstarken Jahrgängen der fünfziger und sechziger Jahre. Er ist ein Nachkriegskind, hineingeboren in eine Zeit, in der die Tabus der Disziplinargesellschaft nachwirkten und weder Eltern noch Lehrer über die Erfahrungen des Krieges, über Gewalt, Sterben, Tod sprechen wollten und konnten. Im Gegenteil, in der Volksschule war die Prügelstrafe an der Tagesordnung. Die Turnstunden im Jahr 1966 in Düsseldorf bestanden aus Exerzierübungen auf dem Schulhof, und am Gymnasium pflegte der Lateinlehrer seine Bestrafungsaktionen faschistisch zu begründen: Wegen Zersetzung der Wehrkraft.

Wir verkörpern also zwei verschiedene Lebensgeschichten, zwei Generationen, die doch verbunden und aufeinander bezogen sind. Wir haben selbst erst lernen müssen, miteinander zu reden über das, was uns und anderen passiert ist. Wir haben Menschen und Orte aufgesucht, die für unsere Spurensuche auskunftsfähig und von Bedeutung sind.

In unseren beruflichen Tätigkeiten an der Universität entdeckten wir viele gemeinsame Interessen. Wir wollten Studierende und Doktoranden dabei unterstützen, sich diesen Themen zuzuwenden. Über Forschungen und Beziehungen, in Seminaren, öffentlichen Vorträgen, Beratungen haben wir den Alltag des Sterbens in Deutschland besser verstehen gelernt. Wir versuchen im wissenschaftlichen Beirat und im Stiftungsrat des Deutschen Hospiz- und PalliativVerbands (DHPV, Berlin) unsere Perspektiven einzubringen für die Stärkung der ehrenamtlichen Hospizarbeit. Wir sind überzeugt, dass die Hospizidee und die Praxis einer umfassenden hospizlich-palliativen Sorge eine große humanitäre Möglichkeit für die Gesellschaft eröffnet, Prozesse der Empathie und Reflexion, des friedlichen und freundschaftlichen Verstehens in Gang zu setzen. Schließlich geht das Sterben alle an und wird alle betreffen. Und wir wissen, dass die Auseinandersetzung mit dem Sterben das Leben befördert, ein gutes Leben hier und jetzt ermöglichen kann. Gleichzeitig sind wir in Sorge und Unruhe, dass diese wunderbare Möglichkeit zerbricht und deformiert wird und vor unseren Augen abgelöst und aufgelöst wird in eine »Verprojektung des Sterbens«, in eine kontrollierte Sterbebürokratie.

In einem lang herrschenden kulturellen Muster sind wir im sogenannten Abendland seit den Pestzeiten immer wieder der Versuchung erlegen, Schwache, Kranke, Hilfsbedürftige, Menschen, die anders sind, zu isolieren, in Quarantäne zu schicken, in Lagern zu konzentrieren, sie aus der Gemeinschaft auszusondern und zu töten. Das beginnt mit dem kollektiven Im-Stich-Lassen der Pestkranken seit dem 14. Jahrhundert[11] und setzt sich fort in den kolonialen und von Amnesie[12] begleiteten Praxen der sogenannten *concentration camps,* der Vorläufer der gegen die europäischen Juden und Jüdinnen gerichteten nationalsozialistischen Vernichtungspolitik. Wir sind beunruhigt, wenn wir sehen, wie alte Menschen, die mit Demenz leben müssen, in musealisierten Heimen leben, in Dörfern mit ihresgleichen gebündelt werden, wie in hochtechnisch aufgerüsteten sogenannten modernen Pflegeeinrichtungen eine elektronische Ruhigstellung dieser Generation betrieben wird, indem auf jedem Zimmer die Möglichkeit besteht, sich den ganzen Tag mit Musik aus den zwanziger, dreißiger und vierziger Jahren zu beschallen und sich mit dem Filmprogramm seiner jungen Jahre einlullen zu lassen. Konsum und Ablenkung bis zum letzten Augenblick.

Was bedeutet es, wenn heute mit viel architektonischem und ästhetischem Aufwand neue Pflegeheime errichtet werden, mit entsprechenden Farb- und Kunstkonzepten, die sich die jüngere Generation ausdenkt, natürlich ohne Beteiligung der älteren Menschen, die in diesen Heimen wohnen werden? Es wird in Mauern, in Steine, in totes Material investiert statt in Menschen, statt Beziehungen zu pflegen und menschliche Zuwendung möglicher zu machen. Vielleicht drückt sich hier ein tiefliegendes kollektives Schuld- und Schamgefühl aus. Man arrangiert halt alles im Äußerlichen, um sich innerlich nicht einzulassen und persönlich nicht auszusetzen. Der Aufwand um die »Kosmetisierung der Gebäude« ist vielleicht Ausdruck einer Absicht, den Alten und Sterbenden nicht ins Gesicht schauen zu müssen. Es wird berichtet, dass die Alten die innenarchitektonisch abgestimmten Drucke der Impressionisten von den Wänden ihrer Zimmer reißen, um sie durch Bilder von röhrenden Hirschen zu ersetzen. Das sind eindeutig symbolische Handlungen, nicht ohne Agressivität. Vielleicht wollen sie nicht in diesen Häusern leben. Vielleicht empfinden sie sie nicht als ihre Häuser.

Uns machen viele Entwicklungen im Umgang mit dem Lebensende große Sorge. Also begannen wir darüber zu reden und zu schreiben, im Rundfunk und Fernsehen Öffentlichkeit zu erzeugen, im direkten Kontakt mit der Bevölkerung auf vielen öffentlichen Veranstaltungen zu sprechen. Die Menschen hörten zu, und was noch wichtiger war, sie stimmten oft genug zu.

Es gibt in Deutschland ein weitverbreitetes Gefühl: Irgendetwas läuft hier falsch. Es muss sich etwas ändern. Wir stehen an einer Weggabelung. Es muss ein Alarmsignal sein, wenn aus den Hospizen der Eindruck wiedergegeben wird: Wir sind die Abschiebestationen der Gesellschaft. Die Patienten und Patientinnen werden immer häufiger sterbend aus den Krankenhäusern in die Hospize verbracht, oder in die Kurzzeitpflege, in die Pflegeheime. Eine dramatisch kurze

»Verweildauer« lässt sich beobachten. Es gelingt nicht mehr, den Kontakt zu diesen Menschen, ihren Familien vertrauensvoll zu entwickeln.

Eine Aufnahme in einem deutschen Pflegeheim erfordert mehr als zwanzig Assessments, also Einschätzungen über den »Status« des künftigen Bewohners. Die Pflegenden nehmen alles in den Computer auf. Es kommt vor, dass während dieser verordneten »bürokratischen Initiation« der Betroffene stirbt. Alles umsonst, die ganze Arbeit. Zurück bleiben ein toter Mensch, der im Korridor der Bürokratie starb, eine aufgelöste und entsetzte Pflegekraft, Verzweiflung, eine tränenreiche Hilflosigkeit, Wut und Empörung auf das System.

Der Alltag geht aber weiter. Das System der Medizinischen Dienste der Krankenkassen (MDK), die die Heime beaufsichtigen und die »Qualität kontrollieren«, bläht sich seit Jahren immer mehr auf. Immer neue Bürokratisierungszumutungen sind die Folge. Es müssen nicht nur die Urinmengen und Ausscheidungen beobachtet und gemessen werden, schon ist die Rede davon, »Folterbeauftragte« in die Heime zu schicken. Sie sollen Menschenrechtsverletzungen beobachten und melden.

Was steht hinter dieser »Kontrollmanie«? Drückt sich hier das schlechte Gewissen der Gesellschaft aus über die Abschiebepraxis gegenüber den Alten, die längst zu den Asylbewerbern der modernen Gesellschaft geworden sind? Ist der Kontrollwahn Ausdruck dafür, dass alles korrekt und »in Ordnung« zu sein hat, sozusagen »nach Vorschrift« gehandelt wird?

Der Deutsche Caritasverband, unter dessen Dach etwa zwanzig Prozent der Pflegeheimbetten organisiert sind, hat jetzt angekündigt, aus diesem System aussteigen zu wollen. Ein erster Schritt, verbunden mit der Einsicht, dass die Qualität des Lebens und Sterbens in deutschen Pflegeheimen von den Betroffenen her ermittelt und besprochen werden muss. Eine Wende kündigt sich an.

Dieses Buch ist erwachsen aus vielen Kontakten, offenen Begegnungen, intensiven Gesprächen mit Menschen, die unsere Sorge teilen, dass die Möglichkeit, menschlich und authentisch zu sterben, erdrückt wird von einer sozialtechnologischen Bürokratisierung und einer Vergeldlichung des Sterbens. Wir haben dieses Buch mit kritischer Sympathie geschrieben, getragen aus der Hoffnung, dass unsere manchmal zornige Bewegtheit auch andere bewegt und in Bewegung setzt, hoffentlich in Richtung einer menschlicheren Gesellschaft, die an einem menschenwürdigeren Sterben zu erkennen sein wird und in der nicht die auf der Strecke bleiben, die sich alltäglich sorgen.

2. Kapitel

Was hat sich heute im Umgang mit dem Sterben verändert?

»Der moderne Tod hat nichts, das ihm Transzendenz verleiht oder sich auf andere Werte bezieht. Fast immer ist er das unvermeidliche Ende eines natürlichen Vorgangs. In einer Welt der Tatsachen ist der Tod nur eine Tatsache mehr. Da er aber eine unangenehme Tatsache ist, die all unsere Auffassungen und den Sinn unseres Lebens in Abrede stellt, versucht die ›Philosophie des Fortschritts‹ (...) seine Existenz hinwegzuzaubern. In der modernen Welt ›funktioniert‹ alles, als gäbe es den Tod überhaupt nicht.«

Octavio Paz

Mit Blick auf das heutige Sterben sind es vor allem drei Entwicklungen, die zunächst Aufmerksamkeit verdienen. Unsere Lebensspanne, die durchschnittliche Lebenserwartung, hat sich in den letzten mehr als hundert Jahren deutlich verlängert. Wir leiden an unterschiedlichen Erkrankungen, die oft genug chronisch werden und dann zu einem langsamen Sterben führen. Wir leben länger als unsere Vorfahren, und wir sterben länger. Und schließlich hat sich der demographische Aufbau der Gesamtbevölkerung verändert. Wir haben immer weniger jüngere Menschen im Unterschied zu immer mehr älter werdenden Menschen.

Heute dominieren in unseren Breitengraden die sogenannten »Zivilisationskrankheiten« bzw. die »degenerativen Gefäßerkrankungen«; siebzig Prozent aller Todesfälle sind auf Herz-Kreislauf-, Krebs- und Lungenerkrankungen sowie Skelettveränderungen zurückzuführen. Die Krankheitsverläufe verändern sich, verglichen mit früheren Zeiten, auch und gerade im Alter. Wir stehen heute vor der Herausforderung, das hohe Alter und das lange, langsame Sterben bewältigen zu müssen. Daran entzünden sich alle Diskussionen zu diesem Thema. Langes Siechtum und Sterben werden gefürchtet, individuell wie volkswirtschaftlich. Nicht der Tod als solcher und die Tatsache, sterben zu müssen, beschäftigen uns daher heute, sondern die Umstände, das »Wie« des Sterbens. Und es ist die soziale Kernfrage des beginnenden dritten Jahrtausends, wie es gelingen kann, die wachsende Zahl älterer, hochaltriger und sterbender Menschen so zu umsorgen, dass sie nicht als ein Entsorgungsproblem gesehen werden, sondern als Aufgabe einer humanen Gesellschaft und einer kompetenten, empathischen und würdigenden Sorge.

Männer werden heute älter als Männer vor hundert Jahren, Frauen überleben im Durchschnitt Männer um eine Reihe von Jahren: Ihre statistische Lebenserwartung liegt bei mehr als achtzig Jahren. Der Anteil der über fünfundsechzigjährigen Menschen in der Gesamtbevölkerung hat sich von knapp fünf Prozent auf etwa fünfzehn Prozent erhöht. Kurz: Die Menschen in unseren Breitengraden werden immer älter, und damit steigt die Zahl der Hochaltrigen. Für Europa werden im Jahr 2050 etwa siebzig Millionen hochaltrige Menschen erwartet.

Verschiedene Faktoren haben zu dieser veränderten Lage beigetragen: Die Verbesserung der gesundheitlichen Gesamtversorgung wie der hygienischen Lebensbedingungen, das Sinken der Kindersterblichkeit und Errungenschaften durch medizinisch-technisch-pharmakologische Entwicklungen. Zusammengenommen sind das die wichtigsten Gründe dafür, dass sich die durchschnittliche Lebenszeit in den industrialisierten Ländern erheblich erhöht hat. Viele ehedem lebensbedrohende Krankheiten sind verschwunden.

Noch bis zum Zweiten Weltkrieg dominierten ansteckende Infektionskrankheiten, die sich oft genug epidemisch ausbreiteten: Cholera, Tuberkulose, Diphtherie, Pocken, Scharlach, Masern. Erst durch Entwicklungen in der Hygiene, durch medizinische Interventionen – vor allem die Impfkampagnen –, durch die Einführung und Verbreitung von Antibiotika und durch eine grundlegende Neuorganisation der Gesundheitsvorsorge konnten ansteckende Krankheiten besser unter Kontrolle gebracht werden, zumindest in den mitteleuropäischen und den industrialisierten Ländern.

Aber diese Erfolgsgeschichte der modernen Gesundheitspolitik und Medizin hat Schattenseiten. Sie ist nämlich auch eine Geschichte der staatlich und obrigkeitlich geduldeten und geförderten Menschenexperimente. Im Dienste des sogenannten medizinischen Fortschritts und legitimiert durch eine darwinistische Selektionstheorie wurden Menschen, zunächst gesellschaftlich stigmatisierte Gruppen wie Zuchthäusler, Kindsmörderinnen, Prostituierte, Bettler, »Arbeitsscheue«, als medizinische »Untersuchungs- und Experimentier-Fälle« missbraucht. Exemplarisch wird von der Kulturwissenschaftlerin Anna Bergmann auf die Forschungen des Nobelpreisträgers Robert Koch nicht nur an der Charité in Berlin, sondern auch in den ehemaligen deutschen »Schutzgebieten«, den Kolonien, aufmerksam gemacht: »Im Frühjahr 1906 begab er sich als Protagonist der deutschen medizinischen Kolonialforschung auf eine ›Schlafkrankheitsexpedition‹ nach ›Deutsch-Ostafrika‹ (heute: Republik Tansania, Republik Ruanda, Republik Burundi), das 1885 als ›Schutzgebiet‹ in deutschen Besitz genommen worden war. In sogenannten Sammel- und Konzentrationslagern wurden Kranke isoliert, und Kolonialforscher errichteten dort ihre bakteriologischen Labore. Koch experimentierte hier in einem Barackenlager an Tausenden von Menschen. Er selbst regte 1907 beim Reichsgesundheitsrat systematische Isolationsmaßnahmen gegenüber Personen an, die von der Schlafkrankheit betroffen waren: Infizierte sollten ›herausgegriffen‹ werden, um sie in Konzentrationslagern zu sammeln. Koch bezog sich dabei explizit (...) auf das britische Modell der *Concentration Camps*, die sowohl zur politischen Internierung der Burenfamilien als auch zur Isolation von Seuchenkranken eingerichtet worden waren. An 2461 Einheimischen, die von der Schlafkrankheit befallen oder nur seuchenverdächtig waren, erprobten 1907 Kolonialärzte in einem deutsch-ostafrikanischen Konzentrationslager Atoxyl (...), ein Präparat, das in Deutschland wegen seiner schweren Vergiftungswirkungen kaum angewendet wurde und neben Erblindung auch Injektionsschmerzen, Koliken und Störungen des Zentralnervensystems hervorruft. Ohne Angabe der Todesursachen starben laut Statistik der Jahre 1908/09 390 Personen, und die Experimentatoren konzedierten, dass mehrere erblindet waren.«[13] Die weiße koloniale Macht erlaubte es, Menschen neben allen rechtlichen Rahmenbedingungen als Material zu benutzen, den Verlauf der Infektionen und des Sterbens zu beobachten, wobei ihr Tod im Dienst des medizinischen Fortschritts in Kauf genommen wurde. Menschenexperimente und Forschungsdesigns entsprachen durchaus den geltenden empirischen Standards und wurden selbstverständlich bis weit ins 20. Jahrhundert fortgesetzt. Die Kulturwissenschaftlerin Anna Bergmann führt diese Praxis der Menschenversuche auf das Selbstbild einer Medizin zurück, die im Prozess radikaler Vernaturwissenschaftlichung die Opfer entpersonalisierte und diese ohne jede Affektregung als »Krankenmaterial« betrachtete.

Warum machen wir auf diesen Zusammenhang aufmerksam? Die Entpersonalisierung von Menschen, die Tendenzen, sie als Objekte der Versorgung zu sehen, von ihnen als »Fällen«, als »Krankenmaterial« zu sprechen, sind nicht aus der Welt. Die deutlichen Veränderungen im sozialen Gefüge unserer Gesellschaft, eine wachsende Verbetriebswirtschaftlichung des Gesundheitssystems verleiten zudem zu Problembeschreibungen, die sich in scheinbar versachlichenden Begriffen wie »Rentenberge«, »Altenlast«, »Demenzlawine« Ausdruck verschaffen. Kollektive Distanzierungen lassen sich auch heute beobachten. Das Muster der Aussonderung findet eine Fortsetzung, subtiler und möglicherweise schwerer zu erkennen. Erkennbar sind schon jetzt distanzierende Tendenzen, auf den langen Prozess des Sterbens mit dem kurzen Prozess des assistierten Suizids oder der aktiven Sterbehilfe zu reagieren.

In Europa wächst dazu die Zustimmung bei Experten und in der Bevölkerung. So spricht sich die französische Ärztekammer dafür aus, aktive Sterbehilfe unter bestimmten Umständen zu legalisieren. Damit würde legalisiert, was schon passiert: Der Mediziner Didier Sicard, von Präsident Hollande mit der Entwicklung einer Gesetzesvorlage beauftragt, hatte 5000 Todesfälle untersucht. In jedem zweiten Fall sollen die Medizinerinnen oder Mediziner den Tod durch Schmerz- bzw. Betäubungsmittel beschleunigt haben.

In Belgien wird die aktive Euthanasie seit dem Jahr 2002 praktiziert. (Unter Euthanasie wird das medizinische Eingreifen in den Sterbeprozess verstanden, bei dem das Sterben durch Medikamente herbeigeführt wird.) Derzeit wird durch eine Senatskommission die Legalität der Euthanasie bei Minderjährigen und bei Menschen mit Demenz erörtert.

In den Niederlanden, das als erstes europäisches Land 2002 ein Gesetz zur Euthanasie verabschiedete, werden jährlich etwa 2500 Menschen euthanasiert. Seit 2012 gibt es ein mobiles Team, das eine »ambulante Euthanasie« in der eigenen Wohnung anbietet. 714 Menschen haben davon Gebrauch gemacht.

Das britische Oberhaus beschäftigte sich 2006 und 2009 mit einer Gesetzesvorlage für ein Recht auf assistierten Suizid bei unheilbarer Erkrankung und einer Lebenserwartung von einem halben Jahr, die beide Male abgelehnt wurde. Eine revidierte Fassung der Vorlage ist erneut eingereicht. Diese Nachrichten zeigen einen Trend: Euthanasieverbote werden in Europa gelockert oder sollen gelockert werden. Das gibt Anlass zu großer Sorge.

Die Diskussion um die Erweiterung der »therapeutischen Möglichkeiten« am Lebensende ist in einer neoliberalen Gesellschaft, deren Blick vor allem der unbeschränkten Kapitalakkumulation gilt, alles andere als harmlos. Die neuen therapeutischen Möglichkeiten, die Euthanasie hoffähig machen, kommen als marktförmige Erweiterungen von Dienstleistungsangeboten daher, die man – wie andere Konsumgüter auch – wählen oder ablehnen kann. Die freie Wahl ist eine Scheinwahl. Der Druck auf Selbstentsorgung steigt, je deutlicher das Ideal der Fitness, der Jugendlichkeit und der Gesundheit unser Empfinden beherrscht und jeden, der pflegebedürftig oder sterbend ist, zum Outcast macht.

Und auch dies gilt: Arme sterben früher. Arme, besonders Bildungsarme, bekommen schon jetzt weniger Behandlung und Betreuung. Asylbewerber werden von Untersuchungen ausgeschlossen, Transplantationslisten werden gefälscht. Hinweise, wenn man sie sehen will, auf eine gefährliche soziale Ungerechtigkeitsdynamik und eine neue, schleichende Selektionspraxis.

Wir sterben nicht mehr plötzlich und unerwartet, sondern langsam und vorhersehbar

Unsere Vorfahren fürchteten den plötzlichen Tod, und so beteten sie jahrhundertelang: »Vor einem plötzlichen Tod bewahre uns, o Herr.« Das Lebens- und Zeitgefühl war vom Jenseits her bestimmt. Um dorthin zu gelangen, braucht es den Frieden mit Gott und die Versöhnung mit den Menschen und eine gute unmittelbare Vorbereitung auf den Tod, eine Vorbereitung auf die Sterbestunde. Martin Luther schreibt 1519 in einem sehr frühen Text, dem *Sermon von der Bereitung auf das Sterben* (nicht zur Begleitung!), ganz in dieser Haltung: Am Ende des Lebens, nachdem man die irdischen Angelegenheiten geordnet habe, sei eigentlich nur eines wichtig, nämlich Versöhnung: Wem muss ich noch etwas verzeihen und wen muss ich noch um Verzeihung bitten?

Wichtig war für den Übergang, das *viaticum,* die Kommunion als Wegzehrung zu empfangen, durch Gebete, Segnungen, Rituale und Salbung (»Letzte Ölung«) vorbereitet zu sein auf den Tod. Es galt als schlechtes Zeichen, wenn Sterbende nicht die »Gnadenmittel« der römisch-katholischen Kirche empfangen konnten, wenn sie also keine »gute Sterbestunde« hatten. Es gehörte mit zur Inszenierung eines guten Sterbens, dass sich beim Sterbenden kurz vor dem Tod eine gewisse Beruhigung und Ruhe einstellte, ein Zeichen seines Glaubens, bald in die Nähe Gottes zu gelangen. »In dem Maße, in dem nicht die Seelenverfassung in der Todesstunde, sondern das gesamte Leben über das ewige Leben entschied und schließlich der Glaube an ein Jenseits überhaupt in den Hintergrund trat, verlor dieses Ideal an Bedeutung. Dann wurde ein schnelles unerwartetes Ende erstrebenswert, weil es unnötige Leiden ersparte.«[14]

Im Gegensatz zu unseren Vorfahren haben sich Lebensgefühl und -planung am Ende des Lebens also grundlegend verändert. In früheren, agrarisch geprägten Gesellschaften war man sich täglich bewusst, dass das Leben plötzlich enden konnte. Die durchschnittliche Lebenserwartung war für die meisten gering, ein paar Jahrzehnte in der Regel. Das Leben war bedroht. In jedem Augenblick konnte man vom Tod »ereilt« werden. Insofern galt es, das Leben nutzbringend zu verbringen (*carpe diem, tempus fugit* – nutze den

Tag, die Zeit eilt dahin). Der Alltag war ein harter Überlebenskampf. Krankheit bildete eine ständige Lebensgefahr. In einem archaischen Verständnis galt sie lange Zeit als eine Strafe Gottes.

Nicht zufällig betete man stereotyp über Jahrhunderte: »Vor Krankheit, Hunger, Pest und Krieg bewahre uns, o Herr.« Diese Geißeln der Menschheit schlugen unbarmherzig, und so war der Tod eine fast selbstverständliche alltägliche Erfahrung. Man konnte nicht überrascht sein, wenn er vor der Tür stand, aber man sollte vorbereitet sein.

Ganz anders heute. Wir sterben in der Regel langsam und vorhersehbar, die 1923 geborene österreichische Schriftstellerin Ilse Helbich nennt das »die Langeweile des allmählichen Sterbens«[15]. Insofern wird der Wunsch vieler Menschen verständlicher, kurz und schmerzlos, »im Stehen« zu sterben, wie der Liedermacher Reinhard Mey singt.

Obwohl wir länger leben, ist unser Leben um eine Ewigkeit kürzer geworden

Wir leben länger, doch ist unsere Lebenszeit insgesamt kürzer geworden, sagt der Historiker Arthur E. Imhof.[16] Für unsere Vorfahren bestand das Leben in der Regel aus einem kurzen diesseitigen und einem ewigen jenseitigen Leben. Auf das Jenseits, den Himmel, musste man sich vorbereiten, ein Leben lang. »Eins hab' ich mir vorgenommen, in den Himmel will ich kommen«, reimte man in katholisch-katechetischen Übungsstunden. Die Lebensführung, die gesamte Daseinsorientierung ergab sich aus einem selbstverständlich vorausgesetzten Glauben an ein Weiterleben im Sinne der christlichen Auferstehung – oder aus der Angst vor der ewigen, höllischen Verdammnis. Was bedeuteten ein paar Jahrzehnte »irdisches Jammertal« angesichts der ewigen, paradiesischen Herrlichkeit Gottes? Ließen sich nicht mit dem Blick auf das Jenseits Lasten und Leiden, ja auch die Schmerzen des Lebens leichter ertragen?

Sterben und Tod waren geprägt vom Glauben an das Jenseits, von der Hoffnung auf ein Weiterleben in der Gegenwart Gottes. Der Tod bildete keine endgültige Trennung. Die Verstorbenen lebten weiter, schließlich glaubte man an die »Gemeinschaft der Lebenden und der Toten«. Das Mitleben im Kirchenjahreszyklus, die Feiern der Totengedenken, die symbolische Kraft der Kirchenbauten und die den Himmel widerspiegelnden Kathedralen, all dies trug mit zur Festigung eines stabilen Weltbildes bei. Die religöse Architektur versuchte sich am Bild des Himmels zu orientieren. Die Vorhöfe der Kirchen mit symmetrischen Außenmauern, sprudelndem Brunnen, einer blühenden Bepflanzung wurden als Abbild des Himmels gesehen. Die Kontaktaufnahme mit den armen Seelen im Fegefeuer war eine ständige sinnlich-betend vollzogene Realität. Dieses »christentümliche Weltbild« hatte natürlich Auswirkungen auf den Umgang mit Leben und Tod im Diesseits.

Dass sich das Leben in einer auf das Jenseits ausgerichteten Daseinsform anders darstellt und ordnet, ist unübersehbar, und das kennzeichnete über Jahrhunderte das Lebensgefühl unserer Vorfahren und ihre Fähigkeit, mit Grenzerfahrungen umzugehen. Mit dem Blick auf den Himmel, der in vielfachen bildlichen Darstellungen vermittelt wurde (besonders prägend im Leiden des hl. Sebastian), ließen sich die paar irdischen Jahre ertragen. Das Leben hier und jetzt ist relativ. Absolut ist die Ewigkeit.

In poetischer Dichte hat Franz Werfel (1890–1945) in seinem Roman *Das Lied von Bernadette* diesen Unterschied im Fühlen und Denken an der Schnittstelle der modernen Welt beschrieben. Die Seherin von Lourdes wird mit dem Sterben ihrer Mitschwester Sophie konfrontiert:

»Nun aber ist der Tod im Kloster etwas durchaus Verschiedenes vom Tode in der Welt. Der Tod in der Welt ist wie ein Betriebsunfall bei einem geschäftigen Wolkenkratzerbau. Einer der schwitzenden Arbeiter stürzt vom hohen Gerüst, und seine Kollegen nehmen für ein paar Sekunden die Pfeife aus dem Mund und zwinkern scheu in die Tiefe, wissend, daß es ihnen heut oder morgen ebenso ergehen wird.

Der Tod im Kloster aber ist eine Art Richtfest der Seele, das die zünftigen Maurer und Zimmerleute feiern, wenn das Haus aufgestellt ist. Man hat mit unermüdlichem Fleiß gearbeitet für diesen einzigen Tag, wo man aufatmen darf und hoffen, daß die sichere Wohnung erbaut ist für immer. Ein Todestag im Kloster kann mit der Sensation festlicher Neugierde verbunden sein. Die Nonnen drängen sich gerne um die Sterbenden zum inbrünstigen Gebet. Sie glauben, ihrer Schwester helfen zu können in den letzten Wehen. Sie fühlen sich als weise Frauen, als Hebammen der übernatürlichen Entbindung einer Seele in die andere Welt.«[17]

Diese Gegenüberstellung ist natürlich idealtypisch. Die religiösen Normen zwangen die Sterbenden auch in eine entsprechende Form. Die Ritualisierung des idealen, guten, religiösen Sterbens war nur unter Aufwendung aller Kräfte realisierbar, sie erforderte Disziplin und Selbstbeherrschung.

Werner Kümmel hat Leichenpredigten aus der Zeit vom 16. bis zum 18. Jahrhundert analysiert und aus ihnen so etwas wie den Idealverlauf des Sterbens herausgeschält. Bei einer offensichtlichen Zustandsverschlechterung des Schwerkranken fiel es demselben nicht schwer, sich auf den lange vertrauten Tod vorzubereiten. Er wendete sich von allen irdischen Dingen ab und ließ den Pfarrer zu sich rufen. Daraufhin beichtete er seine Sünden, erhielt die Absolution und empfing das Abendmahl. Im Fortgang vergab er seinen Feinden und verabschiedete sich von Familie und Freunden. Die meiste Zeit sang und betete er und er trug auch die größten Schmerzen mit größter Geduld. Er bekräftigte, dass er sich danach sehne, zu seinem Herrn Jesus Christus zu kommen. »Solange er noch dazu imstande ist, betet und singt er mit dem Pfarrer und den meist zahlreich versammelten Anwesenden, er lässt sich vorbeten, vorsingen und vorlesen und sucht sich mitunter selbst den Text für die Leichenpredigt aus. Tag und Nacht ist er von Bibelworten, Gebeten und Gesang umgeben, bis er schließlich stirbt, ohne eine Miene zu verziehen oder auch nur einen Finger zu bewegen und ohne dass die Anwesenden es recht bemerkt hätten.«[18]

Dieser Glaube an eine Kontinuität des Lebens in der Gegenwart Gottes, im »Chor der Heiligen« wird heute mehrheitlich in Europa nicht mehr geteilt. Die Vorstellungen vom Danach und ob es überhaupt etwas gibt nach dem Tod, haben sich geändert, pluralisiert. Unterschiedliche Bilder, Jenseitsvorstellungen, Reinkarnationsphilosophien existieren und haben je verschiedenen Einfluss auf die individuelle Lebensführung. Aber: Das Leben scheint einfach zu kurz und das Sterben zu lang geworden zu sein. »Da muss doch noch Leben ins Leben rein, das kann doch nicht alles gewesen sein«, hatte Udo Lindenberg einmal gesungen.

Wir sterben heute hinter den Kulissen von Organisationen

Sterben in neuzeitlichen Gesellschaften war ein öffentlich-gesellschaftliches Ereignis. Die Lebensgrundlage und Zukunft aller Menschen in Haus und Hof waren davon betroffen. Rituelle Stabilisierung war angesagt. Man wusste, was zu tun war. Alle hatten ihre Rollen und Aufgaben.

In den Kindheitserinnerungen des Journalisten Tiziano

Terzani kommt ein ruhiger, ritueller Umgang mit dem Tod und den Toten zum Ausdruck. Man betrachtet die Erfahrung des Sterbens mit einem Gefühl der »Verwunderung und des Einverständnisses, nicht als etwas Unbegreifliches, aber Heiliges, angesichts dessen man auf Zehenspitzen ging und die Stimme senkte«. »Ich erinnerte mich gut an den Sterbenden in seinem Bett, die flüsternde Verwandtschaft im Wohnzimmer und dann die Totenwache um den Verstorbenen herum. Da lag der Leichnam, und alle betrachteten ihn mit Verwunderung und Einverständnis. (...) Der Tod war präsent. Wenn damals die Angehörigen eines kranken Menschen im Krankenhaus von den Ärzten hörten, dass nichts mehr zu machen sei, wurde das Familienmitglied wieder nach Hause gebracht, damit es dort aus dem Leben scheiden konnte. Und so waren dem Sterbenden seine letzten Empfindungen von dieser Welt wohlvertraut: die Härte der Matratze, der Geruch der Betttücher oder des Bohnerwachses auf dem Fußboden, das Knarren einer Tür.«[19]

Wir sind Zeitzeugen des Abbruchs dieser kulturellen Selbstverständlichkeit. Über lange Zeiten wusste man in Europa, wie mit der Schicksalhaftigkeit des Todes umzugehen sei. Sterben, Tod und Trauer wurden aufgenommen in familial-nachbarschaftliche Lebenszusammenhänge. Der 1960 geborene polnische Schriftsteller Andrzej Stasiuk beschreibt diesen Zivilisationsbruch so: »Unsere Zivilisation ist seltsam. Sie rettet, bewahrt, verlängert uns das Leben. Und zugleich macht sie uns dem Tod gegenüber hilflos. Wir wissen nicht, wie wir uns ihm gegenüber verhalten sollen. Bei meiner Großmutter war es so, dass Tanten und Nachbarinnen sie wuschen und ihr die Kleidung für den Sarg anlegten. Mein Nachbar ist zu Hause gestorben. Seine Tochter hatte ihn aus dem Krankenhaus geholt, weil sie sich nicht vorstellen konnte, dass er unter Fremden sterben sollte. Es war ein langes Sterben, also musste sie all die Krankenhaustätigkeiten lernen, einschließlich der Verabreichung von Morphium. Und so starb mein Nachbar in seinem Zimmer, mit dem Blick auf die grünen Hügel, auf die er jeden Morgen geschaut hatte. Aber meine Großmutter und der Nachbar starben einen Tod, der heute geradezu utopisch erscheint.«[20]

Der soziale Ort für den Anfang und das Ende des Lebens war früher im weitesten Sinne das Haus, der Lebenszusammenhang von Familien und Nachbarschaften. Der Umgang mit den Krisen des Lebens wurde erleichtert durch selbstverständliche, soziale und religiös-konfessionell tradierte Rituale und kollektiv praktizierte Bräuche. Man lebte in einem engmaschig gewebten Netz normierter und ritualisierter Gewohnheiten und Selbstverständlichkeiten. Im Unterschied zu heute: »Sogar auf dem Land haben die Begräbnisrituale sich verändert. Bei der Beerdigung meiner Großmutter«, schreibt Andrzej Stasiuk, »ging der Zug vier Kilometer in der Hitze von der Kirche auf den Friedhof, und den Sarg trugen die Angehörigen auf den Schultern. Als im gleichen Dorf vor einiger Zeit mein Onkel bestattet wurde, gelangte der Fußgängerzug nur bis zur letzten Bebauung, und dann gingen alle zu ihren geparkten Autos in der Nähe der Kirche, um hinter dem Leichenzug herzufahren.«[21]

Die sozialen Veränderungen vollziehen sich in einer eigenartigen Gleichzeitigkeit des Ungleichzeitigen, zu Hause anders als in den Organisationen des Krankenhauses oder der Rehabilitation. In seinem Roman *Der Zauberberg*, der in einem Schweizer Sanatorium spielt und 1924 erstmals erschien, hat Thomas Mann eine heilungsorientierte Sanatoriumsstimmung beschrieben, zu der die diskrete Verschiebung der Toten hinter die Kulissen gehörte.

»›Was ich dich fragen wollte –‹, fing er an (...). »›Sind sonst schon viele Todesfälle vorgekommen, seit du hier oben bist?‹

›Mehrere sicher‹, antwortete Joachim. ›Aber sie werden

diskret behandelt, verstehst du, man erfährt nichts davon oder nur gelegentlich, später, es geht im strengsten Geheimnis vor sich, wenn einer stirbt, mit Rücksicht auf die Patienten und namentlich auch auf die Damen, die sonst leicht Zufälle bekämen. Wenn neben dir jemand stirbt, das merkst du gar nicht. Und der Sarg wird in aller Frühe gebracht, wenn du noch schläfst, und abgeholt wird der Betreffende auch nur zu solchen Zeiten, zum Beispiel während des Essens.‹

›Hm‹, sagte Hans Castorp und zeichnete weiter. ›Hinter den Kulissen also geht so etwas vor sich.‹«[22]

Heute stehen wir immer noch »hinter den Kulissen«, verunsichert und ratlos, oft in stummer Sprachlosigkeit – hilflos und betroffen. Wohin führt der Weg? Wie soll auf die Konfrontation mit dem Sterbenden reagiert werden? Was soll man tun, was lassen? Wie kann man die richtigen Worte nach dem Tod finden, die über ein gestottertes »Herzliches Beileid« hinausgehen? Wie überhaupt Kontakt aufnehmen mit den Trauernden, wie mit den Toten? Oder sollte man nicht die Trauernden allein lassen, sich erst melden, wenn alles vorbei ist und die Dinge wieder ihren normalen Lauf nehmen, der Alltag da und Normalität angesagt ist? Der Soziologe Norbert Elias (1897–1990) hat geschrieben: »Viele gesellschaftlich vorgeschriebene Formeln tragen die Aura vergangener Herrschaftssysteme mit sich, sie lassen sich nicht mehr mechanisch gebrauchen (…). Aber zugleich erzeugt die zivilisatorische Veränderung auf der gegenwärtigen Stufe bei vielen Menschen eine erhebliche Scheu und oft genug ein Unvermögen, starken Emotionen Ausdruck zu geben, sei es in der Öffentlichkeit, sei es auch im Privatleben.« Im 17. Jahrhundert, so Norbert Elias weiter, hätten Männer noch weinen können, heute sei dies schwieriger und seltener geworden. Nur Frauen sei dies gesellschaftlich noch erlaubt. »In der Gegenwart von Sterbenden – auch von Trauernden – zeigt sich daher mit besonderer Schärfe ein für die heutige Stufe des Zivilisationsprozesses charakteristisches Dilemma. Ein Informalisierungsschub im Rahmen dieses Prozesses hat dazu geführt, daß eine ganze Reihe herkömmlicher Verhaltensroutinen, darunter auch der Gebrauch ritueller Floskeln, in den großen Krisensituationen des menschlichen Lebens für viele Menschen suspekt und zum Teil peinlich geworden ist. Die Aufgabe, das richtige Wort und die richtige Geste zu finden, fällt also (...) auf den Einzelnen zurück.«[23]

In wenigen Jahrzehnten haben sich tiefe Brüche und Verschiebungen im Umgang mit dem Sterben aufgetan. Fast in allen Lebensbereichen suchen wir nach institutionellen Antworten auf persönliche Probleme. Organisationen bestimmen das Leben *und* das Sterben.[24] Schon vor fast fünfzig Jahren hat der 1929 in Köln geborene Soziologe Amitai Etzioni diesen Wandel ins Auge gefasst, der uns in eine Organisationsgesellschaft einbürgert: Wir werden in Organisationen geboren, erzogen und verbringen unsere Arbeitszeit in ihnen. Auch unsere sogenannte Freizeit hat in Organisationen ihren Platz und wird von Organisationen formatiert. Und schließlich werden viele von uns in Organisationen, wahrscheinlich immer häufiger in Pflegeheimen, sterben.

Obwohl es in Deutschland keine offizielle Statistik zu den »Sterbeorten« der Menschen gibt, haben wir relativ stabile Schätzungen dazu. Demnach sterben in Deutschland jährlich etwa 860 000 Menschen, davon ca. zweiundvierzig Prozent im Krankenhaus, etwa fünfundzwanzig Prozent in Pflegeheimen, zwei bis drei Prozent in Hospizen und auf Palliativstationen. Fragt man: »Wo wollen Sie am liebsten sterben?«, erfährt man, dass sechsundsechzig Prozent zu Hause, elf Prozent in Hospizen, vier Prozent auf Palliativstationen und nur drei Prozent im Krankenhaus und ein Prozent im Pflegeheim sterben wollen.

Auffällig an diesen Zahlen ist die große Zurückhaltung und Skepsis, ob das Krankenhaus oder das Pflegeheim ein guter Ort des Sterbens sein können, und natürlich die große Diskrepanz zwischen dem Wunsch, zu Hause sterben zu wollen, und der Realität.

Obwohl das Krankenhaus in Europa im statistischen Durchschnitt der Sterbeort par excellence ist, hat es sich als Organisation eher nur inselhaft auf das Thema Sterben eingelassen. Das Krankenhaus scheint für das Sterben einfach nicht gebaut zu sein. Es ist als Organisation an Gesundheit, Rehabilitation und maximaler Lebensverlängerung orientiert. Sterben darf nicht stattfinden, Sterbende darf es nicht geben. Das entspricht nicht den Erfolgskriterien, den Budgets, der Logik des Arbeitens, der Selbstorganisation. Da natürlich (leider) immer Menschen im Krankenhaus sterben, versuchen hier viele engagierte und empathische Personen das Sterben etwas menschlicher werden zu lassen, indem sie ausgleichen, was das Krankenhaus als gegeben hinnimmt. Das ist mühsam und auf die Dauer erfolglos.

Krankenhäuser sind Gesundheitsbetriebe, Teil einer komplexen Gesundheitswirtschaft. Sie müssen »schwarze Zahlen« schreiben, optimieren und effizienter werden. Das hat dazu geführt, dass Modelle aus der Industrie, aus der Fertigung von Produkten, auf die Krankenhäuser übertragen wurden. Dies führte zu einer Verdinglichung und Standardisierung von »Behandlungen«, ein »Erfolgsrezept«, von dem man sich Effizienzsteigerung erwartete.

Diese Logik macht nicht vor dem Sterben halt. Das Instrument des Liverpool Care Pathway ist ein Beispiel dafür. Sterben wird diagnostiziert. Der Sterbende wird auf den Pfad (*pathway*, also ins Computerprogramm eingespeichert) gesetzt. Im Computer sind alle möglichen Komplikationen und To-dos eingespeichert, von denen die Fortsetzung oder der Abbruch der Behandlung geleitet wird, so dass der

Mensch am Ende buchstäblich »auf dem Pfad« stirbt, sein Sterbeverlauf wird auf dem Bildschirm mitvollzogen. Solche Versorgungspfade sind Folge einer normativen Standardisierung, die nicht von der einzelnen Lebenssituation her denkt, sondern rezepthaft vom durchschnittlichen Fall, mit etablierten Checklisten. Elektronische Kommunikation ersetzt die menschliche. Man ist als Sterbender ein Fall in der Sterbefalle der Organisation.

Indem das Sterben in den Krankenhäusern standardisiert wird, umgeht man es. Ein anderer Nicht-Umgang besteht darin, das Thema Sterben zu konzentrieren und an eigene Stationen, etwa die Palliativstation, zu delegieren. Palliativstationen sind dann für *care,* Linderung und Mitsorge, zuständig, die anderen für *cure,* für Heilung, Behandlung und Gesundheit. Man hat einen Ort geschaffen, der die anderen entlastet, sich mit diesen Randthemen und randständigen Menschen zu befassen. Natürlich liegt es auf der Hand, dass eine Station mit etwa zwölf bis fünfzehn Betten in einem Schwerpunktkrankenhaus mit tausend Betten, in dem etwa achthundert Menschen jährlich sterben, keine gute und einfache Lösung darstellt. Zumal die Aufgabe von Palliativstationen ja nicht ist, Sterbende aufzunehmen, sondern mit Menschen, die an inkurablen Erkrankungen leiden, absehbar sterbend sind, symptomlindernd umzugehen, um sie am besten nach Hause entlassen zu können.[25] Aber ihr Image ist oft genug das einer Sterbestation. Und allein ihre Existenz führt dazu, dass sich die Gesamtorganisation, die einzelnen Kliniken, Institute und Abteilungen nicht angemessen mit dem Sterben und den Sterbenden und ihren Bezugspersonen befassen. Das Sterben und die Sterbenden werden allzu oft an die Palliativstation delegiert. Die Organisation Krankenhaus braucht aber eine Organisationskultur des Sterbens. Diese wird möglicherweise durch das Einrichten von Palliativstationen verhindert, mindestens verlangsamt.

Wir wollen autonom, in Würde und in Ruhe sterben und haben Angst, einsam und »fabrikmäßig gestorben« zu werden

Vor mehr als hundert Jahren hat Rainer Maria Rilke (1875 bis 1926) in einer eindrucksvollen Prosadichtung die heutige Entwicklung vorwegnehmend beschrieben. In den *Aufzeichnungen des Malte Laurids Brigge*, einem Tagebuchroman, erzählt der Protagonist, ein vierundzwanzigjähriger Däne, dessen Eltern verstorben sind, über seine Erfahrungen in Paris. Schon auf den ersten Seiten finden sich die berühmten und bekannten Sätze zum Sterben:

»Dieses ausgezeichnete Hotel ist sehr alt, schon zu König Chlodwigs Zeiten starb man darin in einigen Betten. Jetzt wird in 559 Betten gestorben. Natürlich fabrikmäßig. Bei so enormer Produktion ist der einzelne Tod nicht so gut ausgeführt, aber darauf kommt es auch nicht an. Die Masse macht es. Wer gibt heute noch etwas für einen gut ausgearbeiteten Tod? Niemand. Sogar die Reichen, die es sich doch leisten könnten, ausführlich zu sterben, fangen an, nachlässig und gleichgültig zu werden; der Wunsch, einen eigenen Tod zu haben, wird immer seltener. Eine Weile noch, und er wird ebenso selten sein wie ein eigenes Leben.

In den Sanatorien, wo ja so gern und mit so viel Dankbarkeit gegen Ärzte und Schwestern gestorben wird, stirbt man einen von den an der Anstalt angestellten Toden; das wird gerne gesehen.«[26]

In diesem Text sind mehrere Beobachtungen von bleibender Bedeutung. Sie verdichten eine Entwicklung des Sterbens im Krankenhaus, die bis heute nichts an Aktualität verloren hat. Das Sterben vollzieht sich fabrikmäßig und ist Teil eines Produktionsprozesses. Man hat keine Zeit mehr für einen »gut ausgearbeiteten« Tod. Was ist damit gemeint? Es geht um den »eigenen Tod« aus der nicht-seriellen Werkstatt der eigenen Lebensgestaltung. Das positive Bild, nicht

»nachlässig und gleichgültig«, ist natürlich das Gegenbild zur stanzenden Todes-Produktionstätigkeit in der Fabrikhalle. Der »gut ausgearbeitete« Tod ergibt sich aus einem eigenen Lebensentwurf, der seltener geworden zu sein scheint. Die leise Ironie, die Rilkes Text durchweht, wird dann ins Grundsätzliche gewendet. Das Wissen um den Tod wird als Quelle von Würde und Individualität gesehen. In den *Aufzeichnungen des Malte Laurids Brigge* heißt es dann: »Wenn ich nach Hause denke, wo nun niemand mehr ist, dann glaube ich, das muß früher anders gewesen sein. Früher wußte man (oder vielleicht man ahnte es), daß man den Tod in sich hatte wie die Frucht den Kern. Die Kinder hatten einen kleinen in sich und die Erwachsenen einen großen. Die Frauen hatten ihn im Schoß und die Männer in der Brust. Den hatte man, und das gab einem eine eigentümliche Würde und einen stillen Stolz.«[27]

Man kann in diesem Text von Rainer Maria Rilke spüren, wie ihn der Schrecken erfasst über die Entindividualisierung des Sterbens in Organisationen. Sein leidenschaftliches, vom Schrecken gespeistes Plädoyer fasst er in einen Gebetsruf: »O Herr, gib jedem seinen eigenen Tod.« Es ist die ins Metaphysische gesteigerte Ahnung, dass der Tod eben nicht hergestellt werden kann, dass sich über den Tod nicht verfügen lässt.

Wir stehen heute genau an diesem Punkt: Menschen wünschen sich den Tod. Der Tod »kommt« nicht, der Tod holt uns nicht heim, sondern wir holen ihn uns. Uns wird die Möglichkeit angeboten, den Tag und die Stunde sicher festzusetzen. Der Tod kommt gemächlich durch den Venentropf, wir brauchen nur den Verschluss zu öffnen, oder ein Glas mit einem Medikamentencocktail zu trinken. Sterben und Tod werden zu einem planbaren Projekt auf dem Markt der Möglichkeiten.

Der Tod wird heute immer mehr als Erlösung von einem langen quälenden Leiden verstanden (»Es war besser für sie«). Denn die pure Aufrechterhaltung der Körperfunktionen durch die medizinische Technik ist ohne menschliche Zuwendung, ohne Gesten der Nähe und Barmherzigkeit schwer zu ertragen. Es ist freilich auch ein Ergebnis der modernen Medizin, dass wir nicht mehr sterben dürfen bzw. immer schwerer sterben. »Leicht sterben«, in der Haltung des Loslassens und des Verzichts auf sinnlose Therapien, wird immer schwerer. Das Sterben kann sich über Monate und Jahre zerdehnen, das langsame Sterben nimmt zu, und das kurze Sterben nimmt ab. Die Interventionsmöglichkeiten der Medizin haben das Handlungsspektrum pharmakologisch und technologisch, chirurgisch und intensivmedizinisch immer mehr erweitert. Der Tod wird hinausgeschoben, das Leben scheinbar beliebig verlängert. Doch der Tod bleibt die Grenze, auch wenn sich die moderne Transplantationschirurgie in quasi omnipotenter Weise an allen Organen und ihrer Ersetzbarkeit versucht.

Sterben heute und die Herausforderungen des Begleitens und Helfens sind auch Ergebnis eines medizinischen Machens, eines ständigen, oft bewusstlosen Fortschritts. Diesen Machtanspruch erhebt die Medizin heute: Sterben wird gegenwärtig zu einem Prozess unentwegten Entscheidens – für eine Behandlungsvariante, ob und in welchem Ausmaß lebensverlängernde Maßnahmen gesetzt werden können, ob und inwieweit die Voraussetzungen für Transplantationen geschaffen werden können, ob mit oder ohne Schmerzmittel gestorben wird oder angeschlossen an PEG-Sonden (das ist die künstliche Ernährung durch Magensonden). Und dies alles im Rahmen der Finanzierbarkeiten, der Rechenlogik der betriebswirtschaftlichen Kosten-Nutzen-Kalkulationen. Sterben wird zum Gegenstand einer überwachenden Symptomkontrolle, die Schmerzen werden in den Händen der

»Schmerzverwalter« (Ivan Illich) eliminiert, das Sterben wird zu einem »qualitätskontrollierten« bürokratischen Verwaltungsprozess herabgewürdigt, zu einem Rechenexempel der Krankenkassen.

Ein anderes Bild vermitteln die bildlichen Darstellungen der mittelalterlichen Totentänze. Die Botschaften auf den Mauern der Klöster und Beinhäuser des Mittelalters waren leicht zu lesen. Der Tod lädt nicht ein zum Tanz, er fordert nicht höflich oder vornehm dazu auf. Der Tod zwingt gewaltsam in seinen Tanz, und zwar alle Mitglieder der damaligen Gesellschaft; alle Stände, alle Geschlechter – kein Lebensalter ist vor ihm sicher. Der Tod holt sie alle: den Papst wie den Kaiser, die Ritter, Kaufleute, Handwerker, die Wechsler, Diebe und Bettler, ja auch die Kinder.

Solche Bildsequenzen des Totentanzes erinnern an die fürchterlichen, leidvollen Jahre der Pestkatastrophen in Europa. Innerhalb von fünf Jahren, 1348 bis 1353, verbreitete sich die Pest in Mittel-, West- und Osteuropa, 1348 in London, 1349 in Dänemark und Norwegen, in Norddeutschland 1350, 1352 in Russland. Eine Traumatisierung, die sich tief in das kollektive Gedächtnis eingegraben hat. Noch heute weisen Redewendungen wie »Luftverpestung«, »es stinkt wie die Pest«, »etwas hassen oder jemanden fürchten wie die Pest« oder auch »jemandem die Pest an den Hals wünschen« darauf hin.

Vor allem beförderten die Pestepidemien zwei fundamentale Erfahrungen im Lebens- und Weltverständnis unserer Vorfahren. Das soziale Leben brach zusammen, und mit ihm lösten sich auch die wichtigen Rituale des Sterbens und der Bestattung auf. Sie markierten die Grenze zwischen den Lebenden und den Toten. In kürzester Zeit konnten die zuversichtstiftenden, jenseitsöffnenden Rituale nicht mehr praktiziert werden. Es starben einfach zu schnell zu viele Menschen. Im 14. Jahrhundert wurden Massenbestattungen und Massengräber notwendig, wie der italienische Dichter Giovanni Boccaccio (1313–1375) in seinem *Dekameron* berichtet. »Da für die große Menge Leichen (...) der geweihte Boden nicht langte, (...) so machte man statt der kirchlichen Gottesäcker, weil diese bereits überfüllt waren, sehr tiefe Gruben und warf die neu Hinzukommenden in diese zu Hunderten. Hier wurden die Leichen aufgehäuft wie die Waren in einem Schiff und von Schicht zu Schicht mit wenig Erde bedeckt, bis die Grube zum Rand voll war.«[28]

Die tiefgreifende kollektive Auflösung der sozialen Lebensbezüge, die Verstörung und Lähmung der Menschen sind eine weitere Folge dieses massenhaften Sterbens. Man vergegenwärtige sich, dass in einer von der Pest heimgesuchten Stadt in der Regel jeder zweite Bewohner an der Seuche starb, dass in diesem Zeitraum etwa dreißig Prozent der europäischen Bevölkerung der Pest zum Opfer fielen. Auch wenn Vergleiche über die Größenordnung in Zahlen wenig ausdrücken, so sei daran erinnert, dass die zahlenmäßigen Verluste im Zweiten Weltkrieg in Westeuropa etwa fünf Prozent der Gesamtbevölkerung ausmachten.[29]

Mehr noch. »Immerhin grassierte die Pest bis ins 18. Jahrhundert alle sechs bis zwölf Jahre, so daß sich in Europa diese Katastrophe während der nächsten vierhundert Jahre 25 bis 30-mal wiederholte. Schwere Pestausbrüche mit einer Sterblichkeit von über 40 Prozent trafen auch nach dem 14. Jahrhundert etwa jede zweite oder dritte Generation.«[30] Sterben und der Umgang mit den Sterbenden gehört vor allem in einen religiösen, weniger in einen sozialen Kontext. Die *ars moriendi,* die Fähigkeit und Bereitschaft des Menschen, mit dem sicheren, unmittelbar drohenden Tod umzugehen, hatte hier ihre Wurzeln. Sie entsteht nicht zufällig in der Zeit des massenhaften Sterbens von Pestkranken. Die Menschen flüchteten in Panik, in der Furcht, selber angesteckt zu werden. Zurück blieben die Sterbenden, die sich allein auf den Tod einzustellen hatten. Die sozialen Beziehungen lösten sich auf. Der Boden aller sozialen Verlässlichkeit geriet ins Wanken. In seinem *Dekameron* beschreibt Boccaccio die Reaktionen auf die Pest im Florenz des Jahres 1348. »Wir wollen davon schweigen, dass ein Mitbürger den anderen mied, dass der Nachbar fast nie den Nachbarn pflegte und die Verwandten einander selten oder nie besuchten; aber mit einem solchen Schrecken hatte dieses Elend die Brust der Männer wie der Frauen erfüllt, daß ein Bruder den andern im Stich ließ, der Oheim den Neffen, die Schwester den Bruder und oft die Frau den Mann, ja, was das Schrecklichste ist und kaum glaublich scheint: Vater und Mutter weigerten sich, ihre Kinder zu besuchen und zu pflegen, als wären sie nicht die ihrigen.«[31]

Politisch wurde auf diese Seuchen mit dem Konzept der Isolation, der Quarantäne und der Einrichtung von Lazaretten reagiert. Vor allem Reisende, also Fremde, standen unter dem Verdacht, Seuchenträger zu sein, sie wurden kontrolliert und für den Fall einer diagnostizierbaren Erkrankung isoliert, in eigene Lazarette abgesondert.

Diese Internierungs-, Isolations- und Quarantänepolitik mutiert im 18. und 19. Jahrhundert zur Hygienepolitik, die letztlich zur Ermordung von Millionen von Menschen im Nationalsozialismus führte. Die im »kulturellen Gedächtnis« festgeschriebenen Muster ließen sich aktivieren und übertragen. Ärzte wurden zu Experten für Säuberung und Reinigung des Volkskörpers von »Entarteten«.[32]

Auch die Methode der Vergasung als Mittel der Rattenbekämpfung, dann in der Tropenmedizin Anfang des 20. Jahrhunderts erprobt, stammte aus den Pestzeiten. »Der über Generationen hinweg vorgeschriebene gesellschaftliche Ausschluß von seuchenkranken Menschen und Pesttoten, die Entstehung des gefürchteten anonymen Massengrabes, Vertreibungen von Sterbenden sowie Aneignung des Besitzes Verstorbener verankerten im kollektiven Unbewußten Gewissensängste, dürften in der Durchsetzung der rassenhygienischen und eugenischen Politik seit Ende des 19. Jahrhunderts ebenso wie in der nationalsozialistischen Massenvernichtung eine Rolle gespielt haben«, schreibt die Kulturanthropologin Anna Bergmann.[33]

Die Seuchen- und Hygienepolitik befördert das trostlose »isolative Muster«. Diese Distanzierungsbereitschaft offenbart den Versuch, den Tod zu verbannen, den Triumph der Überlebenden über die Toten nicht zu gefährden. Die Begründungen dafür waren lapidar. Es gilt, die Starken, Gesunden, Noch-nicht-Infizierten zu schützen, das eigene Leben zu sichern. Der Soziologe Zygmunt Baumann hat diese Hygieneanstrengungen als Bemühen interpretiert, den Tod gänzlich überwinden zu wollen. »Der Rassendiskurs und die rassistische Politik der Moderne (...) lassen sich als Beispiele für die allgemeine Beschäftigung der Moderne mit Hygiene verstehen, diesem realistischen Ersatz für den unrealistischen Traum, dem Tode entgehen zu können.«[34]

Das Multioptionsdilemma des heutigen Sterbens

In den modernen, pluralen Gesellschaften werden Leben und Sterben nicht mehr vorgeschrieben. Man muss seine Lebensgeschichte selbst schreiben. An die Bürger wird die Erwartung gerichtet, selbst zu entscheiden, wie sie leben, lieben, arbeiten, reisen, sterben wollen. Nicht nur die Lebensgeschichte muss selbst entwickelt und »geschrieben« oder auf Band gesprochen, auf Video/DVD aufgenommen werden. Wir werden auch gezwungen, über die Dramaturgie unseres Altwerdens und Sterbens zu »verfügen«, den Ort und das Wie des Sterbens zu wählen und den Modus der Versorgung (Maximaltherapie versus Mimimaltherapie, kurativ versus palliativ etc.). Letztlich sollen wir sogar noch Vorsorge treffen, wer für uns sorgt, wenn wir es selbst nicht mehr vermögen.

Der moderne Mensch hat in den neuen Freiheiten nicht nur Möglichkeiten, er steht auch unter dem Zwang, wählen zu müssen. Er *kann* nicht nur wählen, er *muss* sein Leben und sein Sterben wählen, gestalten, als Projekt betrachten. Wie kann ich in Ruhe sterben? Welche Optionen gibt es? Im Pflegeheim? Im Krankenhaus? Dann ins Hospiz? Zu Hause? Anderswo? Mit Hilfe anderer? Durch eigene Hand? Langsam oder beschleunigt?

In diesem »Multioptionsdilemma des Sterbens« steckt ein Gestaltungszwang. Zumindest entsteht in seinem Sog die Erwartung, ein gutes Sterben »hinzulegen«, es »schön und gut« zu machen und auch die Bestattung sowie eine mögliche Grabpflege vorbereitend zu planen und zu finanzieren. Und, wenn man die Besuchs- und Pflegebereitschaft am Grab nicht optimistisch einschätzt, sich sinnvollerweise anonym bestatten zu lassen, ohne Kosten für die Grabpflege zu erzeugen.

Sollen wir uns also in eine tagtägliche Sterbekunst einüben, unser ganzes Leben im Modus der Sterbevorbereitung anlegen? Der Theologe Eberhard Jüngel hat diese Haltung schon vor Jahren als Provokation etikettiert: »Ein ganzes Leben als Einübung in das Sterben hinzubringen ist ein Skandal. (...) Ars moriendi ist die raffinierteste Art, sich selbst vor sich selbst sozusagen im Modus der Aufhebung noch interessant zu machen.«[35] Sterben als ein Kleinunternehmen der Selbstinszenierung, das letzte private Theater auf der Bühne des Lebens, sorgfältig narzistisch choreografiert, um ein letztes Mal die Aufmerksamkeit des betroffenen Publikums zu binden.

Es gibt ein Bild von Paul Klee, das *Angelus Novus* heißt. Es stellt einen Engel dar, der aussieht, als wäre er im Begriff, sich von etwas zu entfernen, worauf er starrt. »Seine Augen sind aufgerissen, sein Mund steht offen, und seine Flügel sind ausgespannt. Der Engel der Geschichte muss so aussehen. Er hat das Antlitz der Vergangenheit zugewendet.« So hat der Philosoph Walter Benjamin das Bild von Paul Klee beschrieben. Was uns als eine Kette von Begebenheiten erscheint, da sieht der Engel der Geschichte eine einzige Katastrophe, die unablässig Trümmer auf Trümmer häuft und sie dem Engel vor die Füße schleudert. »Er möchte wohl verweilen, die Toten wecken und das Zerschlagene zusammenfügen. Aber ein Sturm weht vom Paradiese her, der sich in seinen Flügeln verfangen hat und so stark ist, dass der Engel sie nicht mehr schließen kann. Dieser Sturm treibt ihn unaufhaltsam in die Zukunft, der er den Rücken kehrt, während der Trümmerhaufen vor ihm zum Himmel wächst. Das, was wir den Fortschritt nennen, ist dieser Sturm.«[36]

Der Engel der Geschichte, dem sich der Fortschritt als die Anhäufung von Trümmern enthüllt, kann heute auf die Trümmer der *ars moriendi,* der Kunst des Sterbens, schauen. Unendlich war die Zahl der Dialekte des Sterbens, der Weisen, in denen die Menschen das Sterben und den Tod zelebriert haben – und sie sind fast alle verschwunden. Vielleicht überleben noch in irgendwelchen abgelegenen Winkeln der Erde die zum Tode verurteilten alten Gewohnheiten. Ansonsten sind sie ein Fall für die Erinnerung, die Ethnologie, das Museum. Die Bilder vom mexikanischen Todeskarneval, die man gesehen hat; das Aufbewahren der mumifizierten Verstorbenen im Haus, das von Völkern im Fernen Osten bekannt ist; die alte, auch vergangene Sitte der südafrikanischen Ovambo, die ihren Toten die Ehre zuteilwerden ließen, im Viehkraal vergraben zu werden – also da, wo das Leben ist. Die balkanische Gewohnheit, Festessen auf dem Friedhof zu veranstalten – bis zu dem althessischen Ritus, das tönerne Essgefäß des Verstorbenen zu zerschlagen –, eine unendliche Fülle von Sterbedialekten kennt die Geschichte der Menschheit, wenn man diese Riten und Sitten als kulturelle Sprachen sehen will. Sie sterben so wie Tausende von Sprachen, um der globalisierten Plastiksprache zu weichen. Genauso schwinden die verschiedenen Formen des Umgangs mit dem Sterben, um allmählich einem global werdenden Muster des »Verfahrens« zu weichen, das die Begegnung mit Sterbenden und ihre Begleitung ablöst.

Die Weltgesundheitsorganisation verbreitet inzwischen Standards für ein Sterben in Würde, die sich im palliativmedizinischen Handeln durchsetzen und Qualitätsmaßstäbe festzurren, die an jedem Ort der Erde gelten sollen. Diese Maßnahmen garantieren ein standardisiertes Schmerzmanagement und verankern eine weltweite medizinisch-pflegerisch-architektonische Gleichschaltung. Glücklicherweise sind die finanziellen Voraussetzungen noch nicht gegeben, die erlauben würden, eine globale Sterbe-Wohlstandsgesellschaft zu implantieren. Aber es scheint das heimliche Ziel zu sein, dass man künftig überall auf der Welt im gleichen Palliativpflegebett und mit dem gleichen Expertenstandard versehen das Zeitliche segnen kann. Es ist ja auch möglich, nahezu überall auf der Welt den stets gleich schmeckenden Hamburger zu verzehren. Warum soll das mit dem Palliativbett nicht realistisch sein? Sterbefilialen, die auf der ganzen Welt gleich aussehen: Das ist das erklärte, wenn auch noch etwas vernebelte Ziel dieser Bemühungen um eine neue palliative Welt. Ein Stab von Experten gehört dazu, eine Prise hospizliche Begleitung (vorzüglich kostengünstig von Ehrenamtlichen absolviert, die für Aromakerzen und Gesprächsangebote sorgen), eine Patientenverfügung und ein immer dichter werdendes Netz von palliativen Angeboten. Das Sterben wird »gemacht«. Nicht schon gleich im Sinne einer Euthanasie, aber doch im Sinne eines beispiellosen Projektes der Zurichtung des Sterbens zu einem von Experten überwachten Ablauf.

Das Muster der industriellen Produktion greift am Anfang und am Ende auf das menschliche Leben über und vollendet damit nichts weniger als die Vertreibung des Lebens aus dem Sterben. Selbst dem Sterben, selbst dem Tod, wird noch der Stempel der Produktion aufgezwungen, ihm wird damit die Würde genommen. Aber das ist kaum noch erkennbar. Denn diese neuen industrialisierten Sterbeorte haben sich mit dem Satz »Hier kannst du in Würde sterben« dekoriert. Wir haben die Science-Fiction-Szenerien, die ja immer wieder den industrialisierten Tod vorausphantasiert haben (zum Beispiel Huxleys *Schöne neue Welt* oder den Film *... Jahr 2022 ... die überleben wollen*), längst realisiert. Man könnte auch sagen: Die neue palliative Welt macht den letzten Lebensabschnitt zu einem Disneyland mit negativen Vorzeichen. (Disneyland ist ja das industrialisierte Vergnügen, es unterscheidet sich von der Fabrikhalle in dieser Hinsicht nicht.)

Die Begleitung Sterbender wurde den Händen der bürgerschaftlich getragenen Hospizbewegung entrissen und in den Bereich bürokratisch-planerischer und natürlich auch an ökonomischen Kennzahlen orientierter Gesundheitspolitik eingebunden.[37] Was einmal eine Tabuzone menschlicher Existenz war, aus der der Arzt sich zu entfernen hatte, ist zum gut ausgeleuchteten Arbeitsfeld der Gesundheitsindustrie geworden. Muss man den Verdacht haben, dass die blitzartige Expansion der neuen medizinischen Technologie vor allem dazu dient, die Verlegenheit der Mediziner, die angesichts des Todes ihr Scheitern eingestehen müssen, zuzudecken und die Sterbenden im gleichen Zug zum Schweigen zu bringen?

Im Grunde ist es wohl schon ganz anders: Sterben und Tod müssen gar nicht mehr als Scheitern ärztlichen Handelns erfahren werden, sondern sind in das Systempaket als behandelbare, wenn auch abschließende Sonderform medizinischer Tätigkeit eingebunden. Man muss einfach nur hinhören, um die sprießenden Ungeheuerlichkeiten erkennen zu können. Hospizarbeit wollte ein »Da sein« für den Sterbenden. Heute werden ambulante Sterbedienstleistungen angeboten wie zum Beispiel die »Spezialisierte ambulante Palliativversorgung« (SAPV). Darin wird die Versorgung »sterbender Menschen mit besonderen Problemen« organisiert. Wo einst am Sterbebett zugehört wurde, ist jetzt ein qualitätskontrolliertes Instrument, das »Biographiegespräch«, vorgesehen, das, von Experten entworfen, formalisiert und zum Abhaken aufbereitet, dem Sterbenden zugemutet wird. Es erinnert an die Fragebogenaktionen der Deutschen Bahn, die man bisweilen im Abteil über sich ergehen lassen muss und das nun auch noch zum Lebensende hin die korrekte und pünktliche Abwicklung des Lebens ermöglichen soll. Das Sterben des Einzelnen wird zur Ware.

Zur SAPV sind inzwischen AAPV (Allgemeine ambulante Palliativversorgung), SAPPV (Spezialisierte ambulante pädiatrische Palliativversorgung) und PCTs (Palliative Care Teams) hinzugekommen: »Es eröffnet sich die Chance, die Versorgungslandschaft durch überzeugende, multiprofessionell vernetzte Angebote zu gestalten«, heißt es in einem Konzept des Fördervereins Gesundheitsökonomie der Fachhochschule Ludwigshafen.[38] Wir werden also in einer Versorgungslandschaft sterben, die multiprofessionell vernetzt ist. Sterben und Tod werden damit im Grunde zum Verschwinden gebracht. Es wird ein biologischer Übergang organisiert, der nicht mehr – wie ehemals der Tod – zerreißt oder erschüttert, sondern ohne Bedeutung, ohne Leid und schließlich auch ohne Angst einfach stattfindet.[39] Dass diese

Versorgungslandschaft von palliativen Gärtnern gestaltet sein wird, bei denen humanistische Absichten, lobbyistische Interessen, finanzielle Arrangements und ein Gerangel um Einflusssphären ein buntes Gemisch darstellen: Das muss der Sterbende sich nicht mehr klarmachen, sondern über sich ergehen lassen.

Unter der Hand hat sich ein Umsturz ereignet: Vor einigen Jahrzehnten fürchtete man sich vor allem vor dem Lebensende, bei dem man, an Schläuchen und Geräten hängend, gegen den erklärten eigenen Willen von Medizinern am Leben gehalten wurde. Heute ist das Bild ein ganz anderes: Man ist am Ende gefangen (oder aufgehoben?) in der vernetzten Versorgungslandschaft, die einen schmerzfreien, zunehmend auch bewusstlosen Übergang organisiert. Aus dem Gewirr dieser unsichtbaren Schläuche und Instrumente kann man sich viel schwerer befreien als aus der Gefangenschaft in Schläuchen und Geräten.

Was immer wieder Staunen auslöst: Wie schnell es gelungen ist, die Medikalisierung und Vergeldlichung des Sterbens zur Normalität werden zu lassen. Ein Caritasdirektor sagte vor etwa fünfzehn Jahren: »Wenn wir so weitermachen mit der Entwicklung von Hospizarbeit und Palliative Care, dann werden wir irgendwann Sterbeminuten abrechnen müssen.« Es gab wohl niemanden im Raum, der bei diesem Gedanken nicht eine Gänsehaut bekommen hätte. Wir saßen erschrocken und erstarrt. Es hat nur wenige Jahre gedauert, bis solche Ungeheuerlichkeiten zur Routine geworden sind. Heute werden de facto Sterbeminuten abgerechnet. Das Tabu, das glücklicherweise den Tod umgab, ist energisch weggearbeitet worden. Spätestens seit der »Einheitliche Bewertungsmaßstab« (EBM) gilt, ist das Sterben seiner geheimnisvollen, seiner mythischen Bedeutung beraubt und zum Bestandteil einer konsumistisch orientierten Gesundheitsindustrie geworden.

Wir sollten einen Augenblick innehalten, um uns das Grauen, das die Vergeldlichung des Sterbens noch vor einigen Jahren ausgelöst hat, in Erinnerung zu rufen. Heute krümmt sich keiner mehr vor Schmerz, wenn der heilige Augenblick des Sterbens zugedeckt und abgelöst wird von dem »Einheitlichen Bewertungsmaßstab«.

Die kassenärztliche Bundesvereinigung informiert über die neuen EBM-Ziffern für die allgemeine Palliativversorgung: »Zur Eingangsdiagnostik und Betreuung von schwerstkranken und sterbenden Patienten stehen die Gebührenordnungspositionen 03 370 bis 03 373 / 04 370 bis 04 373 bereit. Sie sind berechnungsfähig bei Patienten jeden Alters, die an einer nicht heilbaren, fortschreitenden Krankheit leiden. Die Eingangsdiagnostik (GOP 03 370 bei Hausärzten / GOP 04 370 bei Kinder- und Jugendärzten) zum Beispiel ist mit 34,10 Euro bewertet. Für Hausbesuche bei palliativmedizinisch zu versorgenden Patienten sind Zuschläge vorgesehen: ein Zuschlag für reguläre Hausbesuche in Höhe von 12,40 Euro je vollendete 15 Minuten (GOP 03 372 bei Hausärzten / GOP 04 372 bei Kinder- und Jugendärzten) sowie für dringende Hausbesuche in Höhe von 12,40 Euro je Besuch (GOP 03 373).«[40]

Warum gibt es keine Empörung? Warum steht man, wenn man diese Entwicklung für lästerlich hält, wie ein Idiot da? Hierbei handelt es sich um den Versuch, den Tod zu ermorden, das Sterben ins Kaufhaus zu verlagern – oder wie man wohl moderner sagen müsste: in die Shoppingmall. Dahin gehören im Grunde SAPV, AAPV, SAPPV, PCT und was da noch alles kommen wird. Zu feiern ist der Sieg des Dienstleistungsgewerbes über den Tod. Der professionell betreute Mensch hat die Transzendenz gegen ein diesseitiges Versicherungspaket eingetauscht.

Die Phasen der Entwicklung des palliativen Marktes

Die schweizerisch-US-amerikanische Psychiaterin Elisabeth Kübler-Ross hatte ja Sterbephasen empirisch erhoben und formuliert.[41] Die palliative Versorgungslandschaft kann nun auf ihre eigene Entwicklung zurückblicken, die drei Phasen hervorgebracht hat – Phasen, in denen das »Sterben machen« organisiert wird.

Phase 1:

Etwa zwischen 2002 und 2006 wurde der »Markt« erforscht. Von den etwa 860 000 in Deutschland jährlich Versterbenden leiden fünfundzwanzig Prozent an Krebs, davon haben zehn Prozent starke Schmerzen oder sind von besonderen Problemen betroffen. Als Voraussetzung für palliative Zuwendung werden acht körperliche, zwei besondere pflegerische, vier psychische, zwei soziale organisatorische Probleme (zum Beispiel ein langer Anfahrtsweg) definiert. Man kam auf der Basis dieser Berechnungen auf 20 000 Patienten für den palliativen Markt. Die Folge war, dass man zunächst in Konkurrenz um die als sterbend definierten Patienten trat. Aber es setzte zugleich ein Prozess ein, der dazu führte, dass immer mehr Menschen das Bedürfnis nach palliativer Versorgung zu spüren begannen. Der Markt wuchs und wächst noch immer. Seit 1999 erfasst das Dokumentationssystem HOPE Daten über Sterbende. Auf diese Weise soll ein nationales Hospiz- und Palliativregister aufgebaut werden: »Die Daten werden nach ihrer Quelle in Einrichtungsgruppen zusammengestellt und ausgewertet. Es werden Abbildungen erstellt, die die eigenen Daten gegenüber den Gruppen von Einrichtungen als Benchmark darstellen« – so verspricht die Deutsche Gesellschaft für Palliativmedizin.[42]

Benchmarking ist eine betriebswirtschaftliche Vergleichsmethode, mittels deren die Konkurrenzvorteile der Wettbewerber analysiert werden können. Mit Benchmarking können Hospize und Palliativeinrichtungen verglichen werden, und über kurz oder lang wird dann ein Ranking möglich sein, das die Frage beantwortet: Wo sterbe ich am besten?

Phase 2:
Die zweite Phase begann 2007 und dauert an:

Der Kreis der dienstleistenden Konkurrenten wird festgelegt – wer darf wo und wie im Palliativnetzwerk mitarbeiten und mitverdienen? Die Waage hat sich schon längst zugunsten der Medizin und zuungunsten der bürgerschaftlich organisierten Hospizarbeit geneigt.

Phase 3:
Der Expertenstatus wurde in den letzten zehn Jahren durchgesetzt. Ohne eine 160-Stunden-Fachweiterbildung können Pflegekräfte gar nicht zu »Sterbenden mit besonderen Problemen« zugelassen werden. Ärzte brauchen eine Weiterbildung in Palliativmedizin. Curricula und Module erlauben es, ein »gutes Sterben« zu designen. Was vor einigen Jahren noch erstauntes Gelächter auslösen konnte, ist längst Realität: Wir haben das Zeitalter des qualitätskontrollierten und evaluierten Sterbens betreten. Spiritualität gehört natürlich längst als Modul für ein gutes Sterben dazu. Deshalb erfasst der HOPE-Fragebogen auch die spirituellen Bedingungen in einer Einrichtung. Gibt es einen Andachtsraum? Gibt es Rituale? Gibt es Gespräche?

Gespräche: Der Fragebogen differenziert zwischen Situationsgespräch, Biographiegespräch, Ressourcengespräch, perimortaler Begleitung und Glaubensgespräch.

Mit perfektionistischer Besessenheit wird das Instrumentarium ausgebaut: Das Modul Prognose-Score unterscheidet zwischen drei Wochen und sechs Wochen Überlebenswahrscheinlichkeit (wichtig für die Planung der Begleitung), der

Barthel-Index-Bogen erfasst die Selbständigkeit, dazu kommen der Palliative Outcome Score, der Mitarbeiter-Angehörigen-Bogen usw. usw. Und der Sterbende selbst, ist er vergessen? Nein, auch er wird zur Datenquelle. Er soll ankreuzen, ob seine Angst heute leicht, mittel oder schwer ist. Er soll auch Stellung nehmen zu der Frage: Waren Sie in den vergangenen drei Tagen durch Schmerzen beeinträchtigt? Empfanden Sie in den vergangenen drei Tagen Ihr Leben als lebenswert? Hatten Sie in den vergangenen drei Tagen ein positives Selbstwertgefühl?[43]

Diese Dokumentations- und Standardisierungsbesessenheit scheint kaum noch zu überbieten zu sein. Doch da täuscht man sich. Seitdem die Krankenkassen für den Palliativmarkt zuständig sind, werden Qualitätsvorgaben in den Einrichtungen zur Pflicht. In Rheinland-Pfalz gelten zum Beispiel seit kurzem folgende Bedingungen:

»Die SAPV-Leistungserbringer sind verpflichtet, ein internes Qualitätsmanagement durchzuführen.

Der SAPV-Leistungserbringer erstellt einen jeweils individuellen Hilfeplan, der mit den übrigen an der Versorgung beteiligten Leistungserbringern abzustimmen ist.

Ein geeignetes Dokumentationssystem ist sachgerecht und kontinuierlich zu führen. Es muss patientenbezogene Daten und, soweit vorhanden, allgemein anerkannte Indikatoren für eine externe Qualitätssicherung enthalten und eine bundesweite Evaluation ermöglichen.«[44]

Der zunächst kleine, umgrenzte Palliativmarkt dürstet nach Wachstum. Das Geschäft mit den Sterbenden ist so lukrativ, dass man der Versuchung, es auszuweiten, kaum widerstehen kann. Die Allgemeine Ambulante Palliativversorgung eröffnet Perspektiven der Ausweitung. SAPV-Teams erwirtschaften bei fünfzehn Patienten täglich im Jahr 1,5 Millionen Euro.[45] Eine Palliativstation mit zehn Betten erlöst jährlich ebenso viel. Man darf damit rechnen, dass es Forderungen nach einem Recht auf AAPV – allgemeiner ambulanter Palliativversorgung – geben wird, was den Verdienst aus diesem neuen Geschäftszweig in die Höhe treiben dürfte.

Ein Beispiel, ein Kulminationspunkt, in dem sich diese Entwicklungen fokussieren, ist der oben bereits erwähnte LCP, Liverpool Care Pathway. Das in Großbritannien entwickelte Konzept ist auch in Deutschland aufgegriffen worden. LCP ordnet den Umgang mit sterbenden Menschen in Hospizen und zu Hause und schließt die Themen Kommunikation, Sedierung, Essen und Trinken ein. Der LCP will Medizinern und Schwestern erläutern, welches der beste Umgang mit Menschen in den letzten Tagen und Stunden des Lebens ist. LCP soll sicherstellen, dass die physischen, emotionalen und spirituellen Bedürfnisse der Patientinnen und Patienten befriedigt werden. Die Betroffenen sollen regelmäßig eingeschätzt werden. Und wenn sich die Lage überraschend verbessert, kann der Pathway wieder verlassen werden.

Was soll gegen den LCP einzuwenden sein? Eigentlich nichts, außer dass sich das Gefühl aufdrängt, dass seine Empfehlungen klingen wie eine Gebrauchsanweisung, wie ein Ablaufschema. Das Schema hat die persönliche Begegnung abgelöst.

Eine offizielle Untersuchung der britischen Regierung unter der Leitung von Lady Neuberger hat jetzt gezeigt, dass das Sterbe-Ablaufschema LCP dazu verlockt, die Person aus den Augen zu verlieren und einfach das Programm abzuspielen. Es wurde beobachtet, dass die Patienten auf Palliativstationen mit Tabletten ruhiggestellt worden sind und ihnen Flüssigkeit entzogen wurde.[46] Dies liege nicht so sehr am Konzept des Liverpool Care Pathway selbst, sondern sei Resultat des Trainings der Pflegekräfte, so Lady Neuberger. Es fehle oft das Einfühlungsvermögen. So wurde von jungen Ärzten erwartet, dass sie Entscheidungen über Leben und Tod fällen, besonders wenn sie am Wochenende Dienst hatten oder außerhalb der regulären Dienstzeiten arbeiteten. In einem Artikel des *Telegraph* wird der Umgang mit Sterbenden im Rahmen von LCP als brutal und herzlos beschrieben.[47] »Oh, ist X immer noch am Leben?«, wurden Angehörige vom Pflegepersonal gefragt. Eine Frau lag verzweifelt vor Durst in ihrem Bett. Die Angehörigen erzählten der Untersuchungskommission: Wenn wir der Patientin etwas zu trinken geben wollten, dann sollten wir Papier von einer Spenderrolle in der Toilette holen, das Papier mit Wasser tränken und die Patientin daran nuckeln lassen. Es wird von zu Herzen gehenden Fällen berichtet, in denen Patienten verzweifelt an Schwämmen gesogen haben, um ihren Mund zu befeuchten.

Man kann sich eigentlich nicht vorstellen, dass so etwas, das eher nach Folter klingt, im Rahmen einer Versorgung geschieht, die sich besonders ihrer Fortschrittlichkeit und Humanität rühmt. Es muss etwas damit zu tun haben, dass das »Verfahren« an die Stelle der Begegnung getreten ist.

Eine englische Familie beschreibt, wie sie in den medizinischen Unterlagen ihrer Mutter in großen Lettern das Wort »futile« geschrieben fand. Aussichtslos. In einem anderen Fall teilt die Krankenschwester den Angehörigen vor ihrem zweiwöchigen Urlaub mit, dass sie nicht erwarte, die Patientin noch lebend anzutreffen, wenn sie aus den Ferien zurückkomme.

Der *Guardian* wiederum berichtet, dass vom britischen NHS (National Health Service) Gelder gezahlt worden seien, um Patienten auf den Liverpool Care Pathway zu schicken. Die Begründung: Dies verkürze das Leben der Patienten und senke damit die Kosten.[48]

Überraschen kann das eigentlich nur Menschen, die sich nicht darüber klar sind, dass palliative Arbeit immer mehr von finanziellen Erwägungen bestimmt wird. Lady Neuberger stellte fest, dass die Patienten mit erheblichen Schmerzen allein gelassen wurden, dass sie Not litten, dass sie Halluzinationen hatten – ohne irgendeine Hilfe zu bekommen, weil die Expertenteams am Freitag um 17 Uhr verschwunden waren. Während Menschen am Lebensende vor allem Zuwendung und Zeit brauchen, entziehen offenbar die neuen Instrumente den Menschen gerade diese wichtigsten Elemente der Begleitung am Lebensende.

Wir schweigen den nahen Tod tot und bereden den fernen geschwätzig

Der Tod ist in eigenartig dialektischer Weise nah und fern zugleich, er wird tabuisiert und enttabuisiert, umschwiegen und besprochen, manchmal in einer »Überredseligkeit« (Martina Kern), in einer banalen »Todes-Geschwätzigkeit« (Armin Nassehi) aufgelöst. Tagtäglich erreichen uns Meldungen, Nachrichten von Katastrophen und Unfällen, von Unglücken und Morden, von Anschlägen und Katastrophen, von Opferzählungen in Kriegshandlungen und von tragischen Todesfällen einzelner Menschen in der kühlen Distanziertheit der Nachrichtensprecher. Man entkommt dem Nachrichten-Tod nicht. Er gehört zum Alltag. Aber es ist der Tod der anderen, der Fernen, der Hungernden, der Tod, der zur Standardausstattung eines jeden Films gehört, an den man sich gewöhnt hat – emotionslos, schulterzuckend. Den Bedrohungscharakter für das eigene Leben hat dieser indirekte, medial vermittelte Tod der anderen verloren, weil er sinnlich nicht unmittelbar begreifbar ist.

Die »moderne Allgegenwart« des Todes hat Michael Ende (1929–1995) in einer Ballade bilderreich verdichtet.

Totentanz

Der Tod ist kein Reiter auf schwarzem Pferd
Und nicht mehr das alte Gerippe.
Er braucht keine Geißel, er schwingt kein Schwert,
Er trägt nicht Kapuze noch Hippe.

Der Tod fährt im Auto bei leiser Musik,
Wenn draußen die Nebel brauen.
Er blickt auf die Uhr und lehnt sich zurück:
Er kann seinem Zeitplan vertrauen.
Der Tod reist heute im Düsenjet
Mit Komfort über arktische Zonen.
Er schlürft Champagner und lächelt nett
Bei den Schwimmwestendemonstrationen.

Der Tod liegt als Glocke über der Stadt
Aus Smog und giftigen Gasen.
Du siehst an den Bäumen kein grünes Blatt,
Und die Blume vergilbt auf dem Rasen.

Der Tod gibt sich gerne für fortschrittlich aus:
Wenn wir glauben, es ginge uns besser,
Kocht er im Labor sein Süppchen aus
Und schüttet es in die Gewässer.

Der Tod spielt mit uns heute »Kopf oder Zahl«
Um die Erde, auf der wir wohnen.
Beim Billard ist er ein Meister zumal:
Als Kugeln benützt er Neutronen.

Der Tod reitet auf einem Laserstrahl,
Seine Viren gedeihn in Retorten.
Er hat ein Raketenarsenal
Und regiert aus verborgenen Orten.

Wohin wir auch rennen, der Tod ist schon da,
Wie die Igel den Hasen jagen.
Und wer's noch nicht hörte,
Und wer's noch nicht sah:
Die Fische können's ihm sagen.

Wir selber gaben ihm solche Gewalt
Wie niemals zuvor auf Erden.
Gott, lehre es uns bedenken und bald,
Auf dass wir weise werden.[49]

Tagtäglich haben wir mitten in unserem Leben mit den Anspielungen auf den Tod zu tun. Was hindert uns eigentlich, darüber zu sprechen und wesentlich ins Gespräch zu kommen? Das Leben würde wahrscheinlich reicher, und die Ängste, die uns hindern könnten, würden weniger, wenn wir sie miteinander teilten.

Das Sterben hat Menschen immer fasziniert. Das Wissen um den Tod kann uns ins Nachdenken und ins Gespräch bringen. Unser Leben gewinnt Sinn und Halt durch die Grenze des Todes. Was wäre, wenn es keinen Tod gäbe?

Das Sprechen und Nachdenken über das Sterben kann vitalisieren, Energie freisetzen und helfen, Unterscheidungen zu treffen, was wichtig und unwichtig ist, um ein gutes Leben zu führen. Wir wollen ja nicht erst später leben und das Versäumte auf dem Sterbebett bedauern müssen. Wir wollen hier und jetzt leben. Vielleicht gibt es einen Zusammenhang zwischen einem guten und erfüllten Leben und dem Sterben. Stirbt leichter, wer ein erfülltes Leben gehabt hat? Rudi Carrell, der niederländische Showmaster, hat in einer fast heiter-erlösten Weise kurz vor seinem Tod Folgendes gesagt: »Ich bin froh, dass meine Familie und ich über ein Jahr Zeit hatten, Abschied voneinander zu nehmen. Wir haben uns gemeinsam darauf vorbereitet. Das hilft sehr. (...) Meine

Arbeit ist beendet, das empfinde ich als wahnsinniges Glück. Ich habe fünfundvierzig Jahre Fernsehen gemacht. Heute gibt es keine Show mehr für die ganze Familie. Was soll ich da noch? Ich habe die Geburt dieses Mediums erlebt und mitgestaltet. Erst Schwarzweiß-, dann Farbfernsehen. Ich hatte die Macht, anderthalb Stunden Sendezeit zu füllen, wie ich wollte. Bei der Samstagabendshow schaute mir ein ganzes Land zu. Das war schön. Das gibt es nie wieder. Ich habe mein Leben gelebt. Ich kann jetzt ohne Angst gehen.«[50]

Es gibt keine Rezepte und wahrscheinlich keine klaren Antworten auf die Fragen nach dem guten Leben und Sterben. Auch eine nahezu bedingungslos auf Lebensverlängerung ausgerichtete Medizin wird die Antwort nicht geben können. Immer ist es nämlich leichter, etwas anzubieten, auch sinnlose Therapien vorzuschlagen, etwa bei Lungenkrebs oder bei einem malignen Hautkrebs. Zwar weiß man, dass selbst nach den evidenzbasierten Forschungen der Onkologie eine Chemotherapie dann nichts mehr bewirkt, aber sie wird verschrieben. Es ist eben leichter, etwas zu tun, als sich diesen schweigenden Gesprächen, diesen tränenvollen Momenten, diesen wissend-ungläubigen stillen Blicken auszusetzen, dass jetzt die Tage gezählt sind.

Man hat den Eindruck, es werden Therapien verabreicht, um solche Situationen zu vermeiden, und wenn alles nichts hilft, wird der (künstliche Tief-)Schlaf als des Todes Bruder eingeleitet. Es scheint leichter, den Menschen zu helfen, den Tod zu verschlafen (terminale Sedierung), als ihr letztes Stück Leben zu leben. Auf diese Weise hält man sich die Gefühle und die Anarchie des Sterbens und die »Bedauernisse« der Sterbenden vom Leib, verbannt sie aus der eigenen fachlich-emotionalen Auseinandersetzung.

Natürlich hat man viele medizinische und ethische Gründe für eine terminale Sedierung, aber halten sie auch menschlich-existenziell? Haben die Betroffenen eingewilligt oder ihre advokatorischen Vertretungen? Kümmert man sich darum, ob diese tatsächlich die beste Möglichkeit ist angesichts von Abschied, Trauer und individuellen Lebensschicksalen? Man weiß doch in der Regel so gut wie gar nichts von den Menschen, vielleicht die Operationsgeschichte, die Krankengeschichte. Aber: welche und wessen Geschichte geht zu Ende? Braucht es vielleicht noch eine Zeit, die anders genutzt werden kann, weil das eine oder andere noch zu sagen, zu schreiben ist, weil Offenes geschlossen werden muss?

3. Kapitel

Was hat die Gesellschaft der Hospizbewegung zu verdanken?

»Zu ahnen, zu spüren, schließlich zu wissen, daß der Tod nicht nur ein Ende setzt, dazu gehört freilich, daß der Mensch das Nicht-Endliche kennen gelernt hat, weil er die Augenblicke ernst zu nehmen vermochte, in denen er, dem Tod ganz nah, ein anderes Leben gespürt hat oder durch ein Sterben hindurch eine Neugeburt erfuhr. Kaum ein Mensch, dem solches nicht einmal widerführe. Aber selten die Menschen, die gelernt haben, im Sterben die Stimme des Lebens zu hören.«

Karlfried Graf Dürckheim

Sterben thematisieren

Die Hospizbewegung in Deutschland hat sich in gewisser Weise entwickelt als eine Menschenrechtsbewegung, die die bedingungslose Solidarität mit sterbenden Menschen und ihren Angehörigen in den Mittelpunkt gestellt hat. Der große Erfolg der Hospizbewegung besteht darin, dass sie die Themen Sterben, Tod und Trauer auf die Tagesordnung der Gesellschaft gesetzt hat. In der nun seit etwa drei bis vier Jahrzehnten beobachtbaren Debatte zum Sterben in den modernen Gesellschaften wurde weltweit menschenwürdiges Sterben als ein Menschenrecht, als ein Recht auf Würdigung bis zum Ende postuliert.

Es ist klar: Sterben ist keine Krankheit, sondern ein normaler Teil menschlichen Lebens. Sterben ist keine Diagnose.

Sterben ist nicht zu pathologisieren. Sterben gehört zum Leben – ein einfacher Satz mit Konsequenzen.

In den Anfängen der englischen Hospizarbeit wurde als Ziel der Hospizbewegung beschrieben: es komme darauf an, ein Sterben in Würde und in Individualität zu ermöglichen – *to die in dignity and character.* Das ist der Gegensatz zu einer Entwicklung, die der 1934 geborene schwedische Autor Carl-Henning Wijkmark 1978 als Ende der Humanität bezeichnete und in seinem Theaterstück *Der moderne Tod* verarbeitete.[51] In einem fiktiven Expertensymposium führt ein Moderator namens Persson aus der Sicht der Regierung in die Problematik ein, wie nämlich staatlicherseits mit der »Altenexplosion« umzugehen sei. »Wir brauchen schnell mehr Tote, um es ganz brutal zu sagen. Aber wie sollen wir das erreichen? Das Sterben wird als unnatürlich angesehen, mehr denn je. Und die Wurzel des Übels ist nicht primär, dass die Euthanasie ungesetzlich ist, sondern sie ist es, weil so wenige eine Euthanasie *verlangen.* (…) Wir brauchen eine neue Haltung zum Tod und Altern, nicht nur bei den Alten selbst. Es muß wieder *natürlich* werden, zu sterben, wenn die aktive Zeit vorbei ist. Wir müssen die Probleme mit den Alten lösen, nicht gegen sie. (…) wie kann die Gesellschaft innerhalb der betreffenden Gruppen eine Nachfrage nach Euthanasie schaffen und damit den Weg für eine Gesetzgebung bereiten?«

Die Hospizbewegung thematisiert das Sterben, tritt gegen die Beschleunigung ein und sorgt sich darum, dass Sterbende nicht *durch* die Hand, sondern *an* der Hand von Mitmenschen sterben können.

Die Hospizbewegung fußt auf einem komplexen Menschenbild. Das lässt sich exemplarisch am Umgang mit dem Phänomen Schmerz zeigen. Der Schmerz hat viele Gesichter. Das Leiden von Menschen ist vielgesichtig. Schmerz und Leiden lassen sich nicht trennen. Cicely Saunders (1918–2005), die Begründerin der modernen Hospizbewegung, prägte schon vor Jahrzehnten dafür den Begriff *total pain.* In diesem Signalwort war die Erkenntnis aufgehoben, dass Schmerzen und Leiden vieldimensional sind, körperliche, psychische, soziale, kulturelle und spirituelle Ausprägungen haben können, weil jeder Mensch ein bio-psychosozial und spirituelles Lebewesen ist. Cicely Saunders selbst erläuterte in einem langen Interview im Rahmen eines Oral-History-Projekts zur Hospizgeschichte in Sydenham/London, wie sie das Phänomen dieser Multidimensionalität des Schmerzes, des menschlichen Lebens entdeckt hat und warum sie es als *total pain* bezeichnete.[52] In vielen Vorträgen und Publikationen hat sie darauf verwiesen, diese Erkenntnis einer Patientin namens Mrs. Hinson zu verdanken.

Im Originalton liest sich diese Erkenntnisgeschichte wie folgt: »Da gab es eine Patientin, die ich bat: ›Nun, Mrs. Hinson, erzählen Sie mir doch einmal etwas über Ihren Schmerz‹ – das war an dem Tag, nachdem sie eingewiesen worden war, und sie sagte: ›Also, es fing im Rücken an, Frau Doktor, aber jetzt kommt es mir vor, als ob mit mir überhaupt nichts mehr stimmt.‹ Sie erzählte von einem oder zwei Symptomen und sagte dann: ›Ich hätte nach den Tabletten und den Spritzen schreien können, aber ich wusste, dass ich das nicht durfte. Niemand schien zu verstehen, wie es mir ging, und es hatte den Anschein, als ob die ganze Welt gegen mich wäre. Mein Mann und mein Sohn waren wunderbar, aber sie hätten von der Arbeit wegbleiben müssen und hätten dadurch Geld verloren, aber es ist so schön, sich langsam wieder sicher zu fühlen.‹«[53]

In dieser Geschichte ist die gesamte Philosophie einer umfassenden, mehrdimensionalen hospizlichen Sorgekultur enthalten. Es wird offensichtlich, dass Schmerzen nicht nur körperliche Dimensionen (»... es fing im Rücken an«) haben, sondern auch psychischer (»niemand schien zu verstehen, wie es mir ging«; »als ob mit mir überhaupt nichts mehr stimmt ...«), sozialer (... mein Mann und mein Sohn ... sie hätten von der Arbeit wegbleiben müssen und hätten dadurch Geld verloren ...«) und spiritueller (»... als ob die ganze Welt gegen mich wäre ...; »es ist schön, sich langsam wieder sicher zu fühlen ...«) Natur sein können. Die anregende und gleichzeitig fokussierte Aufforderung – »Erzählen Sie mir doch etwas über Ihren Schmerz« – versetzt die Patientin in die Lage, ihr eigenes Befinden zu artikulieren. Wie in einer kreisenden erzählenden Bewegung zu sich selbst, bringt sie sich selbst in ihrer Befindlichkeit, in ihren relevanten Beziehungen zur Sprache und erschließt der Ärztin die ineinander verschachtelten und voneinander abhängigen Dimensionen ihres umfassenden Leidens. Zutreffend bezeichnete Cicely Saunders diese Selbstbeschreibung als umfassend *(total)*.

Die Auseinandersetzung aber nur mit dem physischen Schmerz bestimmt wie kein anderes Thema die palliativmedizinische Diskussion nicht erst seit den 1990er Jahren. Vor allem infolge der fachlich und historisch erklärbaren Konzentration der Palliativmedizin auf tumorerkrankte Menschen – die WHO-Definition zu Palliative Care entstand im Kontext der Onkologie – stehen körperliche Schmerzerfahrungen bei Krebserkrankungen und deren Behandlung im Vordergrund. Da Krebserkrankungen zu den häufigsten Todesursachen gehören – etwa fünfundzwanzig Prozent der Verstorbenen – wird verständlich, warum der Zusammenhang Krebs = Schmerz = Sterben so evident zu sein scheint.

Hand in Hand mit dem »Engagement« vieler Schmerzpräparate produzierender Pharmafirmen institutionalisierte und akademisierte sich die Palliativmedizin seit 1999 in Deutschland im Kampf gegen die Schmerzen. Die ersten Professuren wurden von Pharmafirmen gestiftet. Besetzt wurden sie mit Anästhesisten. So entstand das verzerrte Bild, die größte Herausforderung des Sterbens bestehe in der Schmerzbekämpfung – wohlgemerkt: in der *körperlichen* Schmerzbekämpfung.

Palliativmedizin war jahrelang fast identisch mit Schmerztherapie. Das Leitbild guten Sterbens bestand in der »Schmerzfreiheit«. Innerhalb kürzester Zeit hatte sich damit im deutschsprachigen Raum seit den achtziger Jahren ein Paradigmenwechsel zur Medikalisierung vollzogen mit den Leitkategorien eines Sterbens in Schmerzfreiheit und mit Lebensqualität. Durch entsprechende pharmakologische Interventionen und Applikationen muss im Sterben daher ein reibungsloses Funktionieren wiederhergestellt werden. Es geht also um Dosierungen, Kombinationspräparate, um stufenschematisch sich aufbauende Schmerztherapeutik mit dem Ziel, den Schmerz unter Kontrolle *(pain control)* zu bringen. Das Schmerzmanagement *(pain management)* setzt ein und suggeriert, man müsse das Übel Schmerz und damit jeden Schmerz wie einen Eindringling identifizieren und eliminieren.

Die Wurzeln dieses einseitigen Schmerzverständnisses sind in den Grundlagen der modernen Biowissenschaften, in der Philosophie bzw. der Anthropologie von René Descartes (1596–1650) zu finden. Descartes hat selbst Erfahrungen mit dem Zerlegen von Tierleichen, und ihn faszinierte die Logik und Funktionsfähigkeit des Organismus. Er siedelte den Geist des Menschen im Gehirn an, den Körper verstand er als eine Maschine, und entsprechend beschreibt er die Körperfunktionen und Sinnesorgane. Aber er trennt Leib und

Seele strikt voneinander als unabhängig voneinander existierende Substanzen. Der Schmerz wird nach der Logik der klassischen Mechanik in den als Maschine verstandenen Körper verlegt. Descartes erkennt, dass freie Nerven den Reiz des Schmerzes von jeder Stelle des Körpers ins Zentrum, ins Gehirn, weiterleiten.

Berühmt geworden ist das Glockenzugphänomen. Einem Seilzug gleich, der eine Glocke im Gehirn zum Klingen bringt, wird der Schmerzreiz durch den Körper nach oben geleitet. Schmerzempfindung entsteht. Descartes hatte 1632 den schmerzprovozierenden Impuls zwischen Verletzung und Gehirn verglichen mit »dem Augenblick, in dem man an dem Ende eines Seilzuges zieht, die Glocke zum Klingen bringt, die an dem anderen Ende hängt«[54].

Das Empfinden von Schmerzen wird hier zu einem rein körperlichen Phänomen. Verbunden damit ist die Mechanistik einer entsprechenden monokausalen Therapie. Damit kein Missverständnis entsteht: Schmerzen können entsetzlich sein, die ganze Energie und die letzte Kraft rauben und die Bereitschaft des Menschen steigern, alles in Kauf zu nehmen, ja sich selbst lieber umzubringen, um nur keine Schmerzen mehr zu haben.

Schmerztherapie ist eine Wohltat. Schmerzlinderung steht nicht zufällig ganz oben auf der Agenda. Aber nicht alles, was Sterbende beschäftigt und belastet, ist körperlicher Schmerz.

Total pain erfordert einen empathischen, existenziell-spirituellen, einen interdisziplinären und interprofessionellen Zugang zum Menschen, seiner Ausgangssituation, seinem Gewordensein, seinem Leiden. Denn bekanntlich ist Schmerz das, was die Betroffenen empfinden. Deshalb gilt es, sich in allen Behandlungen und Begleitungen radikal und umfassend am Empfinden des Sterbenden zu orientieren.

Literarisch ist das Phänomen des »umfassenden Schmerzes« im Sterben vielfach verdichtet. Eine der eindrucksvollsten Erzählungen der Weltliteratur stammt vom russischen Dichter Leo Tolstoi (1828–1910). Die Erzählung *Der Tod des Iwan Iljitsch* beschreibt das langsame Sterben des Gerichtsbeamten Iwan Iljitsch Golowin. »Der Doktor sprach von den körperlichen Schmerzen und hatte recht. Aber noch furchtbarer waren die seelischen, und in ihnen lag für Iwan Iljitsch die große Qual. Die seelischen Leiden bestanden darin, daß ihm in dieser Nacht (...) plötzlich der Gedanke gekommen war: ›Und wenn wirklich mein ganzes Leben, mein bewußtes Leben nicht das richtige gewesen ist?‹«[55] Diese bedrückende Frage quält ihn bis zu seinem Tod. Die mögliche Einsicht, sein Leben faktisch nicht wirklich gelebt, also »verfehlt« zu haben, lässt ihn nicht mehr los. Dieses zutiefst spirituelle Leiden lässt sich nicht septisch trennen, nach dem Motto: Das Leiden beginnt, wenn der Schmerz aufhört – es steigert und entlädt sich in der Erfahrung völliger Ungeborgenheit und abgrundtiefer Einsamkeit, eines Ausgesetztseins, einer tiefen Sinnleere und Gottverlassenheit. »Er wartete nur, bis Gerasim hinausgegangen war, dann konnte er sich nicht mehr halten und begann zu schluchzen wie ein Kind. Er weinte über seine Hilflosigkeit, er weinte über seine schreckliche Einsamkeit, er weinte über die Grausamkeit des Menschen, die Grausamkeit Gottes, er weinte darüber, daß es keinen Gott gebe. ›Warum hast du das alles gemacht? Warum hast du mich bis dahin gebracht? Warum, warum quälst du mich so furchtbar?‹ Und er wartete auf keine Antwort und weinte darüber, daß es keine Antwort gebe, keine Antwort geben könne. Der Schmerz brach wieder aus. Aber er regte sich nicht und rief nicht (...). Der Kranke schreit mit seinen allerletzten Kräften: ›Geht hinaus! Geht hinaus! Laßt mich in Ruh!‹ Von diesem Augenblick an begann jenes drei Tage lang ohne Unterbrechung währende Schreien, das so furchtbar war, daß man es hinter zwei Türen nicht ohne Entsetzen hören konnte.«[56]

In der Entdeckung und Realisierung des »Total-pain-Konzeptes« liegt ein Wiedergewinn von Menschlichkeit, von Würde und Achtsamkeit füreinander, die durch die Schematisierung von nur organischen bzw. pathophysiologischen Konzepten und die einseitige Reduktion auf den physischen Schmerz verloren zu gehen drohen. Diese Differenzierung war und ist auch deshalb faszinierend, weil sie einem komplexen Menschenbild, in biopsychosozialen und spirituellen Verweisungszusammenhängen entspricht. Es kann kein Zweifel bestehen, dass das organische Modell des Schmerzes ein Auslaufmodell ist. Es kann »die flutwellenartige Ausbreitung chronischer Schmerzen in der modernen Welt einfach nicht erklären. Es stottert und keucht, wenn es mit der Vorstellung, daß Schmerz keine Wahrnehmung, sondern eine Empfindung ist, arbeiten muß: ein Erlebnis, bei dem Bewußtsein, Gefühl, Sinn und sozialer Kontext eine gleichermaßen bedeutende Rolle spielen. (...) wir sind mehr als nur Neuronenbündel. Wir müssen den Sinn für die Wichtigkeit des Verstandes und der Kulturen bei der Entstehung von Schmerz wiederentdecken, und wir müssen beginnen, die Bedeutungen von Schmerz zu verbreiten, um menschliches Leiden nicht auf die Stufe eines lediglich physischen Problems zu reduzieren, für das es immer eine medizinische Lösung gibt, vorausgesetzt, man findet die richtige Pille.«[57]

Erzählen und Zuhören

Cicely Saunders' Geschichte mit Mrs. Hinson beginnt mit der unspektakulären ärztlichen Einladung zur »Schmerzerhebung«. Sie lautet schlicht und einfach: »Erzählen Sie etwas über Ihren Schmerz!«

Dass das Erzählen über den Schmerz der Anfang eines

jeden ärztlichen Befundes ist, schildert auch der Schriftsteller Adolf Muschg: »Wir kennen, zugespitzt gesagt, Schmerz nur als erzählten Schmerz. Das gilt auch für die ärztlichen Sprechstunden, wo der Versuch unternommen wird, die Erzählung des Patienten in einen der Medizin bekannten Befund zu übersetzen, wo er zuerst an einen Gegensatz, ein Organ, gebunden werden muss. Wissen wir, woran wir leiden, so besteht überhaupt erst Aussicht auf Behandlung; dann können – wenn sie gelingt – die Schmerzen dauerhaft gestillt oder wenigstens einstweilen zum Schweigen gebracht werden.«[58] Der Stimulus der Erzählung ist eine klar fokussierte Bitte, die Beziehung stiftet und gleichzeitig ein offenes Erzählen ermöglicht. In dieser hospizlichen Haltung des Erzählens wird ein Raum eröffnet, in den hinein sich der Sterbende begeben kann, mit allen Dimensionen seiner Persönlichkeit und seines Lebens.

Man vergegenwärtige sich im Gegensatz hierzu heute die Intervention der Medizin, die mit einer visuellen Analogskala oder Ähnlichem versucht hätte, das Schmerzniveau Mrs. Hinsons mit Zahlen von eins bis zehn zu erfassen. Und es wird offensichtlich, dass es im Versorgungssystem an der Fähigkeit mangelt, innere Verletzungen, die quälende Verzweiflung, die Angst vor dem Sterben, die fast immer mit schweren Erkrankungen einhergeht, umfassend und komplex in ihrer Vielschichtigkeit aufzunehmen. Die existenziellen Brüche und Bewegungen des Lebens werden allzu oft mit den »Instrumenten« der Lebensqualitätserfassungen quantitativ reduziert. Der statistische Mittelwert ist eben eine Abstraktion, eine Zahl, die immer die subjektive Konkretisierung, das Erzählen braucht. Jedes »Instrument« ist nur so gut, wie es erlaubt, die Melodie des subjektiven Erlebens der Betroffenen zur »Geltung zu spielen« und sie nicht als »Fälle« zu betrachten.

Seit dem 18. Jahrhundert entwickelt sich die »klinische Fallgeschichte« als vorherrschende Kommunikationsform im Krankenhaus. Klinik meint hier nicht allein den Ort der Behandlung, sondern auch die praktizierte Medizin, den »medizinischen Blick«. Der Charakter einer eher medizinisch-technischen Sichtweise ist in Diagnosen und kurvenmäßig darstellbaren Verläufen von Krankheitsentwicklungen in Zeichen, Symptomen, Labordaten etc. mathematisiert und aggregiert. Der Befund, nicht das Befinden, die Geschichte der Krankheit, nicht des Krankseins interessierten; Krankheiten werden behandelt, nicht kranke Menschen. Die Daten zu den Kranken werden mittlerweile so entpersönlicht abstrahiert, dass die Betroffenen nicht einmal mehr in der Lage sind, ihre eigene Krankengeschichte zu lesen und zu verstehen. Diese Daten regeln versachlichend auch die Arzt-Patienten-Beziehungen, für deren verstehende Deutung kein Platz ist.

Medizin als »Beziehungsmedizin« (Viktor von Weizsäcker) bleibt so ein noch immer aktuelles Postulat. Die existenziellen Sorgen angesichts der verrinnenden Lebenszeit haben gerade in den helfenden Beziehungen tragende Bedeutung. Es macht den besonderen und innovativen Charakter dieser Sichtweise aus, dass die offizielle, daten- und faktenorientierte Geschichte im Umgang mit Krankheit gebrochen wird durch die Geschichten der Kranken selbst, durch die symbolische Sprache und Erzählungen der Sterbenden, durch die stockende Rede der Trauernden. Geschichten formieren und humanisieren die Zeit und den Raum neu. Organisationen wie das Krankenhaus erscheinen ja deshalb oft so inhuman, weil in ihnen kein Platz und keine Zeit für Geschichten und Erzählungen zu sein scheinen.

In seinem Buch *Leben* erzählt David Wagner die Geschichte einer Transplantation. »Das Krankenhaus ist ein Geschichtenhaus, immer wieder neue Geschichten, jeder Patient bringt eine mit. Also höre ich zu, was bleibt mir auch anderes übrig, und lausche den mit der Zeit unaushaltbar werdenden Leidensgeschichten, was ich habe, wie ich leide, wo ich damit schon gewesen bin, was die Ärzte gemacht haben, was sie nicht gemacht und was sie falsch gemacht haben.«[59]

Vielleicht ist die Umwandlung eines Menschen in einen Fall als systemgewordene Realität erklärbar mit diesen oft »unaushaltbaren Leidensgeschichten«. Man gewöhnt sich an das Leiden durch Abstraktion und Distanzierung, durch Versachlichung und Verobjektivierung. Der Preis ist hoch. Man versteht das Behandlungsschema, nicht die Menschen. Doch wir wissen: Sterbende haben etwas zu sagen. An der Art und Weise, wie sie mit ihrem Sterben umgehen, geht auf, was wertvoll und wichtig ist, für sie selbst und für die, die Sorge tragen. Erforderlich ist eine Haltung zuhörender Aufmerksamkeit, umfassender Präsenz.

Alle diese Dimensionen sind nicht neu, auch nicht in der Medizin. Sie wurden in den letzten hundert Jahren in verschiedenen Wissenschaftsdisziplinen herausgearbeitet, unter anderem in der Heidelberger Schule der Anthropologischen Medizin. Nach Aussagen des Medizinhistorikers Heinrich Schipperges ist diese Wende in der Medizin charakterisiert durch das Interesse an der Biographie der Kranken und die systematische Einführung des Biographischen in die Medizin, die Hinwendung zum Sozialen und zur Wiederentdeckung des Leibes, in dem sich der ganze Mensch ausdrückt. Die Erzählungen der Kranken über ihr Kranksein bleiben oft genug vage und mehrdeutig. Sie ermöglichen dadurch auch eine Reinterpretation auf der Basis von Ereignissen, Entwicklungen in der Therapie und der Beobachtung von neuen Symptomen. Immer wird erzählend die Möglichkeit eröffnet, dieses »Neue«, das »irritierend Fremde«, einzuordnen in ein größeres Ganzes. Und das Narrative ist in gewisser Weise eine Kritik und Differenzsetzung an der herkömmlichen asymmetrischen Konstruktion von Patientenbeziehungen in der konventionellen Medizin.

Mitleidenschaft

Die Medizin hat dem Tod den Krieg erklärt, die Hospizbewegung will Frieden mit ihm schließen. Mag es in der modernen Medizin eine Schmerztherapie geben, eine »Leidenstherapie« ist schon sprachlich absurd. In dieser Unmöglichkeit steckt die Erfahrung, dass menschliches Leben immer auch mit Leiden verbunden ist, dass es kein leidfreies Leben gibt, sosehr die Heilungsversprechungen der Moderne dies suggerieren mögen. Die Schmerzerfahrung des leidenden Menschen braucht eine existenziell-spirituelle Resonanz. Trost braucht eine Vermittlung durch eine Person, eine Geste, eine Stimme, die außerhalb des eigenen Ich anzunehmen ist. Dem Leiden des Menschen korrespondiert in gewisser Weise die Mitleidfähigkeit, die Mitleidenschaft eines compathischen Gegenübers, eines Begleiters, der das Leiden mitzutragen bereit ist.

In der jüdisch-christlichen Tradition ist diese Haltung immer als Barmherzigkeit beschrieben worden. Das Wort »Barmherzigkeit« kommt aus dem mittelhochdeutschen »barmherze«, das wiederum aus dem althochdeutschen »armherzi« stammt und nach dem kirchenlateinischen »misericordia« gebildet ist und »ein Herz für die Armen« bedeutet. Im Englischen bedient man sich des Ausdrucks »compassion«. Ihm liegt das spätlateinische »compassio« zugrunde, das aus »pati« (leiden) und »cum« (mit) besteht und »Mitleiden, Mitdulden« bedeutet.

»Die Barmherzigkeit fordert uns auf, dorthin zu gehen, wo man leidet, dort einzutreten, wo man Qualen erduldet,

Zusammenbruch, Furcht, Ausweglosigkeit und quälende Angst mitzutragen. Die Barmherzigkeit ruft uns auf, mit den Notleidenden unsere Stimme zu erheben, mit den Verlassenen zu trauern und mit den Tränenüberströmten zu weinen. Die Barmherzigkeit verlangt von uns, mit den Schwachen schwach, mit den Verwundeten verwundbar und mit den Ohnmächtigen ohnmächtig zu sein. Barmherzigkeit heißt: sich seinem Menschsein ganz und gar stellen. Wenn wir die Barmherzigkeit so sehen, wird deutlich, dass mehr gemeint ist als schlechthin Güte oder Weichherzigkeit.«[60]

Hiermit ist die Einsicht verbunden, dass wir das Leiden nicht aus der Welt werden schaffen können, dass das Leiden durch die Mitleidensfähigkeit anderer aber erträglicher werden kann, indem die Bedingungen des Leidens verändert werden. Und dort, wo dies nicht möglich ist, gilt es, das Leiden miteinander auszuhalten. Dass eine solche helfend-compathische Beziehung keine paternalistische Fürsorge von oben nach unten meint, ist evident.

Existenzielles Helfen, solidarische Sorge aus Mitleidenschaft am Lebensende sehen anders aus. Nicht die Gesunden kümmern sich um die Kranken, die Starken um die Schwachen, die Experten um die Laien und die (noch) Lebenden um die Sterbenden. Die oft angenommene Asymmetrie dreht sich um. Die Kranken haben einen Vorsprung.

Schon früh wurde in der Hospizbewegung festgestellt, dass die Sterbenden Erfahrungen machen, die uns fehlen. Wir lernen von ihnen, und zwar radikal. Wir verdanken ihnen die Möglichkeit, uns selbst für unser eigenes kleines Leben neu zu entscheiden, unsere Prioritäten zu überprüfen und neu auszurichten, ungelebtes, erstarrtes Leben zu verflüssigen und zu verlebendigen und die offenen Fragen und Themen unseres Daseins anzugehen. Wie oft kann man nämlich die Angst vor dem Sterben und dem Tod auch deuten als ein subjektiv verbreitetes Gefühl, dass das Leben einem noch etwas schuldet, dass der Tod auch nach einem biologisch langen Leben immer noch zu früh kommt. Mit jedem Sterben verlischt eine ganze menschliche Existenz. Unwiderruflich geht das Leben eines einmaligen und unwiederbringlichen Menschen zu Ende, eine ganze Welt geht unter. Für uns, die wir überleben, stirbt ein Mensch. Für den Sterbenden stirbt die ganze Welt. Und jedes Sterben verändert die Welt; der Tod bricht in die Welt, in der wir leben. Nichts ist mehr so wie vorher.

Nimmt man die oben beschriebene Haltung des Zuhörens und Erzählens der individuellen und intimen Geschichten der Menschen ernst, dann kann es nur eine individuelle und persönliche Behandlung und Begleitung Sterbender geben. Menschen leben nicht nach Schema, und sie sterben nicht nach Schema. Jeder Versuch, ausschließlich standardisierte Versorgungsmodelle im Sinne eines linearisierten Prozesses der Qualitätsentwicklung zu entwerfen, scheitert am individuellen Lebensanspruch, an den persönlichen und biographischen Bedingungen und den individuellen Brüchen in den Biographien und an den anderen Erwartungen der Betroffenen.

Die Verbetriebswirtschaftlichung unseres Gesundheitssystems macht natürlich auch nicht vor den Sterbenden halt. Es wird gezählt in allen Maßeinheiten des Mathematischen. Denn es zählt nur, was gezählt werden kann. Demgegenüber muss die Perspektive des Narrativen als kritische Differenz gelten: Es zählt, was erzählt werden kann. Die Geschichten in und aus den Beziehungen mit Menschen, die nur noch eine begrenzte Zeit zu leben haben, zählen. Menschliches Leben, individuelle Schicksale lassen sich eben nicht nur in Zahlen und Diagrammen abbilden, sie sind keine »Fälle«[61], die im Fallmanagement (case management) ein »Handling« brauchen und entsprechend in der Arithmetik einer industrialisierten Versorgungs- und Entsorgungswirtschaft »abzurechnen« sind.

Wir haben es nicht mit Fällen – mit Sterbefällen – zu tun, sondern mit individuellen Menschen, mit ihren Gedanken, Gefühlen und Geschichten. Erst in der interaktiven Auseinandersetzung mit den Betroffenen selbst beginnen die statisch scheinenden Definitionsmerkmale in Bewegung zu geraten, werden abstrakte Kriterien konkret und gelingt es, die Spannungspole zu identifizieren, zu differenzieren und auszubalancieren. Die dauerhafte Verdinglichung und Verobjektivierung von Personen aber ist der erste Schritt in die Inhumanität und Entsolidarisierung.

Das Team

Nimmt man die Komplexität jeder individuellen Person ernst, so sehen wir immer nur Ausschnitte des Ganzen. Jede Perspektive ist begrenzt, mit jeder Fachbrille sieht man nur Aspekte. Es liegt in der Natur der Sache, dass jede spezialisierte Fachlichkeit ihre eigene Blindheit mitproduziert. Ich kann nur sehen, was ich sehen kann. Um zu sehen, was ich nicht sehen kann, bin ich auf die Augen anderer verwiesen. Diese Erkenntnis relativiert die Gefahr, sich mit seiner Perspektive, seinem Behandlungs- und Begleitungsvorschlag *absolut* zu setzen.

Interdisziplinarität ist eine ständige Einübung in die Fähigkeit, sich selbst zu relativieren, anderen großmütig Vortritt zu gewähren und bescheiden zu bleiben. Die Haltung der Bescheidenheit und die Tugend der Demut bilden die Voraussetzung für gelingende Interprofessionalität. Die Herausforderung besteht auch hier darin, Unterschiede als Reichtum wahrzunehmen und in der Fremdheit anderer Sichtweisen und Professionen die eigene Ergänzungsbedürftigkeit zugunsten des gemeinsamen Zieles anzunehmen.

Natürlich bleibt es eine Daueraufgabe, eine angemessene, verständliche Sprache und Versprachlichung von Beobachtungen und Wissensbeständen zu finden. Sinnvollerweise ist diese auch anschlussfähig an die unterschiedlichen kulturellen Hintergründe der Betroffenen. Charakteristisch für diese umfassende Sicht auf die betroffenen Menschen ist die Haltung des bedingungslosen Respekts, der Akzeptanz der anderen um ihrer selbst willen, der Aufmerksamkeit für ihre einmaligen Geschichten, die Anteilnahme an ihrem unwiederholbaren Schicksal. Es geht doch immer wieder und wieder darum, sich auf einen fremden Menschen verstehend zu beziehen, in diesem Bezogensein ein Vertrauen zu entwickeln, um seine Selbstmitteilungsbereitschaft in Bewegung zu setzen. Nur auf dem Boden einer zuversicht- und vertrauenstiftenden Beziehung lassen sich die vielfältigen Empfindungen des Schmerzes ausdrücken und mitteilen und letztlich Formen finden, um die Vieldimensionalität des Schmerzes und aller anderen umfassenden Symptome wie Atemnot, Müdigkeit etc. und des menschlichen Lebens (körperlich, seelisch, sozial und spirituell-kulturell) aufzunehmen, um sich die letzten Tage und Wochen und Monate seines Lebens den fremden Helfenden anzuvertrauen.

Dies sei eine große, überfordernde Aufgabe, die im Grunde Universalgenies verlange, meinte einmal der Begründer der ersten Palliativstation der Welt in Kanada, Balfour Mount. Und solange wir diese nicht gefunden hätten, fügte er dann hinzu, behälfen wir uns mit Teams. Teams helfen, bescheiden zu sein. Sie lehren, angewiesen aufeinander zu sein, Erfolg und Misserfolg zu teilen, und sie erleichtern das Leben.

Dass es nicht immer leicht ist, im Team zu arbeiten, wusste auch Cicely Saunders. »Denken Sie jedoch nie, Sie seien der Einzige, der diesem Patienten wirklich helfen kann, denn das würde bedeuten, dass Sie sich zu sehr involvieren. Sie müssen immer als Team arbeiten. Und obwohl das Arbeiten im Team nicht immer ganz einfach ist, bin ich doch fest davon überzeugt, dass es gerade in unserem Bereich unerlässlich ist. Das war etwas, was ich selbst noch lernen musste, als ich hierherkam, und es ist mir wirklich nicht leicht gefallen.«[62]

In diesen berufs- und bereichsübergreifenden, teamförmigen Verständigungen beginnt der intensive Prozess einer guten Versorgung am Lebensende, die »Orchestrierung des Lebensendes« wie der österreichisch-amerikanische Arzt und Medizinethiker Erich Loewy zeitlebens sagte. Wie neu dieser Teamgedanke der Hospizarbeit im Gesundheitssystem der siebziger und achtziger Jahre war, erläutert Gustava Everding, Ärztin und langjährige Vorsitzende des Christophorus-Hospiz-Vereins in München. Eines Tages erhielten sie und ihre Kollegen Besuch von einem schottischen Hospizteam, der bleibenden Eindruck hinterließ, »wo diese ganze Mannschaft uns besucht hat und mit Arzt und Geistlichen und leitender Krankenschwester. Das war immer schon so der erste Ansatz, was man später Multiprofessionalität nannte (...) dass sie von all diesen Elementen, die in den Berufen drinstecken, zusammengetragen worden ist. Dass das, was eine Krankenschwester dazu zu sagen hat, wichtig zu nehmen ist, was ein Arzt dazu zu sagen hat und ein Geistlicher dazu zu sagen hat. Und das hat sich mit verschiedenen Gewichten immer noch erhalten. Ich würde sagen, heute leider nicht mehr bei allen so, aber das war für uns am Anfang das Entscheidende. Und nicht, wie das dann sofort losging, als die Mediziner daran gerochen haben, hieß es, der Führer eines Hospizdienstes muss ein Arzt sein. Und wir haben eben heftig diskutiert, nein, das muß der Patient sein. Und das durchzusetzen, das können Sie sich nicht vorstellen (...), was das in der Medizin der damaligen Zeit geheißen hat.«

Die durch die Forschungsarbeiten der Schweizer Ärztin Elisabeth Kübler-Ross begründete Thanatologie, die Wissenschaft vom Tod, macht deutlich: Auch sogenannte austherapierte Patientinnen und Patienten haben Bedürfnisse nach Kontakt und Beziehung, wollen gewürdigt und nicht gedemütigt werden und erleben unterschiedliche Dimensionen einer affektiv-kognitiven Auseinandersetzung mit ihrem drohenden Tod, die empathische Kommunikation sowie umfassende Aufmerksamkeit als menschliches Grundrecht erfordern. Im Hospizzusammenhang kann man auch von »Gastfreundschaft« sprechen, anlehnend an die europäische und altorientalische Idee derselben. Sie begreift menschliches Leben als Pilgerschaft, das auf Gastfreundschaft angewiesen ist, um Weg und Ziel zu finden.

Hospize bieten eine absichtslose Gastfreundschaft an im bedingungslosen Interesse am anderen um seiner selbst willen. Gastfreundschaft ist eine Haltung von Personen und eine Kultur in der Gesellschaft, und sie erfordert keine Ausbildung und kein Zertifikat.

Die Aufnahme der allgemeinen Idee der hospizlichen Gastfreundschaft in das Gesundheitssystem führte zu Palliative Care. Hospizarbeit und Palliative Care wurden im Mutterland England immer gleichwertig und synonym verwendet, als zwei Seiten einer Medaille. Gemäß der weltweit rezipierten Definition der Weltgesundheitsorganisation (WHO) ist Palliative Care »(…) ein Ansatz, mit dem die Lebensqualität von PatientInnen und ihren Familien verbessert werden soll, wenn sie mit einer lebensbedrohlichen Erkrankung und den damit verbundenen Problemen konfrontiert sind. Dies soll durch Vorsorge und Linderung von Leiden, durch frühzeitiges Erkennen, fehlerloser Einschätzung und Behandlung von Schmerzen und anderen physischen, psychosozialen und spirituellen Problemen erfolgen.«[63] In der überarbeiteten Fassung der ursprünglichen Definition der WHO aus dem Jahr 1990 wird dezidiert hervorgehoben, dass Palliative Care als Ansatz bereits sehr früh im Krankheitsverlauf, und zwar parallel zu kurativen Maßnahmen, zur Geltung kommen sollte.

Der Begriff »palliativ« leitet sich vom lateinischen »pallium« – der Mantel – ab und wird in der deutschsprachigen Rezeption in erster Linie mit »ummanteln, umhüllen« im Sinne von »fürsorglichem Beschützen« wiedergegeben. Etymologisch wurzelt dieses lateinische Wort im Indo-Europäischen: »palliativ« verweist auf »pel«, was so viel wie »Fell«, »Tierhaut« bedeutet, woraus die Bedeutung »pelte«, also waffenabwehrende Schilde für den kriegerischen Einsatz, entstand.[64] Dieser Doppelaspekt – Schutz und Abwehr – unterstreicht die »radikale Betroffenenorientierung« dieser hospizlich-palliativen Perspektive im modernen Gesundheitssystem. Es geht immer um eine angemessene Balance von Zuviel und Zuwenig (etwa invasiven, therapeutischen Maßnahmen), es geht auch um die Balance von Verlangsamung und Beschleunigung des Sterbens, wie die WHO es in ihrer Definition formuliert.

Das Bild des Mantels als Schutzmantel ist in vielen Kulturen verbreitet. In der abendländischen Tradition wird es eng mit Maria verbunden. Vor allem in den Pestzeiten entstand eine ikonographische Tradition. Sie zeigt die mittelalterliche Gesellschaft unter »dem Schutz und Schirm« Mariens stehend. Sie hält ihren Mantel offen, schützt und wehrt gleichzeitig damit die Pfeile (Krankheit, Pest) ab, die Gottvater auf die sündige Menschheit schießt. Sie zerbrechen an ihrem »Abwehrmantel«, diesem »Schutz und Schild«. Es ist dieses uralte mütterliche Symbol eines unverdienten, alle akzeptierenden Schutzes, der auf die Bedürftigkeit, die Sicherheitssuche der Menschen reagiert.

Setzt man dieses Mantelmotiv in einen kulturgeschichtlichen und religionsgeschichtlichen Deutungszusammenhang, so erschließen sich tiefere Dimensionen, die eine Ahnung von dem Reichtum dieses Bildes aufkommen lassen. In nahezu allen Kulturen und Religionen steht das Bild des Mantels für die Muttergottheit. Einem schützenden Mantel gleich beugt sich etwa die Göttin Isis selbst auf den Knien über die Weltkugel. Aus ihr kommt das Leben, in sie hinein vergeht das Leben. Gebären und Sterben, Leben und Tod haben einen Ursprung, einen tiefen mystischen Grund – das Lebensgesetz der Menschen in dieser Welt ist darin enthalten.

Innerhalb der medizinischen Lehrbuchtradition findet die Palliatio bzw. die *cura palliativa* spätestens seit dem 16. Jahrhundert Eingang in die medizinische Terminologie. Gemeint ist eine medizinische Palliativbehandlung, die das Leiden sowohl für die Patienten als auch für ihre Umgebung erträglicher macht.[65]

Angehörige, Zugehörige und Hingehörige

Die Definition von Palliative Care beinhaltet eine akzentuierte Aufmerksamkeit für die Angehörigen und alle Personen, die sich »hin- und zugehörig« empfinden, Sorge und Umsorge teilen. Begleitung am Lebensende bezieht sich nie nur auf einzelne Menschen. Immer muss der soziale Lebenszusammenhang der Betroffenen, der Familie in den Blick kommen. Wobei es bekanntlich *die* Familie nicht gibt und Wahlverwandtschaftsbeziehungen komplexe Gebilde sind, in denen die Kinder aus verschiedenen Beziehungen ebenso einen Platz beanspruchen können, wie die Geliebte neben der Ehefrau.

Familien haben immer eine lange Geschichte, eine Geschichte von Widersprüchen und Tabus, von Verletzungen,

Kränkungen, Aussonderungen, aber auch von geglückten Harmonien, von wechselseitiger oder asymmetrischer Liebe, von nachhaltigen Entzweiungen, von nachhaltigen Solidaritäten in den Lebens- und Beziehungsmustern, die sich über Jahrzehnte, manchmal Jahrhunderte entwickelt haben. Es kann entlastend sein, sich zu vergegenwärtigen, dass sich die Geschichte und das Schicksal dieser Familie am Lebensende nicht auflösen lassen, gar therapeutisch saniert oder fundamental geheilt werden können. Auch wenn am Sterbebett Bilder der Versöhnung, der Aussprache, der letzten guten Worte präsent sind: Es kann sein, dass Verständnislosigkeit und Sprachlosigkeit hervortreten.

Manchmal gelingen Gesten, werden Worte zu Symbolen und drücken wortlos-zeichenhafte Wortarmut aus, was brückenhaft helfen kann weiterzuleben. Manchmal aber gefrieren die Beziehungen auch auf einem Tiefpunkt ein, so dass sie nie mehr aufzutauen sind, sosehr man sich auch wünschte, das Eis der Beziehungen zum Schmelzen zu bringen. Eruptionsartig brechen dann wieder alte Kränkungen, Verletzungen auf, Lebensthemen, die keine Antworten mehr finden. Es gibt jedoch auch die Erfahrung, dass im wärmenden Licht der Altersmilde Verstehen und Vergebung möglicher werden können.

Bei allem ist doch festzuhalten: Familien sind besser als ihr Ruf. Familien schieben ihre Kranken und ihre Alten in der Regel nicht ab, wie es oft leichtfertig heißt. Einem Heimeintritt geht nicht selten eine lange Phase des Sorgens und Mühens voraus, die sich stetig und in Sprüngen abwärts entwickelnde Situation zu bewältigen. Wenn es dann nicht mehr geht, wird deutlich, wie isoliert und erschöpft die unmittelbaren Angehörigen sind. Faktisch geraten sie selbst in die Situation, hilfe- und unterstützungsbedürftig zu sein. Einige Familien hingegen haben keine Zeit und kümmern sich nicht. Manchmal kann es sein, dass keine Angehörigen zu sehen sind, vielleicht tauchen sie gelegentlich auf und dann wieder unter, vielleicht melden sie sich auch nur telefonisch, »wenn es eben so weit« ist.

Die Vielzahl der Situationen, die immer wieder geschildert werden, spiegeln die Vielfalt und Buntheit menschlichen Lebens wieder. Interessanterweise scheint es oft zu gelingen, angesichts des Sterbens, der begrenzten verbleibenden Lebenszeit, kognitive, moralische, rechtlich-religiöse Grenzen sozialen Lebens zu relativieren. Die Mitarbeiterinnen etwa in den Pflegeheimen bemühen sich in eindrucksvoller Weise hier situativ und kreativ gut zu handeln, was immer auch heißt, in den bruchstückhaften Beziehungsformen Erfahrungen von Trost, von Zuwendung, Nähe und Verstandensein zu ermöglichen.

An- und Zugehörige haben oft ihre eigene Meinung, schweigen oder mischen sich ein, können eigene Interessen verfolgen, die dem Kranken oder Sterbenden nicht guttun müssen. Ihre Position, ihre Voten bleiben relativ, weil das Team einer Station im Krankenhaus der Perspektive der Betroffenen zu folgen hat. Die Angehörigen befinden sich in einer herausfordernden Situation. Sie besteht darin, die Beziehung zum sterbenden Menschen zu gestalten, zu erleiden, hinzunehmen, sich zu distanzieren oder abschließend offen zu lassen. Oft genug besteht kein Bild, keine Vorstellung darüber, was zu tun ist, worüber geredet werden kann und soll, wie die Formen der Präsenz und der Absenz in den letzten Wochen und Tagen aussehen können.

Kein Arzt wird in der Regel die Lebenserwartung in Tagen oder Wochen angeben. Bestimmte Formulierungen deuten an, dass es eine heilende Therapie nicht mehr gibt, dass die Therapieversuche vielleicht ein Aufschieben wären, dass die Befunde eine Chance auf Heilung nicht erkennen lassen, dass es nicht mehr lange gehen wird, dass es gut wäre, jetzt Dinge zu erledigen, die noch getan werden können, etc.

Aus Interviews mit Familien und klinischem Personal wissen wir, wie einerseits die Verständigung zwischen Personal und der Familie (bzgl. Therapie, Prognose, Erwartungen) misslingen kann. Die Gründe dafür sind sehr oft Zeit- und Kompetenzmangel des Personals. Andererseits üben sich Angehörige häufig in einem »verschworenen Schweigen«, wenn sie vermeiden möchten, die Wahrheit auszusprechen und damit die Aussichten, den geliebten Menschen zu verlieren, erfolgreich verdrängen. Neben diesem kollektiven Schweigen gibt es in der Regel aber ein intuitives und befürchtetes Wissen, mit dem über Jahre nach unterschiedlichen Mustern bei den Angehörigen umgegangen wird.

Nimmt man die Perspektive der An- und Zugehörigen ein, so weiß man, dass der Umgang mit ihnen komplexer, schwieriger, herausfordernder sein kann als die Beziehung zu den Betroffenen selbst. Das schlägt sich in der Heterogenität und Pluralität der Einstellungen und Kommunikationsmöglichkeiten nieder. Immer wieder kann man beobachten, dass sie diffuse oder konkrete Schuldgefühle äußern. Sie haben ganz unterschiedliche Anlässe. Vielleicht ist es der radikal existenzielle Eindruck, einander oder sich selbst etwas schuldig geblieben zu sein. Unter den Möglichkeiten gelebt zu haben. Das Leben bleibt offen und ist vielleicht auch nicht mehr schließbar.

An- und Zugehörige stehen oft allein da, sind einsam, haben zu wenig Informationen und damit Ansprechpartner und sind ständig überfordert. Die Situation mit einem Sterbenden zu Hause ist einfach so, dass man ihr nicht gerecht werden kann, zumindest nicht auf Dauer. Die Neigung, hier bis weit über die körperlichen und seelischen Grenzen auszuhalten, ist verbreitet. Verstärkt wird diese stresshafte Drucksituation zu Hause dadurch, dass man vermeiden möchte, was unweigerlich passieren wird, nämlich eine Verschlechterung der Lage, eine Überweisung von zu Hause ins

Krankenhaus, vom Krankenhaus nach Hause, ins Heim. Oft genug kämpfen die Angehörigen gegen den Eindruck, die Bezugsperson abzuschieben, nicht alles Nötige getan zu haben, sie ausgelagert zu haben aus dem sozialen Lebenszusammenhang. Obwohl genau dies schleichend passiert, wenn die Kranken auf Dauer ja nicht mehr Anteil nehmen und teilhaben können an der »Bett- und Tischgemeinschaft«, ihr Essen auf vier Rädern bekommen und allein für sich sind. Es findet ein latenter Prozess der Ausgliederung der Kranken aus der Gemeinschaft der Gesunden statt. Das ist archaisch und kann tiefe Trauer- und Schuldgefühle verursachen. Deshalb ist es bemerkenswert, dass die Definition von Palliative Care auch eine Aufmerksamkeit auf Trauer richtet, die ja nicht erst nach dem Tod einsetzt, sondern den oft langen Prozess von der Diagnose einer chronischen Erkrankung, den multiplen Behandlungen bis zum Tod und darüber hinaus begleitet.

Sorge und Spiritualität

Care wird gemeinhin mit »Versorgung« übersetzt. Doch der Versorgungsbegriff ist nicht unproblematisch, da er eine Arbeitsteilung insinuiert, in der die einen als Subjekt der Versorgung handeln und die anderen Objekte der Versorgung sind. Deshalb erscheint es angemessener, den aus dem skandinavischen Sprachraum stammenden Begriff der »Umsorge« aufzunehmen bzw. von »Sorgekultur« zu sprechen. Die Sorge um andere, die sich »mit leeren Händen« dem leidenden anderen nähert, lehrt uns im Kern, dass es nicht um »Leistungen« oder eben Dienstleistungen geht. Man »gibt« *nicht etwas,* sondern nur: sich selbst, um für den anderen Menschen in seiner Individualität offen zu sein: »Mir nicht vorzunehmen, heut' mach ich dies oder heut' sprech' ich über das, sondern ich gehe leer hin und warte, welche Situation ich vorfinde. Was mich erwartet. Es ist meistens irgendetwas ganz anderes als man selbst erwartet.«[66] Die eigentliche Haltung des Sorgens ist eine *fragende* Haltung gegenüber dem leidenden Menschen. Aus einer solchen Annäherung heraus kann sich nun *ereignen* oder sich in einem »Sorge-Moment« *er-geben,* dass der Schwache aus seiner Schwäche heraus seinerseits »gibt«.

Der Hospizarbeit liegt eine Sorgekultur zugrunde, die eine spirituelle Ladung hat. Die internationale Hospizbewegung entstand in England auf einem selbstverständlich religiösen Boden, der durchaus christlich-konfessionell inspiriert ist, aber von Cicely Saunders als weltökumenisch intendiert wurde. Deutlich beeinflusst wurde diese Impulsierung von Howard Barret, dem Leiter von St Luke's House, eines bereits im Jahr 1893 gegründeten Heimes für bedürftige Sterbende in London. In diesem Heim machte Cicely Saunders die ersten Schritte und Erfahrungen. Der Geist des Hauses war geprägt von seinem Gründer, der ihn so beschrieb: »Wir denken oder sprechen von unseren ›Patienten‹ und nicht (...) von ›Fällen‹. Es ist uns vielmehr bewusst, dass jeder einzelne von ihnen einen menschlichen Mikrokosmos mit einzigartigen Charakteristiken und einer eigenen Lebensgeschichte darstellt, der für sich selbst und für seine direkte Umgebung unerhört interessant ist. Sehr oft gelingt es einigen von uns, das Vertrauen der Kranken zu erringen und diese Biographie zu erfahren.«[67]

Cicely Saunders hatte sich jahrelang mit dem Gedanken beschäftigt, eine Gemeinschaft von Menschen zu sammeln, die aus einer religiösen Berufung heraus sich um Sterbende sorgten. Diesen Plan konnte sie nicht realisieren. Doch ideell spannte sie einen inhaltlich religiösen Bogen, in den hinein sie die Idee des Hospizes stellte. Als nämlich die Kapelle im Londoner St Christopher's Hospice eröffnet wurde, etablierte sie gleichzeitig eine ökumenische Gottesdienstordnung: freikirchlich, anglikanisch und römisch-katholisch. Sie schrieb dazu: »Wir dürfen nie vergessen, daß wir zur viel größeren Gemeinschaft der ganzen Kirche, zur Gemeinschaft aller Heiligen, ja, zur weltweiten Ökumene gehören. Aus diesem Grunde ist St Christopher's universell und interkonfessionell.«[68]

Dieser spirituelle Anfangsimpuls wurde im Laufe ihres Arbeitens noch deutlich anders akzentuiert. Auf einer Vortragsreise in den USA wurde sie einmal von einem Krankenhausseelsorger nach der Relevanz einer christlichen Begründung für die Hospizarbeit gefragt. »Und als ich sprach, fragte er mich, ob denn Hospize meiner Ansicht nach immer christlich begründet sein müssten, weil ich dies erwähnt hatte und er wüßte von den Nonnen in den USA ebenso wie hier. Und als ich anhob zu antworten, wurde mir klar, dass wenn ich ›ja‹ sagen würde, dann würde ich Türen zumachen, und es war doch so wichtig, sie zu öffnen. Also sagte ich: ›Nein‹. Aber ich denke, dass man so etwas wie eine philosophisch-spirituelle Grundlage haben muss. Es ist wichtig, dass du weißt, wo du hingehst, wenn du verzweifelt bist, und was deine Grundlage ist für eine Arbeit wie diese.«[69]

Diese Spiritualität der »offenen Türen« scheint leitend für Cicely Saunders gewesen zu sein, was auch in einem Vortrag aus den siebziger Jahren deutlich wird, wo sie meinte: »Und auch wenn wir an Gott glauben, können wir es nicht einfach akzeptieren, dass alle Religionen von IHM sprechen?«[70]

Die Spiritualität der Hospizbewegung erwächst aus der Selbsterfahrung, der Selbstauseinandersetzung, der Selbstaufklärung im Umgang mit der Grenze, dem Sterben und dem Tod. In der Hinwendung zum anderen Menschen ist sie in den Augen des Begründers der Internationalen Gesellschaft für Sterbebegleitung und Lebensbeistand (IGSL), des Limburger Arztes Paul Becker, praktizierte Nächstenliebe.

Paul Becker befürchtet zum Beispiel, dass eine von der Erfahrung entkoppelte Wissenschaft bzw. eine falsch verstandene Professionalisierung dabei ist, zum bestimmenden Faktor in der Hospizbewegung zu werden. Er sagt dies vor dem Hintergrund des Verlustes einer einfachen »Spiritualität der Nächstenliebe«: »Hospizarbeit ist eigentlich etwas, was mit Nächstenliebe zu tun hat, und das geschieht spontan. Das Zertifikat alleine macht's nicht. Mir ist mal Folgendes passiert: Ich hatte am Anfang geglaubt, ich brauche nur Bücher zu lesen – also das war schon in den siebziger Jahren –, brauche nur Bücher zu lesen und brauche nur Seminare und Kongresse zu besuchen und brauche nur Kommunikationstraining oder Gesprächsführung zu üben, dann kann ich's. Ich konnte es nicht! Und da bin ich einmal in meiner Not zu Frau Kübler-Ross gegangen und hab' gesagt: ›Elisabeth, jetzt hab' ich das und das und das absolviert – ich habe alle Duplikate vorgelegt, alle Zertifikate, alle Bestätigungen usw. – ich kann's immer noch nicht. Wo kann ich denn jetzt endgültig Sterbebegleitung lernen?‹ Sie hat geantwortet: ›Geh dorthin, wo einer stirbt, und frag ihn, was du für ihn machen kannst. Dann lernst du es.‹«

»Ich kann ja auch Autofahren nicht nur durch theoretischen Unterricht lernen«, sagt Paul Becker, »ich muss hinterm Lenkrad sitzen. Ich kann auch niemandem theoretisch beibringen wollen, durch Trockenübungen, wie man schwimmt. Schwimmen lernen kann man nur, wenn man ins Wasser geht. Vorher nicht. Das gehört beides zusammen. Und da muss man achtgeben, dass die Institutionalisierung oder dass die Theoretisierung oder Verwissenschaftlichung in der Hospizarbeit nicht der allein bestimmende Faktor wird.«

In unübertrefflicher Dichte hat Inger Hermann, die gemeinsam 1987 mit Daniela Tausch und Lis Bickel in Stuttgart die Hospizbewegung aufgebaut hat, beschrieben, wie sehr aus dem Hineingehen in die Themen und dem Dabeibleiben Leben erwächst. Spiritualität, die sich durch eine eigene Vitalität ausdrückt.

»Und mir ist es ein ganz großes Anliegen, dass Menschen erkennen, dass, wenn man den Tod ausspart, halbiert man das Leben. Und wenn man, auf welchem Wege immer, es hinkriegt (...) hinzuschauen, aber das heißt nicht, den Schmerz oder den Abschied, Trauer und so, alles zu negieren, sondern hinzuschauen und auszuhalten, Hilflosigkeit auszuhalten, dass das Leben ganz neu irgendwie anders anfängt zu blühen. Das heißt aber nicht, dass man manchmal (nicht) verzweifelt ist und sehr hilflos und manchmal auch weint oder selbst Angst kriegt. Das gehört alles dazu, aber es gehört zur Lebendigkeit dazu.«

Thile Kerkovius, langjähriger Leiter des ersten deutschen AIDS-Hospizes in Oberharmersbach im Schwarzwald, fasst diese »hospizliche Haltung« so zusammen: »Wir kommen als Betreuer mit leeren Händen und sitzen da oft am Bett und haben eigentlich nichts: weder tolle Techniken noch tolle Kenntnisse noch sonst was. Wenn man sich wirklich auf die Betreuung von sterbenden Menschen einlässt, dann wird man, wenn man ehrlich ist, irgendwann Momente allergrößter Hilflosigkeit erleben, und das sind die kostbarsten Momente, weil da Begegnung mit dem sterbenden Menschen auf Augenhöhe, auf gleicher Ebene, stattfindet und mein ganzes Expertentum ›beim Teufel‹ ist. Sterben konfrontiert uns mit Fragen, auf die es keine (Experten)antworten gibt.«

4. Kapitel

Warum in Deutschland so lange nicht über das Sterben geredet werden konnte

»Es klingt fast paradox: Wenn man den Tod aus seinem Leben verdrängt, ist das Leben niemals vollständig, und indem man den Tod in sein Leben einbezieht, erweitert und bereichert man das Leben.«

Etty Hillesum

Die moderne Medizin und das Sterben

Die gewaltige Leistungsentwicklung der modernen Medizin war in der Zeit nach dem Zweiten Weltkrieg, erst recht in den sechziger und siebziger Jahren, in Deutschland in vollem Gange. Revolutionäre Diagnoseverfahren ermöglichten die Früherkennung von Krankheiten und zogen neue Formen der Behandlung nach sich. Waren für unsere Vorfahren Infektionserkrankungen die Bedrohung ihres Lebens und die zentrale Todesursache, gab es nun durch das Wissen um die Wirkung von Antibiotika sichere und einfache Therapien. Die chronisch-degenerativen Erkrankungen bestimmten das Krankheitspanorama (Diabetes, Bluthochdruck, Krebs, Schlaganfall, Herz-Kreislauf-Erkrankungen etc.), aber auch die medikamentösen und operativen Interventionsformen verbesserten sich. Vielen Menschen wurde eine höhere Lebenserwartung ermöglicht bei oft auch deutlich verbesserter Lebensqualität. Die Möglichkeiten der Medizin wuchsen rasant. Hand in Hand damit wuchsen die Hoffnungen und

Erwartungen an sie, nicht nur durch die Intensivmedizin, sondern auch in der Transplantationschirurgie, aber auch in der Onkologie und Hämatologie. Das Krankenhaus war in gewisser Weise der Leben und Zukunft versprechende Ort für viele Kranke. Hier versammelte sich die medizinische Expertise. Die unglaubliche, mit viel gesellschaftlichem, manchmal grenzenlosem Optimismus unterfütterte medizinische Expansion gab der Erwartung Nahrung, Sterben und Tod mehr oder weniger aus dem Leben ausschließen zu können. Für die Sterbenden und erst recht für die Verstorbenen gab es buchstäblich keinen Platz, keinen Raum im Krankenhaus. Symbolisch waren diese Erfahrungen mehr oder weniger aus dem Leben ausgeschlossen.

Während seiner Tätigkeit an der Universitätsklinik in München, von Ende der sechziger bis Anfang der siebziger Jahre, erlebte der Chirurg Prof. Dr. Heinz Pichlmaier, der spätere Mitbegründer der ersten deutschen Palliativstation an der Universitätsklinik zu Köln, die für ihn »außerordentlich glückliche und aufregende Zeit« des rasanten medizinischen Fortschritts, der nach dem Zweiten Weltkrieg begann. Als junger Assistenzarzt erlebte er unter anderem, wie erste Patienten in Bayern in ein künstliches Koma versetzt wurden und wie die künstliche Niere eingeführt wurde. In jenen Jahren herrschte Fortschrittseuphorie und der Machbarkeitsglaube, doch sie hatten blind gemacht für die Patientinnen und Patienten, für die kurativ »nichts mehr zu machen« war, wie Pichlmaier rückblickend erzählt: »In der Begeisterung für diese technische Medizin hatten wir die alten Methoden des Arzttums ganz vergessen, die ja eigentlich wenig tun konnten, aber viel trösten und dem Menschen beistehen. Es war eine revolutionäre Zeit, in der dies alles entstand. Und aus meiner Sicht sind die Folgen, die aus dieser Begeisterung und aus diesem Gefühl des Machbaren und des Beherrschens vieler gesundheitlicher Zustände, die bis dahin in hohem Maße tödlich gewesen waren, erwachsen sind, ein Schlüssel dafür, dass wir Jahrzehnte später sehen mussten, dass das nur ein Teil ist: ein wesentlicher Teil, ein begeisternder Teil, aber es ist beileibe nicht alles. Und man hat sich um das chronische Leiden, das tödliche Leiden, um den Prozess, der auf den Tod zugeht, auf der Basis einer unheilbaren Krankheit, man hat sich diesen Dingen, diesen Aspekten weniger gewidmet.«

Der Münchener Arzt und Mitbegründer und Leiter des Hospizes St. Johannes von Gott im Krankenhaus der Barmherzigen Brüder in München Dr. Thomas Binsack erinnerte sich an seine Zeit als Assistenzarzt in den frühen Achtzigern:

»Wir haben oft Sterbende bis zuletzt, bis zum letzten Atemzug vollkalorisch ernährt, ist alles weitergelaufen, und die Totenschau bestand auch darin, dass man zuerst einmal drei Perfusoren ausgemacht hat und zwei Infusomaten. Und das war vor einem erwarteten Tod. Das heißt, wir haben's gar nicht sehen können, auch nicht wollen, dass da jemand sich auf den Weg macht. Wir haben gelernt, den Morbus Hodgkin zu heilen. Wir haben auf einmal fortgeschrittene Hodenteratompatienten, junge Männer, die Lungenmetastasen hatten, in die Remission gebracht. Die waren vorher alle dem Tod geweiht. Das war eine Euphorie und ein Aufbruch in der zytostatischen Chemotherapie, dass wir darüber vergessen haben, dass die alle auch einmal sterben werden. Und haben dann so gedacht, wenn das so weitergeht mit diesem Aufschwung, Cisplatin als klassisches Medikament, dann können wir bis zur Jahrtausendwende den Krebs völlig heilen (…), das war zwischen 79 und 86. Das war so dieser Aufschwung der deutschen Onkologie, überhaupt der weltweiten Onkologie. Und haben einfach darüber vergessen, (…) dass unser aller Leben endlich ist und dass zur Onkologie eben auch der Sterbende gehört (...), den man nicht mehr heilen kann.«

Prof. Dr. Franco Rest, Professor an der Fachhochschule Dortmund und einer der wissenschaftlichen Inspiratoren der Hospizbewegung, führte als einen wichtigen Grund den in diesen Jahren üblichen Umgang der Medizin mit dem sterbenden Menschen an, der den Mediziner als kurativ wirkenden Fachmann verstand, der seine Arbeit »am« Patienten verrichtete und, wenn er mit seiner Kunst am Ende war, sagte: »Wir haben unsere Arbeit getan, jetzt sind die Seelsorger dran.« Das Thema »Sterben«, so berichtete er weiter, »hatte man den Seelsorgern überlassen, die Mediziner haben gesagt: ›Bis dahin ist unsere Arbeit und jetzt ist eure Arbeit.‹«

Man darf diese Delegation nicht moralisch missverstehen. Darauf weist die Pionierin der Hospizbewegung Trier, die Pädagogin und Supervisorin Monika Lutz, hin. Sie verortete im Interview diese Delegation der Aufgaben von der Medizin an die Seelsorge als große Hilflosigkeit, die zu dieser Zeit bei allen Mitarbeiterinnen in den Krankenhäusern zu beobachten gewesen sei:

»Aber sobald eben ein Rezidiv auftrat oder eine Wiedererkrankung, hat man damals auch in der Begleitung der Menschen – wir haben die Menschen ja auch durch lange Prozesse begleitet – in der Beratungsstelle gemerkt, dann wurden die so ein Stück fallengelassen, dann kümmerte sich entweder der Seelsorger (...) ich hab's dann auch erlebt, dass Visiten am Bett des Menschen einfach vorbeigingen, auch grad wenn es dann sterbende Menschen waren. Und dass irgendwie so ein Vakuum um Sterbende entsteht. Und zwar die Hilflosigkeit eben auch der Professionellen in der Begleitung (...) einfach eine Überforderung, Hilflosigkeit oder sie auch nicht mehr wissen, was tun mit den Menschen, wenn klar ist, sie gehen so ihren allerletzten Lebensabschnitt. Überforderung auf allen Seiten in allen Disziplinen.«

Dr. Elisabeth Albrecht, eine Pionierin der Hospiz- und Palliativmedizin in München und Regensburg, erinnerte im Interview daran, dass Patientinnen und Patienten mit schlechter Prognose in dieser Zeit des rasanten medizinischen Fortschritts nicht aufgeklärt wurden.

Verschweigen und Umschweigen war die Devise und die übliche Haltung. »Das war am Anfang vom Studium. Da hatten wir ganz gute ethische Diskussionen. Und in München weiß ich noch, so der erste Untersuchungskurs: Eine Vierzigjährige sitzt keuchend im Bett, und dann wurden wir reingeschickt mit den Worten, sagt's kein Wort zu ihr, nur untersuchen und dann wieder rauskommen. Dann sind wir wieder raus, ganz entsetzt, wieso hört man nur auf der einen Seite was, und dieser Assistenzarzt sagte, ja, die hat Lungenkrebs, und die eine Seite ist nicht mehr zu hören, habt ihr richtig gehört, aber sie weiß nichts davon. Und ich hab mir gedacht, ja, um Gottes willen, da stimmt doch was nicht. Die sitzt drin mit ganz großen angstaufgerissenen Augen in Agonie, und der sagt noch, wir dürfen nicht mit ihr reden, tut es offenbar selbst auch nicht, man darf ja nicht mit ihr darüber reden.«

Auch Prof. Dr. Claudia Bausewein, Lehrstuhlinhaberin für Palliativmedizin an der LMU München, die zunächst jahrelang die erste Palliativstation in München-Harlaching geleitet hat, erinnerte sich im Interview an diesen medizinischen Modus des »beredten Schweigens«:

»Und dann komme ich nach München zu dem Chef und zu dem Oberarzt, die zwar viel geredet haben, aber nicht wirklich kommuniziert haben mit den Leuten. Also, ich wusste alles über Golf, das Wetter und sonstige Sportereignisse, aber die eigentlichen Themen wurden nicht angesprochen. Ich hab da wirklich gelitten.«

An den Universitätskliniken wurde alles getan, um den Tod zu verbergen – ein Indikator dafür ist auch der Umgang mit den Verstorbenen und ihrer Überführung: »Ich weiß auch, dass in der Klinik damals wirklich die Leichenwagen nicht vorfahren durften, das war in der Bonner Uniklinik verpönt, die fuhren nachts durch den Hintereingang, und da wurden die Patienten hinausgetragen«, erinnert sich die renommierte Therapeutin Monika Müller aus Bonn.

Abstellraum und Badezimmer als Orte des Sterbens

Die einseitige Technik- und Medikalisierungsdominanz, die Ausrichtung des Krankenhauses an Gesundheit, Rehabilitation und maximale Lebensverlängerung verdrängte die Beziehungsorientierung zwischen Arzt und Patienten, zwischen Pflegepersonen und Patientinnen bzw. deren Angehörigen.

Sterbende waren im Krankenhaus – unwillkommen. Hier zeigte sich wie unter einem Vergrößerungsglas der gesellschaftliche Nicht-Umgang mit Sterbenden und Verstorbenen, die ganze kulturelle Hilflosigkeit, die traumabedingte Abwehr und Distanzierung. Bei nicht wenigen, die das miterlebten, löste diese Praxis Irritation, manchmal Entsetzen und immer große Hilflosigkeit aus. Das Bild einer kalten, technikübeladenen Apparatemedizin entstand. Die Kritik am Krankenhaus gipfelte in der Etikettierung der Mediziner als »Göttern in Weiß«. Distanziert und teilnahmslos, so meinte man, schauten sie vom Olymp der modernen Medizin auf die Sterblichen hinunter, unfähig, zu trösten, zu begleiten und in Beziehungen zu den Kranken zu bleiben, erst recht, wenn nach bestem Wissen medizinisch nichts mehr, menschlich aber sehr viel zu machen ist.

Die Praxis des Verdrängens und Verschweigens des Sterbens in den Krankenhäusern und Kliniken führte zu einer heute schwer verstehbaren »Abschiebepraxis«: Die Sterbenden wurden in Abstellräume und leer stehende Badezimmer verbracht. »Und überhaupt, dass natürlich das Sterben im Krankenhaus wirklich sehr unschön war. Ich hab ja als junge Ärztin noch erlebt, dass Sterbende grundsätzlich in den Abstellraum geschoben wurden, weil man dachte, die sind sowieso halb tot. Und das war's dann. Das ist unvorstellbar, was Menschen da so an Einsamkeit gelitten haben, das muss ganz schlimm sein!« So blickt die Leipziger Ärztin Helga Schwenke-Speck auf die Situation zurück.

Der Theologe Ulrich Domdey, ein Mitbegründer der Hospizbewegung in Niedersachsen, erinnert sich an seine Arbeit als Zivildienstleistender 1976 in einem Altenpflegeheim: »Ich habe damals, weil ich's nicht anders wusste, Sterbende, genau so wie die anderen Pflegekräfte, auf den Flur, in die berühmten gekachelten Räume geschoben. Wir hatten damals noch keine Sterbekultur. Ich merkte zwar irgendwie ein Unbehagen, so kann man doch nicht mit Menschen umgehen, aber ich hatte auch keine Alternative.«

Oft genug erwuchs aus diesen erschütternden Erfahrungen auch der Impuls zur Kritik und die Bereitschaft, hier etwas ändern zu wollen, wie Monika Müller ausführt, die lange Jahre die Beratungsstelle ALPHA Rheinland in Bonn leitete, eine von zwei Ansprechstellen in Nordrhein-Westfalen, in denen in den achtziger Jahren neue Wege in der Palliativversorgung, der Hospizarbeit und der Angehörigenbegleitung gegangen wurden.

Während ihrer Studienzeit in England, wo sie auch die Arbeit in einem Hospiz kennenlernte, war sie beeindruckt von dem Unterschied, wie man dort mit schwerstkranken Menschen umging – im Vergleich zur Bonner Uniklinik, wo sie als Schülerin und Studentin etwas Geld verdient hatte. »Also, ich hatte in der Klinik grauenhafte Bilder vom Sterben erlebt. Das hab ich noch mitbekommen, dieses Abschieben ins Badezimmer. Alle Patienten, die ich betreut habe, sind im Badezimmer verstorben, wo keiner mehr reingeguckt hat. Das fand ich damals schon ganz entsetzlich. Gut meinend in der Vorstellung: da haben sie ihre Ruhe, aber ich habe Bilder vom Sterben wirklich von röchelnden Menschen, mit offenem Mund in irgendeiner Ecke, hinter dem Wandschirm, nicht das, was ich mit Würde verbinden konnte.«

All diese Momentaufnahmen können als Miniaturen für die Praxis des modernen Krankenhauses gesehen werden, das den Kampf gegen den Tod mit Todesverachtung führte. Die Bücher, die in dieser Zeit seit den sechziger Jahren über das Krankenhaus entstanden, trugen dazu bei, die Organisation als einen Ort der Entfremdung, der technikinduzierten Kälte und Mechanistik zu markieren und als einen Unort des Sterbens zu bestätigen. In zahlreichen Berichten, Diskussionen und Tagungen wurde die »Inhumanität des Krankenhauses« angeklagt. Man war sich einig: Das Krankenhaus als Symbol einer technikorientierten Gesellschaft war kein guter Ort für Sterbende.

Das Krankenhaus wurde zur negativen Projektionsfläche. Einerseits wurden die Errungenschaften der Medizin gefeiert, andererseits wurden das inhumane und unwürdige Sterben, die Sprachlosigkeit angesichts des Todes sichtbarer. Die Medizin, die ihre Erfolgsgeschichte fortgeschrieben hatte um den Preis einer systematischen Verdrängung und Ausblendung des Todes, wurde mit dem Verlust von Humanität konfrontiert. Sterben und Tod kamen nicht vor, höchstens als Begriff in der Pathologie. Von einem Lernen, wie mit sterbenden Menschen umzugehen sei, war man weit entfernt.

Die Universitätskliniken verstanden sich im Kontext der vielversprechenden neuen Behandlungsmethoden von Krebs immer stärker als Forschungsstätten gegenüber den Krankenhäusern. Das »Interesse« an den Patientinnen und Patienten, bei denen die Therapieversuche nicht erfolgreich waren, ging zunehmend verloren. Der Auftrag einer Klinik oder eines Akutkrankenhauses begann sich zu verlagern. Eine Universitätsklinik wie Köln, mit hohem technischem Standard und Wartezeiten für die Aufnahme von Wochen und Monaten, konnte es sich nicht leisten, Menschen zu pflegen, die im Grunde auf den Tod warteten. Der damalige Leiter der Chirurgischen Klinik, Prof. Heinz Pichlmaier, verwies im Gespräch auf das Problem:

»Es stellte sich die Frage: Was passiert eigentlich mit den Menschen, die bei uns, zu unserem Stolz, so erfolgreich behandelt wurden? Und das Ergebnis war gar nicht sehr erfreulich. (...) Wir Chirurgen waren gar nicht eingerichtet darauf. Wir waren ein Akutkrankenhaus. Das war Sache anderer, sich darum zu kümmern. Aber es stellte sich heraus, dass es oft gar keine anderen gab.«

Diese Lücken im System gaben schließlich den Ausschlag für das Entstehen von ersten Hospizinitiativen oder Palliative-Care-Angeboten. Nicht nur die Entwicklungsgeschichte der ersten Palliativstation in Köln nimmt in dieser Ausgangslage ihren Anfang. In Tübingen beispielsweise übernahm das Paul-Lechler-Krankenhaus die Aufgabe, jene Menschen zu begleiten, die als austherapiert galten. Der Arzt und Schmerzspezialist Dr. Thomas Schlunk beschreibt die Verhältnisse so, dass die großen Kliniken gern schwerkranke und sterbende Patienten an das Paul-Lechler-Krankenhaus überwiesen, weil sie dort besser betreut waren.

Der ambulante Bereich war zu dem Zeitpunkt in Deutschland noch kaum entwickelt, von einer integrierten Versorgung konnte keine Rede sein. Der Intensivpfleger und Pionier für die häusliche Palliativversorgung Dr. Hubert Jocham macht auf das schwierige Verhältnis zwischen der häuslichen

Pflege zu den Krankenhäusern aufmerksam, da es so gut wie keine Kooperation zwischen den Krankenhäusern und dem ambulanten Bereich gab. »Damals war in Deutschland ja das Vergütungssystem noch so, dass es Tagessätze gab und dass das Krankenhaus ja Geld verdient hat, je länger der Patient im Krankenhaus ist.« So gab es zum einen den Wunsch, die Patientinnen und Patienten aus dem Krankenhaus zu entlassen, andererseits aber kaum Anreizsysteme für die Organisationen, sich für entsprechende »Auffangangebote« zu engagieren, etwa durch Kooperation mit ambulanten Diensten.

Vor allem die Seelsorgerinnen und Seelsorger im Krankenhaus kamen in der Praxis ihrer Arbeit in den großen, oft fabrikmäßig anmutenden Universitätskliniken ganz unmittelbar und alltäglich mit den schwerkranken und sterbenden Patienten und Patientinnen zusammen, die auf Intensivstationen lagen, die aufgrund von Krebserkrankungen und Therapien immer wieder zu Aufenthalten auf den onkologischen Stationen gezwungen waren. Hier konnte man die Rückseite der modernen Spezialisierung und Ausdifferenzierung, der Technikorientierung, ja der Industrialisierung des Krankenhauses erkennen.

Es war damals wohl keine Berufsgruppe im Krankenhaus besser vorbereitet auf diese psychische, die seelische Seite der Problementwicklung als die Krankenhausseelsorge. Warum? Seit den sechziger Jahren hatte sich zunächst in der evangelischen Kirche (und hier vor allem in den Niederlanden) eine langsame Transformation des überkommenen Pfarrerbildes herausgebildet. Diese war nicht mehr allein theologisch begründet, sondern bezog sich nun auch auf gesellschaftliche Veränderungen, auf die Kirche und Pfarrer zu reagieren hatten. In der katholischen Kirche hatte das Zweite Vatikanische Konzil die Rolle der Kirche in der modernen Gesellschaft thematisiert.

Ein großer Einfluss auf die praktische seelsorgliche Arbeit im Krankenhaus ging zweifelsohne von der in den zwanziger Jahren in den USA entstandenen Clinical Pastoral Education (CPE) aus. Auslöser war die breiter werdende Kluft zwischen der Theologie als wissenschaftlicher Disziplin und der Erfahrung der Menschen; der Wunsch nach einer theologischen Rede und einem Handeln, das sich gerade in den Krisen menschlicher Erfahrungen bewährt, und die Notwendigkeit, eine Seelsorgeausbildung zu entwickeln, die theologisches Wissen und praktische Seelsorge nicht trennt, sondern verbindet. Begleitung, Beziehung und Gespräch traten an die Stelle von Missionierung und beziehungsloser Sakramentenspendung. Diese Entwicklungen führten in den USA 1967 zur Gründung der Association for Clinical Pastoral Education, einem Zusammenschluss von mehr als 3000 CPE-Zentren.

Diese Ideen und Gedanken wurde in Europa zunächst von niederländischen Theologen aufgenommen und kamen auf diesem Weg auch nach Deutschland. Hans-Christoph Piper gründete 1970 das erste deutsche evangelische KSA (Zentrum für Klinische Seelsorgeausbildung an der Medizinischen Hochschule Hannover). Piper war evangelischer Theologe und Seelsorger, seine *Gespräche mit Sterbenden* waren ein Bestseller.[71]

Natürlich, diese Entwicklung war nicht frei von Brüchen. Viele Pionierinnen und Pioniere, auch in den beiden großen Kirchen, standen vor hohen Barrieren, die sich hierarchisch und theologisch verstehen lassen: Die Initiativen kamen von unten, sie stellten in gewisser Weise eine Kritik am herkömmlichen Umgang mit sterbenden Menschen auch in kirchlichen Einrichtungen, Krankenhäusern dar, Bestehendes wurde in Frage gestellt. Hierarchien verteidigen in der Regel den Status quo – ein Spannungsfeld.

An den Auseinandersetzungen um das Schlussdokument

Unsere Hoffnung der Würzburger Synode von 1971–1975 lässt sich dieses Spannungsfeld gut identifizieren. Die Gemeinsame Synode der Bistümer in der Bundesrepublik Deutschland hatte das Ziel, die Perspektiven des Zweiten Vatikanischen Konzils in Rom (1962–1965) für Deutschland zu »übersetzen«. Der Münsteraner Theologe Johann Baptist Metz hatte den Entwurf des Schlussdokuments verfasst. Es sorgte für lebhafte Debatten, weil in ihm, ausgehend von der Leidensgeschichte der Menschen, die Substanz christlicher Hoffnung buchstabiert wurde. Sollte man also von den Menschen her »Rechenschaft geben über die Hoffnung, die in uns ist« (1. Petrusbrief 3,15) – so der Verweis in der Einleitung dieses epochemachenden Textes? Oder sollte von Gott her die Hoffnung als Glaube an die Auferstehung behauptet werden? Der letztendlich verabschiedete Text nimmt im Schlusskapitel wegweisend auch Bezug auf das Sterben: »Die Bedrohung des menschenwürdigen Lebens reicht heute in neuer Weise auch bis an unsere Sterbesituation heran. Viele sterben zwar inmitten einer perfekten medizinischen Versorgungswelt, sind jedoch in ihren letzten Stunden ohne alle menschliche Nähe. Aus dieser Situation ergibt sich gerade für uns Christen eine besonders dringliche Aufgabe: Niemand sollte vereinsamt sterben.«[72]

Dieser Blickwechsel ist bemerkenswert. Ausgangspunkt der Seelsorge bilden die Nöte und Ängste, die Sorgen und Hoffnungen der Menschen. Radikal von den Betroffenen her zu denken und zu fühlen, sich mit ihnen zu identifizieren stellte eine theologische und kirchliche Revolution dar, so der Theologe und Psychologe Prof. Ernst Engelke.

Die Kritik am Medizinsystem in den sechziger und siebziger Jahren bündelte sich auch in den international organisierten Euthanasiegesellschaften, die sich für eine Legalisierung der aktiven Sterbehilfe einsetzten. In Nürnberg wurde 1980 die Deutsche Gesellschaft für Humanes Sterben (DGHS) gegründet. Hans-Henning Atrott wurde zum Präsidenten gewählt und verlegte den Sitz der DGHS nach Augsburg, von wo aus sie bundesweite Aktivitäten entfaltete.

In einer Zeit, in der eine verstärkte Aufmerksamkeit rings um ein »menschenwürdiges Sterben« entstand, die Selbstbestimmung der Patientinnen und Patienten diskutiert wurde und die durch Apparatemedizin befürchtete Fremdbestimmung Ängste wachrief, fand der Ruf nach einem »humanen Sterben«, nach Selbstbestimmung am Lebensende ein großes gesellschaftliches Echo.

Wie so manch andere war auch Petra Muschaweck, Pionierin für die Hospizbewegung und Mitbegründerin der Initiative »Omega« (Omega adressierte sich an Laien, um Sterbende zu begleiten), zunächst selbst Mitglied bei der DGHS. In ihrer Schilderung wird deutlich, weshalb das so war:

»Und es gab zu diesem Zeitpunkt nichts anderes als die Deutsche Gesellschaft für Humanes Sterben. Aufgrund des Namens bin ich Mitglied in dieser Gesellschaft geworden. Humanes Sterben ist das, was mir am Herzen lag. (…) Die DGHS hatte ja zum Ziel eine Veränderung der Gesetzgebung, was ich aber erst nach und nach mitkriegte, im Sinne einer aktiven Sterbehilfe, für die ich natürlich überhaupt nicht war. Ich wurde so eine Art Ansprechpartnerin für Menschen, die mich anriefen, bundesweit, über diese Gesellschaft, und mich fragten, wie sie ihrem Leben ein Ende setzen konnten. Das war nun überhaupt nicht mein Ding.«

Versuche, die Hospizidee in die Gesellschaft für Humanes

Sterben einfließen zu lassen, waren wenig erfolgreich, vielmehr spitzte sich im Zuge wachsender medialer Polarisierung auch die Diskussion innerhalb der DGHS weiter zu, wie Petra Muschaweck erzählt: »Dann kam der Zyankali-Tod von dieser Frau dazu, die sich damals umbrachte mit Hilfe von Herrn Hackethal. Ich kriegte dann Redeverbot bei der DGHS, und ich kriegte Verbot, dort noch aufzutauchen. Ich wurde bedroht. Das war eine ziemlich nervige Zeit.«

Die Deutsche Gesellschaft für Humanes Sterben nahm die Forderung nach humanem Sterben programmatisch auf und entwickelte in kürzester Zeit eine breite Öffentlichkeitsarbeit. Ihr Werbemuster bestand und besteht bis heute darin, prominente Personen des öffentlichen Lebens, etwa aus Politik und Kultur, mit Fotos abgebildet und mit einem Zitat unterlegt, eintreten zu lassen für ein »würdiges Sterben«. Die Mitgliederzahlen der DGHS schnellten in den leidenschaftlich geführten Debatten in den 80er Jahren nach oben. Die Szenarien eines schrecklichen fremdbestimmten Todes ließen den selbstbestimmten assistierten Suizid – diesen Begriff gab es damals noch nicht – als die humanere und menschlichere Weise erscheinen.

Eine der Gallionsfiguren der DGHS war der Arzt Karl-Heinz Julius Hackethal. Hackethal (1921–1997) befasste sich lange Zeit mit alternativen Krebstherapien und wurde einer breiten Öffentlichkeit bekannt mit dem Bekenntnis, seiner Mutter eine tödliche Spritze injiziert zu haben. Später (1984) drehte er einen Film, der ihn und eine durch Gesichtskrebs schwer beeinträchtigte Patientin zeigte, der er eine Kapsel Zyankali gab, die die Frau selbständig einnahm und starb. Die Tatsache, dass die Frau die Kapsel selbst nahm, führte dazu, dass es gegen Hackethal nicht zu einem strafrechtlichen Verfahren wegen Tötung auf Verlangen kam.

Eine breite Medienberichterstattung war Folge und möglicherweise auch gezieltes Ergebnis dieser Aktivitäten. Immer wieder heftige Diskussionen lösten aber die demonstrativen Beihilfen (vor laufender Kamera) zum Suizid mit Hilfe von Zyankali aus. Sie führten zu medialen Wellen in der öffentlichen Auseinandersetzung. Ohne Zweifel haben diese Diskussionen, auch um den § 216 StGB (Tötung auf Verlangen) und die Praxis der Suizidbeihilfe, einen Einfluss auf die Entstehung der Hospizbewegung gehabt.

Prof. Dr. Johann-Christoph Student, zunächst Professor in Hannover und Freiburg, dann lange Zeit Leiter des Stuttgarter Hospizes, führt im Gespräch die Gründung der Deutschen Hospizhilfe e. V. darauf zurück, dass den Aktivitäten der DGHS eine andere, eben hospizlich-palliative Praxis entgegengesetzt werden sollte: »Im Rückblick, muss ich sagen, haben wir der Euthanasiebewegung in Deutschland enorm viel zu verdanken. Weil immer, wenn die spektakulären Tötungsaktionen begangen wurden, wir mit unserer Nachricht: ›Es gibt Alternativen‹, wahrgenommen wurden. Vorher konnte man sich abstrampeln, soviel man wollte, das interessierte ja keine Zeitung. Aber als wir dann kamen und sagten: Leute, da gibt's aber andere Möglichkeiten, wurden wir sehr gehört. Und sei es nur aus Sensationslust, um zu sagen, oh, Hackethal ist nicht allein, sondern da gibt's noch andere, die was dagegen machen.«

Ähnlich sah auch der Pfarrer und Seelsorger Hans Overkämping, Mitbegründer des 1988 eröffneten Hospizes in Recklinghausen, die Hospizbewegung als Gegenbewegung zur Euthanasie: »In Gesprächen und Vorträgen ging es mir immer darum, Sterben und Tod in unserer Gesellschaft zum Thema zu machen. In den Medien hatten Hackethal und Atrott das Sagen, wenn es um Sterbebegleitung ging. Für mich war ganz schnell klar, hier muss eine Gegenbewegung entstehen.«

Auch die Argumentationsstrategie des Münchener Kreises um Reinhold Iblacker – dort orientierte man sich vor allem an den englischen, amerikanischen und kanadischen Hospizerfahrungen – war nicht auf Euthanasie, sondern auf Alternativen ausgerichtet.

Die Euthanasiediskussion begleitet klimatisch und diskursiv die Hospizidee und beförderte sie wohl auch. Es darf aber nicht unterschätzt werden, dass im Rahmen der medial inszenierten öffentlichen Emotionalisierung die gesamte Diskussion zum Sterben und seinen Alternativen formatiert wurde. Das Muster war die Polarisierung zwischen »aktiver Sterbehilfe als Ausdruck barmherzigen Mitleids mit unheilbar Leidenden, ihrer Selbstbestimmung folgend« einerseits und einer unbarmherzigen, unmenschlichen, sinnlosen Verlängerung des Lebens gegen den Willen der Betroffenen andererseits.

In gewisser Weise hat die Entwicklung der modernen Medizin viele Fragen befördert, die in den nächsten Jahren die gesellschaftlichen Diskussionen in diesem Umfeld bestimmten: die nach Selbstbestimmung und Patientenverfügung, die ethischen Auseinandersetzungen zum Behandlungsabbruch und der maximalen Therapieverlängerung, die um Sterbebegleitung und Sterbehilfe. Es wird nachvollziehbarer und wichtiger, Hospize für weite Kreise der Gesellschaft als humane und fachlich-ethische Alternative zur aktiven Sterbehilfe zu kommunizieren und zu etablieren. Das war aber alles andere als leicht in diesen Jahren in Deutschland.

Die Arroganz der Deutschen und andere kulturelle Eigenarten

Während sich in England die Hospizidee in den siebziger und frühen achtziger Jahren mehr und mehr entfaltet hatte, taten sich die Deutschen noch schwer damit. Die Auseinandersetzung mit dem Sterben habe sich mit dem Selbstbild der Deutschen nicht vertragen, so erklärt die Ärztin Dr. Petra Muschaweck die verzögerte Rezeption der Hospizidee im Deutschland in dieser Zeit. Und auch die anderen Pionierinnen, die in England, den USA oder Kanada Erfahrungen mit Hospizarbeit gesammelt haben, weisen auf prinzipielle kulturelle Unterschiede hin.

Prof. Dr. Claudia Bausewein, die Direktorin der Münchner Klinik für Palliativmedizin, die lange Jahre in England lebte und in der palliativmedizinischen Forschung arbeitete, geht auf die Haltung der Briten im Unterschied zu den Deutschen ein. Sie schätzt die britische Mentalität, aus der heraus gute und bescheidene Arbeit geleistet werde. Die deutsche Mentalität neige zu einer Empörungsgemeinschaft.

Auch der Jesuit Reinhold Iblacker und die Wissenschaftlerin und Pallottinerin Dr. Gerburg Vogt versuchten in jener Zeit in Bayern und darüber hinaus Öffentlichkeitsarbeit zu betreiben, gezielt und in guter jesuitischer Tradition sich an die Multiplikatoren und einflussreichen Personen der Gesellschaft wendend, um die Idee an die relevanten Personen, Stellen und Organisationen zu vermitteln.

»Anfang der achtziger Jahre haben der Pater Iblacker und ich, wir haben uns dann so einen Plan zusammengestellt und haben gesagt, zumindest mal in unserer erreichbaren Nähe in Bayern oder um München herum, so die politischen Institutionen und die Träger im Gesundheitswesen, müssen informiert werden. Und dann haben wir so was gemacht wie Klinken putzen, von einem zum anderen, also alle Mitglieder des Gesundheitsrates der Staatsregierung, bayerischen Staatsregierung, eine Reihe von Landräten, von Abgeordneten besucht, auch die Krankenkassen, zum Beispiel den AOK-Chef und diese Leute, einfach, um ihnen darzustellen, was das heißt. Und da war also höchste Arroganz, weil unser Gesundheitssystem ist das beste von der Welt, und das brauchen wir nicht. Das brauchen nur die in England, weil die haben ein schlechtes, den National Health Service, bei uns kriegen noch Neunzigjährige neue Nieren und so weiter, das können die in England nicht leisten, und deswegen brauchen die Hospize. Das war aber wörtlich, zum Beispiel die Stellungnahme des AOK-Chefs damals. Das brauchen sie nicht. Und einmal ist eine Delegation nach England gefahren, um sich das einmal anzuschauen. Diese Delegation war aber nicht besonders motiviert und die haben sich eigentlich ein bisschen schlecht aufgeführt, schlecht benommen dort. Das hat uns später Cicely Saunders erzählt. Sie hat die Sache elegant so gemacht, dass sie ihnen einen Film vorgeführt hat über St Christopher's und (...) ist dann zur Diskussion bereit gewesen. Und dann, ihr Satz war: ›They had, what they thought, a good meeting.‹ Also: Sie hatten nach ihrem Geschmack ein gutes Treffen.«

Die Widerstände lagen allerdings nicht allein in solchen Kulturprägungen. Wie wird eine Idee politisch relevant und praktisch wirksam? Ganz offenbar hat es auch mit Rolle, Geschichte und Status derjenigen zu tun, die für diese Idee eintreten. Ihnen begegnet ja immer auch der Abwehrmechanismus derer, die den Status quo zu vertreten haben und ihn in dieser Rolle zunächst immer auch verteidigen.

Die Hospizpionierin Dr. Elisabeth Albrecht hatte nach ihren Erfahrungen in Leeds und später in Montreal von der renommierten Virginia Cummings, einer kanadischen Palliativpionierin, »den Auftrag« entgegengenommen, in Deutschland die Palliativmedizin aufzubauen:

»Ich sagte ihr, schon, aber ich habe drei Nachteile: I am young, female and I am no professor. Und die hat sich kringelig gelacht, die hat gesagt, du spinnst doch. Das spielt doch keine Rolle, du kannst was. Ich habe gesagt, das ist bei uns nicht so. Das haben die mir nicht geglaubt. Das ist der Unterschied. Und das war der einzige Punkt, wo ich im Nachhinein gesagt habe, mir hat es drüben besser gefallen. Weil da bist du sofort akzeptiert, du kannst was, du wirst eingesetzt, fertig. Das war hier nicht so. Wir mussten hier Professoren suchen gehen.«

Die Angst vor dem ansteckenden Tod

Wie tief in Deutschland die Ängste vor der Berührung mit Sterbenskranken und dem Tod in der Bevölkerung verankert waren, erzählen die Gründungsgeschichten der ersten Hospizinitiativen bis weit in die neunziger Jahre – manche sagen: bis heute, wenn man gegen die Gründung von Hospizen protestiert, weil man Angst hat, dass die Immobilienpreise fallen könnten. Kaum eine Hospiz-Einrichtung konnte eröffnet werden, ohne vorher den Widerstand der lokalen und kommunalen Bevölkerung kennengelernt zu haben.

Viele Pioniere und Pionierinnen berichten von der Empörung der Nachbarn, von den Protesten der Anrainer, wenn sie erfuhren, dass der Bau oder die Einrichtung eines Hauses für Sterbende geplant war. Es gab so etwas wie eine tief sitzende Angst vor dem ausgebürgerten Tod.

Auch in den Krankenhäusern gab es Vorbehalte gegenüber der Eröffnung einer Palliativstation, davon weiß der Münchner Arzt Dr. Thomas Binsack zu berichten: »Schwieriger war es im eigenen Haus, da gab es Vorbehalte. Das eigene Krankenhaus hatte einfach Sorge. Ja. Der *Münchner Merkur* hat damals getitelt: ›Barmherzige Brüder eröffnen eine Sterbeklinik‹. (…) Das ist schlimm. Und da verstehe ich dann Kollegen, die dann sagen, nein, wir wollen nicht identifiziert werden – unser schönes Krankenhaus mit einer Sterbeklinik – wir wollen das nicht. Jetzt stand der Orden aber weiterhin sehr fest dahinter, es war sein Anliegen, und damit war es auch klar, dass es realisiert wird. Und dann gab's aber schon auch die Vorhersage, das wird schiefgehen. Ja, wenn ihr Aidskranke nehmt. Da geht es erst recht schief. Da kommt doch kein anderer Patient, wenn das sozusagen »ruchbar« wird. Diese Abwehrstimmung hielt bis in die neunziger Jahre an. Am Beispiel der Eröffnung des ersten Aidshospizes in Deutschland wurden die vielschichtigen Abwehrmechanismen sichtbar und die Stimmung aufgeheizt.

Thile Kerkovius leitete seit 1993 das Haus Maria Frieden in Oberharmersbach, das ein Hospiz für terminal Kranke, insbesondere für Menschen mit HIV/Aids, sein sollte, die hier Ruhe und Zuflucht finden konnten. Das Haus im Schwarzwald wurde 1990 unter der Trägerschaft der Franziskanerinnen von Gengenbach eröffnet. Neben den sechs Hospizplätzen verfügte die Einrichtung über fünf Pflegeheimplätze, denn von HIV/Aids betroffene Bewohner und Bewohnerinnen leben oft längere Zeit im Hospiz.

»Also, das ist auch eine eigentlich rührende Geschichte: Denn als das Haus hier gegründet wurde – das erste Aidshospiz Deutschlands –, hier in der Schwarzwaldidylle, brach die nackte Panik aus. Und es gab Aufregung: *Bild-Zeitung*, Sat.1, alle waren da. Die Menschen hatten hier erst mal große Ängste und Befürchtungen. Witzigerweise – auch so eine klassische Angst hier: ein Fremdenverkehrsort! Wenn hier ein Aidshospiz hinkommt, betritt nie wieder ein Kurgast dieses Tal. Also, das war die Befürchtung. Ich musste damals lachen, denn ich hatte mit den Baselern über das Thema schon geredet: Ein Journalist, der das Basel Lighthouse (eine Einrichtung für Aidskranke in der Schweiz) in der Öffentlichkeit vertreten hat, hat dann die Geschichte erzählt, dass es im 19. Jahrhundert eine ganz ähnliche Entwicklung gab: nämlich, als die Tuberkulose-Heilstätten – Stichwort *Zauberberg* – gegründet wurden. Da gab es genau die gleiche Debatte in den Schweizer Bergdörfern. Nämlich die Angst, wenn da diese ansteckenden Tuberkulosekranken hinkommen, werden diese Orte von der Landkarte getilgt, und nie wieder wird ein Fremder diese Orte betreten. Und wenn man sich vergegenwärtigt, wie die heißen: Davos, St. Moritz und so weiter, dann hat das schon was Witziges. Das war also eine Befürchtung auch hier. Wir haben im Hospiz zum Teil ja auch noch mobile Menschen, die tauchten dann im Schwimmbad auf. Dann kamen Mütter und haben gesagt: Was ist mit unseren Kindern, wenn da ein Aidskranker nebendran badet? Wir haben versucht, eine ruhige, respektvolle Öffentlichkeitsarbeit zu machen. Respektvoll hieß damals für mich, den Leuten nicht mit der Haltung entgegenzutreten: ›Ja, ihr Hinterwäldler, wisst ihr's immer noch nicht, dass das kein Problem ist!?‹ Sondern wir haben uns einfach auseinandergesetzt. Ich bin anfangs von einer Podiumsdiskussion zur anderen gezogen. Wir haben dann die Erfahrung gemacht, dass die Widerstände mittlerweile völlig verschwunden sind, beziehungsweise, dass das ins Gegenteil umgeschlagen ist. Die Leute haben gemerkt, dass dieses Haus Renommee bringt für Oberharmersbach. Die Leute hier sind mittlerweile stolz drauf. Aber das hat Zeit gebraucht, und die Menschen haben erst mal Erfahrung sammeln müssen mit dem Haus und erleben müssen, dass für sie da keine Gefahr ausgeht.«

Die Hospizidee setzt sich durch

Trotz aller Widerstände war die Zeit reif für die Hospizbewegung. Dahinter verbirgt sich das Geflecht aus historischen Wurzeln und sozialer Stimmungslage in den siebziger und achtziger Jahren in Deutschland. Gerade deshalb unterscheidet sich die Entwicklung von jener in Großbritannien. Gerade deshalb steht nicht eine Pionierin oder ein Pionier an der Spitze der deutschen Hospizbewegung. Stattdessen waren es Pfarrerinnen und Pfarrer, Krankenschwestern und -pfleger, Ärztinnen und Ärzte, Vertreterinnen und Vertreter aus der Wissenschaft, Psychologinnen und Psychologen, Leitungspersonen aus Diakonie und Caritas. Sie haben an verschiedenen Orten – fast kann man sagen: »gleichzeitig ungleichzeitig« – diese Tür zu einem anderen Umgang mit Sterben und Tod aufgestoßen. Überall wurde offenbar gespürt, dass in den vorausgegangenen Jahrzehnten etwas geschehen war, das ein neues Nachdenken und eine neue, andere Praxis im Umgang mit dem Lebensende, den sterbenden Menschen notwendig machte. Es gab einen breiter werdenden gesellschaftlich-öffentlichen Diskussionsfluss. Die Profilierung der Euthanasiebefürworter auf der einen Seite dynamisierte die Vertreter und Vertreterinnen der Hospizidee. Innerhalb der Hospizbewegung setzte ein Verständigungsprozess ein, an dessen Ende die Differenz Sterbeklinik versus Hospiz geklärt wurde. Die Antwort auf die Frage: Warum braucht es stationäre Hospize, eigene Organisationsformen, in denen die Akzeptanz des Sterbenden praktiziert und organisiert wird?, wurde durch die faktische Arbeit gegeben.

Die Widerstände in der Breite und Tiefe der Bevölkerung, aus Verbänden, Kirchen und Politik setzten auch Energien frei. Schließlich musste die Idee in immer neuen Anläufen argumentativ, plausibilisiert und durch die faktische Arbeit überzeugend vermittelt werden. Praktische Beispiele und konkrete Modelle zeigten, wie es anders geht und was anders ist.

5. Kapitel

Warum tun wir Deutschen uns so besonders schwer mit dem Sterben?

»Mit Hilfe der Trauerarbeit, mit der Fähigkeit, Leid anzunehmen, und dem Versuch, sinnloses destruktives Leid zu verhindern, können wir uns vom Wiederholungszwang befreien. Nur was wir zu denken, zu begreifen, zu fühlen lernen, können wir verändern.«

Margarete Mitscherlich

Die Geschichte der modernen Hospizbewegung setzt mit der Eröffnung von St Christopher's Hospice 1967 in London ein. Es dauert dann etwa zwanzig Jahre, bis die Hospiz-Idee in Deutschland ankommt und hier konkrete Gestalt annimmt. Was war in diesen Jahren in Deutschland los, und warum dauerte es so lange, bis die ersten Hospize ihre Türe öffneten?

Die Psychoanalytikerin Margarete Mitscherlich hat die Nachkriegsjahre als eine Zeit »manischer Überaktivität«[73] bezeichnet. In einer volkswirtschaftlichen Semantik werden sie auch gerne als die Zeit des »deutschen Wirtschaftswunders« apostrophiert. Sozialpsychologisch könnten sie als eine kollektive Verdrängungsreaktion begriffen werden. Man wandte sich nach den materiellen (und seelischen) Zerstörungen des Krieges dem Wiederaufbau zu, um sich nicht mit den Gefühlen, dem Leid der Opfer, den zerbrochenen Idealen, der Identifikation mit dem Größenwahn Hitlers und der eigenen Verführbarkeit befassen zu müssen. Die sogenannten »deutschen Tugenden« Zucht, Ordnung, Sauberkeit und

Pünktlichkeit, Disziplin und Härte wirkten nach. Die gesamte Zeit des Nationalsozialismus und des Zweiten Weltkriegs war ja tief geprägt und vorbereitet durch die Leitbilder einer preußischen Disziplinargesellschaft. Die bedingungslose Unterordnung unter die gesellschaftlichen und familialen Autoritäten und die Dauerhaltung eines blinden Gehorsams, der notfalls mit Gewalt erzwungen wurde, waren selbstverständlich gewesen. Mit diesem »autoritären Charakter« verbunden war die Missachtung und Unterdrückung des Gefühlslebens, der emotionalen Lebenswelt, der Freiheit, zu denken und zu fühlen und sich individuell zu entwickeln. Eine ganze Generation konnte den »faschistischen Tugendkatalog« der Hitlerjugend beten, zäh wie Leder, flink wie ein Windhund und hart wie Kruppstahl zu sein.

Mittlerweile sind wir über eine breite historische, psychotherapeutische und psychotraumatherapeutische Forschung gut im Bilde, was die seelischen Erfahrungen der Kriegs- und Nachkriegsgeneration waren.[74] Tiefe seelische Verletzungen hatten eine ganze Generation und ihre Kinder in einer Art reflexhaften Schutzhaltung buchstäblich zum Schweigen gebracht. Prägende Erfahrungen dieser Kriegs(kinder)generation bestanden ja darin, die Bombenangriffe und Ausbombungen miterleben zu müssen, die systematischen Zerstörungen der deutschen Städte, der viele Menschen zum Opfer fielen. Damit verbunden waren die Erfahrungen der Evakuierungen im Rahmen der sogenannten Kinderlandverschickungen[75], der abrupten Trennungen von den Müttern, vom Zuhause, die jahrelangen Ängste und Unsicherheiten; die Erfahrungen von Flucht und Vertreibung. Die Zwangsansiedlungen in fremden Gegenden, begleitet von der Zurückhaltung und Feindseligkeit der lokalen Bevölkerung, gingen nicht selten einher mit Erfahrungen des Hungers, der sozialen Isolation und des gesellschaftlichen Abstiegs.

Viele Väter waren durch das Kriegsgeschehen und später durch die Gefangenschaft über Jahre abwesend. Wenn sie nicht gefallen und vermisst waren, kehrten sie als Fremde nach Hause zurück, als versehrte und kranke Kriegskrüppel. Ihre tiefen Traumatisierungen führten dazu, dass sie abgekapselt und sozial und emotional unerreichbar oft genug neben ihren Kindern und ihrer Frau herlebten – eindrucksvoll geschildert im Film *Das Wunder von Bern.* Der Tod von Verwandten, Großeltern, Mitgeschwistern und Nachbarn, von Millionen von Menschen war in Kriegszeiten tägliche Realität, ebenso wie passiv erlittene Gewalt durch Verwundungen, Vergewaltigungen und Misshandlungen, durch Kriegsgefangenschaft und Lagerhaft und nicht zuletzt durch selbst ausgeübte Gewalthandlungen und Tötungen im Krieg. Solche Erfahrungen schnitten tief in die Seelen ein, hinterließen nachhaltige psychische Verletzungen. Und der Verlust von heimatlicher Geborgenheit, von familial-elterlichem Schutz bedeutete psychodynamisch für die Kinder deutlich reduzierte eigene Entfaltungsmöglichkeiten.[76]

Natürlich war das mehr oder weniger bewusste Verdrängen und Vergessen solcher leidvollen Kriegserfahrungen ein Überlebensmuster. Die narbenden Wunden führten zu Verhärtungen, im Umgang mit sich selbst und mit anderen. Man konnte und wollte sich nicht mit dem Schicksal, dem Leiden der Opfer auseinandersetzen und hatte daher auch wenig Zugang zum eigenen inneren Erleben, den seelischen Katastrophen, die man selbst durchgemacht und erlitten hatte. Wie hätte man anders leben und überleben sollen? In dieser Verdrängungsdynamik schnitt man sich von den eigenen Gefühlen ab. Die eingefrorene Trauer führte zu Leere, Kontakt- und Beziehungslosigkeit. Man flüchtete in eine Alltagsnormalität, in der man sich und anderen keine Möglichkeit gab, die erlebten Schreckensbilder, die Gefühle der Angst, Not und Verzweiflung und die bodenlose Enttäuschung über die Zerstörung von Idealen, an die man geglaubt hatte, nachzuempfinden und möglicherweise auch aufzulösen. Man war in gewisser Weise seelisch von sich und voneinander abgetrennt, traumatisiert. Und diese Traumatisierung hatte Folgen für die nächste Generation.

Der griechische Begriff »Trauma« (Wunde) ist in der Psychologie und Psychotraumatologie schon länger eingeführt und bekannt.

Mit dem Ende des Vietnamkrieges (1955–1975) wurde in den USA eine öffentliche Debatte über die psychischen Folgen des Krieges bei Veteranen geführt. Deren auffällige Verhaltensweisen und Traumatisierungen wurden mit den Kriegshandlungen in einen Zusammenhang gebracht. Der traumatisierte Mensch tut unbewusst alles, um sich selbst, seine seelischen und körperlichen Wunden nicht fühlen zu müssen, sie aus dem Bewusstsein zu verdrängen, damit er äußerlich funktionieren, ein angepasstes Leben führen kann. Diese Abwehrdynamik als Überlebensstrategie der Seele führt dazu, dass die eigene Mitfühlfähigkeit mit sich selbst und mit anderen eingeschränkt oder abgetötet wird.

Erst in einer offenen, verstehenden Auseinandersetzung, in der die Erschütterungen solcher Erfahrungen Platz haben, kann eine emotionale und soziale Basis geschaffen werden, in der eigenen Trauer die Trauer anderer zu sehen und in der Trauer über das Sterben, die Vernichtung, den Tod anderer, die eigene Trauer zuzulassen und als Mitgefühl anzuerkennen. In der Trauer kann sich die Erfahrung ausdrücken, verwundbar zu sein durch das Sterben, Leiden, den Tod des oder der anderen. Die Trauer ermöglicht eine Offenheit für die Verletzbarkeit anderer. In der Trauer erkennen wir tränenreich, was wir durch den Verlust des anderen als eines unwiederbringlich anderen für immer verloren haben.

Das ist etwas anderes, als Verluste zu verkraften und wegzustecken. In allen Gesellschaften wird die Bedrohung durch die Trauer in der Regel durch entsprechende kulturelle Rituale, an vorgesehenen Orten, durch gestaltete Ausdruckweisen aufgenommen, zu entsprechenden Zeiten miteinander geteilt und öffentlich gezeigt. Die durch die Erfahrungen des Krieges freigesetzte Trauer wurde freilich nicht zum Ausdruck gebracht, sondern abgespalten, eingefroren.

»Kann es so etwas wie kollektive Trauer geben?«, fragt daher die Psychoanalytikerin Margarete Mitscherlich rückblickend in *Die Radikalität des Alters*, ihrer sozialpsychologischen Reflexion auf ihr Leben und die deutsche Nachkriegsgesellschaft, und sie gibt die Antwort: »Ich glaube schon, denn alle Deutschen waren mit der totalen Niederlage ihrer ›Ideale‹, dem ungeheuren Verlust an Menschenleben, Heimat und Besitz, den grausamen Folgen ihres Hitlerwahns konfrontiert. Die gemeinsame Trauer mit ihrer Erinnerung und Durcharbeitung unserer Geschichte brachte auch vielen meiner Zeitgenossen und -genossinnen eine Erweiterung ihres Wissens über das eigene Erleben und eine Aufklärung über falsche Ideale und bisher wenig bewusste gemeinsame Denk- und Reaktionsweisen. Die Konfrontation mit dem Leiden der Opfer unseres Wahns, das Aufbrechen der seelischen Mauer, die wir um uns aufgebaut hatten, machte uns fähig zum Mitleid, aber auch zur Einfühlung, zum Kontakt mit uns selbst. Das ist das Fundament, auf das sich Selbstachtung aufbauen lässt, auf dem der Glaube an die eigene Fähigkeit wächst, gegen eine Wiederholung des Unmenschlichen kämpfen zu können. Wie wir wissen, ist ein Stück Selbstachtung die Voraussetzung dafür, andere zu achten.

Die Reaktion einer großen Zahl von Deutschen nach 1945 war jedoch die, sich nicht erinnern zu wollen, sich nicht mit der Vergangenheit auseinanderzusetzen. Das war zwar verständlich angesichts der ungeheuren Verluste, forderte aber einen hohen Preis. Die Folgen waren seelische Leere und verdrängter Selbsthass, der dann wieder verschoben und projiziert werden musste. Mit der Abwehr der Trauer haben wir nicht nur die Fähigkeit zum Mitleid mit den Opfern und die Beziehung zur eigenen Gefühlswelt verloren, sondern sehr oft auch die Fähigkeit, eine unmittelbare Beziehung zu den nächsten Generationen aufzubauen, ein aufrichtiges Gespräch mit ihnen zu führen.«[77]

Diese Diagnose enthält wichtige Elemente, um die fünfziger und sechziger Jahre in Deutschland zu verstehen, um einen Schlüssel in die Hand zu nehmen, der den gesellschaftlichen Nicht-Umgang mit Sterben und Tod erschließen helfen kann. Die Unfähigkeit, sich in die Opfer hineinzufühlen, der abgerissene Kontakt zur eigenen Gefühlswelt, führt zur gefühllosen Beziehungslosigkeit mit den eigenen Kindern.

Es gab Menschen, die durch die Nazivergangenheit betroffen waren, und solche, die durch die Kriegsvergangenheit traumatisiert waren. Auch wenn diese Trennung künstlich wirken mag, »wir können darauf nicht verzichten, weil das Schicksal der Kriegskinder fast sechzig Jahre lang von den Verbrechen der Nazis verschattet wurde. Die Kindergeneration litt – weit mehr als die ihrer Eltern – darunter, dass sie jenem Volk angehörte, das Hitler an die Macht gebracht hatte. Scham und Schweigen erschwerten den Zugang zu den eigenen seelischen Verletzungen durch Gewalt und Verluste.«[78]

Die Zeit des Faschismus war die Zeit der Vernichtung sogenannten »lebensunwerten Lebens« und der Ermordung der europäischen Juden und Jüdinnen im Holocaust. Die Nachwirkungen des Holocaust vergleicht Natan Kellermann, klinischer Psychologe aus Jerusalem, mit einer Atombombe, deren radioaktiver Niederschlag noch lange nach der Explosion in entfernten Gegenden die Betroffenen kontaminiere, und ähnlich wie radioaktiven Abfall könne man das emotionale Trauma nicht sehen oder spüren.[79]

Wir müssen uns vergegenwärtigen, dass heute etwa noch fünfzehn Millionen Menschen in Deutschland die Kriegszeit selbst direkt erlebt haben. Ihre Kinder, die in den späten vierziger, den fünfziger und auch den sechziger Jahren geboren wurden, sind von den traumatischen Erfahrungen durch den Krieg betroffen. Die vielfachen Erfahrungen von Zerstörung, Gewalt, Heimatlosigkeit, Vertreibung, Flucht, Sterben, Tod und Trauer bei Kriegsaktiven wie Kriegskindern wurden weithin eisern totgeschwiegen. Das ist die Ausgangslage eines Generationsgefüges. Vor diesem Hintergrund wird vielleicht verständlicher, warum Deutschland noch in den siebziger und achtziger Jahren ein »hartes Pflaster« war für einen neuen Umgang mit den Sterbenden, warum es Hospize schwer hatten und warum es so viele »Missverständnisse« mit Blick auf die Hospizidee gab.

Cicely Saunders selbst beobachtete, dass viele engagierte Ärztinnen und Ärzte aus Deutschland zu ihr ins Hospiz kamen, begeistert waren, nach Deutschland zurückgingen: »Aber sie scheiterten alle«, meinte sie. Aus heutiger Perspektive sind die Widerstände und der Gegenwind gegen einen anderen, humanen und würdigen Umgang mit den Sterbenden tief in der Nachkriegsgesellschaft verwurzelt. Vielleicht lässt sich am Widerstand am deutlichsten zeigen, worin andererseits der große Erfolg der Hospizbewegung besteht, nämlich die öffentliche Debatte und das Klima der Diskussion und Aufmerksamkeit zu den Themen Sterben, Tod und Trauer grundlegend verändert zu haben.

Viele Pionierinnen und Pioniere in der deutschen Hospizbewegung erlebten Widerstand und Antistimmung. Die »soziale und kollektiv-mentale Großwetterlage«, so Johann-Christoph Student, Gründer des Stuttgarter Hospizes, war in Deutschland nicht »sterbe-, nicht hospizfreundlich«. Die Abwehr war massiv, der kollektive Widerstand nachhaltig. In diesen Auseinandersetzungen brach mit emotionaler

Wucht die historische und existenzielle Nichtauseinandersetzung auf. Deutschland war ein hartes Pflaster. Warum?

»Ich hab für mich so eine Antwort gehabt, die hieß: Wahrscheinlich hat es etwas damit zu tun, dass ein Volk, das so viel Tod verursacht hat in der Welt, eine Angst, eine Scheu hat vor dem Thema Tod, das ist eigentlich mehr als verständlich. Dass einen so viel unbewältigte Trauer hindert, das Thema Sterben anzugehen«, meint Johann-Christoph Student. Es habe später einen Zusammenhang gegeben zwischen der Möglichkeit, offen und öffentlich über Sterben und Tod zu sprechen, und dem öffentlichen Diskurs über den Nationalsozialismus und seine Verbrechen. Eine Enttabuisierung auf beiden Seiten, die bewirkt habe, dass sich Hospize heute nicht mehr rechtfertigen müssten, ganz im Gegenteil gesellschaftlich und sozial hoch angesehen seien.

Im Umgang mit Sterben, Tod und Trauer unterschied sich Deutschland einerseits nicht bedeutend von anderen westlichen modernen Gesellschaften. Als Resultat gesellschaftlicher Veränderungen sowie großer Fortschritte in der Medizin war das Leben in Deutschland geprägt von Individualisierung, Institutionalisierung, Medikalisierung und Tabuisierung des Sterbens und der Sterbenden. Hinzu kam eine Fortschrittseuphorie, die weder Grenzen kannte noch akzeptierte, erst recht nicht die Grenze des Todes. Und dennoch zeugt der Widerstand gegenüber den ersten Bemühungen, die Versorgung unheilbar kranker und sterbender Menschen humaner zu gestalten, von Besonderheiten, die mit der speziellen deutsch-österreichischen Geschichte, ihrer nationalsozialistischen Vergangenheit zu tun haben.

Die frühen Bemühungen in Deutschland, Hospize zu gründen und die Hospizidee umzusetzen, stießen eher auf Ablehnung. Das lässt sich gut an der Rezeptionsgeschichte des ersten Hospizfilms – *Noch 16 Tage. Eine Sterbeklinik in*

London von Dr. Reinhold Iblacker – illustrieren. Der Film wurde 1971 vom ZDF im Abendprogramm ausgestrahlt und erzählte in Schwarzweißbildern den Alltag im St Christopher's Hospice in London. Das Filmteam zeigte in empathischen Bildern, wie hier anders, einfühlsamer und menschlich wärmender als in Deutschland mit Sterbenden umgegangen wurde. Es waren Gegenbilder zu jenen Todesbildern, die der Kriegsgeneration, von den Alliierten zur Aufklärung und »Entnazifizierung« in die Kinos gezwungen, gezeigt worden waren. Bilder, die mit den Verbrechen der Nationalsozialisten konfrontierten, Bilder von den Ermordeten in den Konzentrationslagern. Ermordete Menschen, aufeinandergeschichtet wie Holz.

Reinhold Iblackers Film war die erste deutsche Filmproduktion zum Thema Hospiz, übrigens von Leo Kirch finanziert. Nur, kaum jemand wusste Anfang der siebziger Jahre, was ein Hospiz war. So hatte die ZDF-Redaktion den Film mit dem Untertitel »Eine Sterbeklinik in London« angekündigt. Es gab ja damals keine allgemeinverständliche und akzeptierte Begrifflichkeit für diesen englischen Terminus »hospice«. Niemand wusste, was ein Hospiz war.

Und das Stichwort »Sterbeklinik« emotionalisierte in der Folge nachhaltig und löste eine langjährige leidenschaftliche Debatte aus.

Versucht man im Nachhinein zu verstehen, woher sich die offensichtlichen und untergründigen Motivationslagen für die Ablehnung speisten, lassen sich verschiedene Vermutungen formulieren. Immer wieder tauchen Argumentationszusammenhänge auf, die von einer Abwehr gegen »Sterbekliniken« getragen waren: Das Wort »Sterbeklinik« wurde ganz offensichtlich durch den Film für eine breitere Öffentlichkeit (leider bis heute) gängig. Die Assoziationen, die der Terminus »Sterbeklinik« freisetzte, waren allerdings verheerend. Der Begriff nährte den Verdacht und Abwehrreflex, eine spezielle Einrichtung für Sterbende sei ein Ghetto. Und der Film stellte implizit eine fundamentale Kritik am Umgang mit Sterbenden in den vorhandenen Krankenhäusern und Pflegeheimen dar. Dem musste man im Sinne der Aufrechterhaltung bestehender Verhältnisse entgegenhalten: Menschen sind in den vorhandenen Einrichtungen gut aufgehoben und sollten eben nicht in »Sterbekliniken« ausgesondert werden.

Einen weiteren Impuls der fachöffentlichen Auseinandersetzung setzte das deutsche Bundesministerium für Jugend, Familie und Gesundheit im Jahr 1978. Absicht war es, einen Meinungsbildungsprozess zum Bau von »Sterbekliniken« in Deutschland in Gang zu setzen. Wie nachhaltig eine traumabedingte Nichtauseinandersetzung wirkte, zeigen die Reaktionen auf diese ministerielle Anfrage: »Braucht es in Deutschland ›Sterbekliniken nach englischem Vorbild‹?« Diese Frage wurde unisono mit dem Argument abgewehrt, man wolle keine »Ghettoisierung« der Sterbenden. Mit dem Begriff des Ghettos kommt eine Dimension ins Spiel, die auf dem Hintergrund der nationalsozialistischen Verbrechen an den europäischen Juden hochgradig polemisierte. Wer konnte ernsthaft eine »Ghettoisierung« von Bürgerinnen und Bürgern am Lebensende wollen?

Die Kirchen, die Kirchenleitungen, die großen Wohlfahrtsverbände, Krankenhausgesellschaften und auch Experten reagierten geschlossen mit einem »Nein, wir brauchen keine Sterbekliniken!«. Die Professoren Franco Rest und Johann-Christoph Student, die sich deutlich für Hospize aussprachen, standen allein auf weiter Flur.

»Aber eigentlich war uns allen klar, dass es nicht darauf ankommt, hier Hospize zu bauen, auf die grüne Wiese zu stellen und einen weiteren Versorgungszweig aufzumachen, wo dann die Sterbenden betreut werden, weil, zu Recht natürlich, befürchtet wurde, dann käme es zu eine Ghettoisierung der Sterbenden. Und genau das war nicht gewollt, das hatte sich ja auch schon Jahre vorher gezeigt, als nämlich es eine kleine Anfrage mal gegeben hat zu Hospizen oder zu der Idee, Hospize zu haben und Sterbende eben mit einem besonderen Konzept zu betreuen. Diese Anfrage (...), die ist damals total abgebügelt worden von der damaligen Regierung. Nämlich mit dem Hinweis: Wir wollen diese Ghettos nicht«, erzählt die Ministerialrätin Petra Weritz-Hanf aus der Perspektive ministerieller Politik in Bonn bzw. Berlin.

Zugleich meinte man, eine Zustimmung zur »Sterbeklinik« wäre gleichbedeutend mit einer impliziten Zustimmung zur Euthanasie. Diese Assoziation verweist auf die Euthanasiepraxis im nationalsozialistischen Deutschland. Das konnte man nicht wollen. Also auch hier Abwehr, keine Diskussion, keine Differenzierung, kein Verständnis für den Hospizgedanken.

Erst in den achtziger Jahren wurde es langsam einfacher, in Deutschland über Sterben, Tod und Trauer zu sprechen, indem Zugänge zu den eigenen Trauererfahrungen gefunden wurden. Möglicherweise hat die Hospizbewegung hier eine katalysatorische Funktion wahrgenommen, war so etwas wie ein Gefäß, ein offener Raum in der Verbundenheit von Menschen, die begannen, über ihre Erfahrungen mit dem Sterben zu sprechen. Die Metaphern, mit denen viele Pioniere und Pionierinnen der Hospizbewegung diesen Umbruch im kommunikativen Verhalten beschreiben – »Es lag in der Luft«, »Die Zeit war reif« –, können vielleicht so gedeutet werden. Es war höchste Zeit, zu reden, das individuelle und kollektive Schweigen aufzubrechen und den Strom der eigenen Erfahrungen über Sterben, Tod und Trauer fließen zu lassen.

In der Hospizbewegung fanden in der Zuwendung zu den Sterbenden die Eindrücke der »Melancholie einer ganzen Generation« einen Ausdruck. Der italienische Chansonnier

Paolo Conte, geb. 1937, hat in einem Interview dieses Lebensgefühl formuliert. Sein gesamtes künstlerisches Schaffen habe er als eine Reaktion und Resonanz auf diese »kollektive Traurigkeit«, eine Folge ungelebten sehnsüchtigen Lebens und der Sprachlosigkeit, verstanden. »Menschen, die in den harten Zeiten während und nach dem Zweiten Weltkrieg aufwuchsen, tragen eine bestimmte Melancholie in sich. Ein Loch, das sie mit Leben, mit Kunst, mit Sinnlichkeit füllen wollen. Es gibt eine kollektive Traurigkeit in meiner Generation, der durch den Krieg so viel Lebensfreude genommen wurde. Mir scheint manchmal, dass ich mein ganzes Leben für diese sprachlosen und sehnsüchtigen Männer der Nachkriegszeit gesungen habe.«[80]

Die Tatsache, dass es in den ersten Nachkriegsjahrzehnten für Sterbende buchstäblich keinen Raum gab, sie abgeschoben und abgestellt wurden, wird vielleicht so verständlicher. Diese Realität war nicht nur ein Bild für die todesverachtende Ignoranz. Sie ist eben und vor allem der Ausdruck einer kulturellen Hilflosigkeit und einer sozialpsychologisch zu verstehenden historischen Traumatisierung. Der Nicht-Umgang wurde von Angehörigen und auch vom Klinikpersonal als Irritation, oft genug mit emotionaler Empörung erlebt. Das darf nicht wahr sein! Hier muss sich etwas ändern!

Es brauchte aber eine lange Zeit, fast zwanzig Jahre nach 1960, bis sich in Deutschland etwas sichtbar änderte, bis Hospize entstanden. Hier galten andere Regeln, hier durfte über die Gefühle gesprochen werden, hier durften Menschen sterben. Hier hatte alles und hatten alle Platz. Der Tod wurde nicht verdrängt, sondern als Teil des Lebens gesehen. Und vor allem: Es begann eine Kultur des Gesprächs, des Austausches, in einem heilenden Sinne, in dem Gedanken gefühlt und Gefühle gedacht wurden. Es war Platz, die spezifische Situation jedes Einzelnen aufzunehmen, seine subjektive Erfahrung, sein persönliches Leben und Erleben.

Hier wurde ein Umgang mit Sterbenden erspürbar, der ganz anders war – verständnisvoll, human, würdigend, wärmend. In der Hospizarbeit wurde in der Zuwendung und der Thematisierung des Sterbens und der Trauer die Situation der Sterbenden erfühlt als eine Situation, die jedem Menschen widerfahren wird, die die Helfenden nicht gleichgültig sein lässt.

Wie sehr die Anfänge der Hospizgeschichte auch international in den zeitgeschichtlichen Erfahrungen verwurzelt sind, lässt sich mit Blick auf die beiden Pionierinnen der internationalen Hospizbewegung, Cicely Saunders und Elisabeth Kübler-Ross zeigen. In ihren Biographien gibt es Schlüsselerfahrungen, die den Zusammenhang zwischen ihrem innovativ-empathischen Engagement für Sterbende und den Erfahrungen des Zweiten Weltkriegs, des Holocaust nahelegen. Beide Pionierinnen hatten tiefe Bezüge zu Polen. Vielleicht bildet Polen so etwas wie eine Hintergrundfolie, um Bewegungen zu verstehen, die in unserer Gesellschaft ein neues Verhältnis zu den Sterbenden begründet haben. Auch der deutsche Hospizpionier Heinrich Pera, langjähriger Vorsitzender der Bundesarbeitsgemeinschaft Hospiz, der Dachorgansiation der Hospizeinrichtungen (heute: DHPV = Deutscher Hospiz und PalliativVerband in Berlin), hat in Interviews und in seinen Publikationen immer darauf verwiesen, dass er zuerst in Krakau/Polen die Hospizarbeit kennengelernt habe. »Seit 1968 kenne ich die Hospizidee aus Kontakten mit polnischen Ärzten und Seelsorgern in Krakau. Bis Mitte der siebziger Jahre habe ich dort Kurse gehalten.«[81] Inwiefern sind diese Polenbezüge für einen anderen gesellschaftlichen Umgang mit dem Sterben von Bedeutung?

In keinem anderen Land Europas wurde der »Vernichtungskrieg« gegen die Zivilbevölkerung und die jüdische Bevölkerung so manifest wie in Polen. Vor Ausbruch des Zweiten Weltkriegs lebten fünfzig Prozent der europäischen Juden in Polen und Russland. Mit diesem Hinweis wird ein kurzer Blick auf ein zentrales Kapitel der deutsch-polnischen Geschichte notwendig. Wenige Tage vor dem Überfall der Hitlertruppen auf Polen am 1.9.1939 hatte Hitler seinen Generälen gegenüber das Ziel seiner Kriegsführung im Osten benannt: die »Vernichtung Polens als Feind«, die auf den verschiedensten Wegen verfolgt werden sollte.[82] Dieses Ziel wurde als menschenverachtende und grausame »Germanisierungspolitik« betrieben. Nach dem Krieg konnte man diese »Rassen- und Volkstumpolitik« zahlenmäßig bilanzieren. Polen hatte auf seine Größe bezogen mehr Todesopfer zu beklagen als jedes andere Land der Welt. »Von einer Gesamtbevölkerung, die 1939 fünfunddreißig Millionen betrug, verlor Polen über sechs Millionen Bürger, eine Verlustrate von 18 Prozent gegenüber 0,2 Prozent in den USA, (…) 7,4 Prozent in Deutschland (…) und 11,2 Prozent in der UdSSR. Polen wurde zum Schlachtfeld Europas, zum neuen Golgatha.«[83]

Cicely Saunders und Polen

Von Cicely Saunders ist bekannt, dass sie das erste Geld für das spätere St Christopher's Hospice David Tasma verdankte, dessen Verwandte im Warschauer Ghetto ermordet wurden. Von David Tasma ist nicht viel bekannt. Sicher ist, dass er kein Überlebender des Warschauer Ghettos war, weil er schon Jahre vor Errichtung des Ghettos in London als Kellner arbeitete. Cicely Saunders lernte ihn im Jahre 1948 kennen. Beide beschäftigte die Idee, ein Heim zu bauen, um Sterbenden einen ihnen entsprechenden Ort für die letzten Wochen und Tage ihres Lebens zu bieten. Als David Tasma mit vierzig Jahren starb, hinterließ er 500 Pfund mit den

Worten: »Ich werde ein Fenster sein in deinem Heim.« Cicely Saunders resumierte später: »David Tasma glaubte, sein Leben auf dieser Welt sei sinnlos gewesen, aber er startete eine Bewegung!« 1967 eröffnete sie das erste Hospiz der Moderne mit den Worten: »Ich brauchte 19 Jahre, um ein Heim rund um dieses Fenster zu bauen.« Wir wissen nicht, ob und inwieweit David Tasma und Cicely Saunders über das Schicksal seiner Familie gesprochen haben. Wir wissen aber, dass Cicely Saunders einen Brief an die nach Australien ausgewanderten Überlebenden der Familie geschickt hat.

Cicely Saunders verliebte sich in St Christopher's Hospice in Antoni Michniewicz, einen Polen, der kurz darauf starb. Die Trauer um ihn war schwer und tief. Als sie nach drei Jahren den polnischen Galeristen Marian Bohusz-Szyszko heiratete, begann eine neue Zeit. Cicely Saunders bereiste mit ihrem Mann Polen. Ist es so abwegig anzunehmen, dass sie Mosaiksteine der polnischen Geschichte wahrgenommen hat, dass sie Bilder des Schreckens aus dem Warschauer Ghetto kannte, sie die Geschichte Polens berührt hat, dass ihre Auseinandersetzung mit dem Sterben und den Sterbenden gefärbt und beeinflusst war von den brutalen Vernichtungserfahrungen, der Leidensgeschichte, die dieses Land durch den Krieg und den Nationalsozialismus erlitten hatte? Ihre Biographin Shirley du Boulay nimmt diese Zusammenhänge auf und hebt einen Charakterzug von Cicely Saunders hervor, »die romantische und leidenschaftliche Seite, die, unterdrückt durch ihre Erziehung, eine Resonanz fand in dem leidenschaftlichen Nationalismus, dem stolzen Leiden eines Landes, dessen Existenz als Nation im historischen Verlauf ständig bedroht war«[84]

1930 verlässt die Familie Kübler mit den Drillingen und dem sechs Jahre älteren Bruder die enge Züricher Stadtwohnung und zieht in ein Haus in Meilen, einer Gemeinde am östlichen Ufer des Zürichsees. Die Familie verbringt den größten Teil ihrer Freizeit in Amden, wo der Vater Hüttenwart der »Füürlegi« ist, einer Hütte, die dem Neuen Skiclub Zürich gehört. In dieser Hütte lernt die heranwachsende Elisabeth eine Gruppe junger Leute kennen, die Mitglieder des Internationalen Friedensdienstes sind. Auch sie will helfen. Kurz nach Kriegsende nimmt sie erstmals an einem Freiwilligeneinsatz in Frankreich teil, wo ein zerstörtes Dorf wiederaufgebaut werden soll. Die Eltern fürchten um ihre Tochter, doch sie lässt sich nicht beirren. Es folgen weitere Einsätze in Belgien, Italien, Schweden und Polen. Elisabeth Kübler-Ross, bei Kriegsende neunzehn Jahre alt, nimmt an einer humanitären Hilfsaktion des Internationalen Friedensdienstes (IFD) in Polen teil und leistet Friedensdienst im KZ Majdanek/Lublin. Die Eindrücke, die sie aus der Konfrontation mit den Verbrechen des deutsch-österreichischen Nationalsozialismus aufnahm, haben sie persönlich sowie ihr Engagement und ihr inhaltliches Arbeiten zweifellos nachhaltig geprägt.

»Ich ging zu Fuß und Autostopp und mit dem internationalen Zivildienst nach Polen und habe dort Majdanek gesehen, ein Konzentrationslager, wo 960 000 Kinder (diese Zahlen gelten heute als überholt, d. V.) umgebracht wurden. Und wissen Sie, Sie können ein Buch lesen über Anne Frank, und Sie können sogar weinen, wenn Sie es lesen, aber etwas glauben und etwas wissen ist ein großer Unterschied. Wenn man in diesen Konzentrationslagern steht, wenn man die Gaskammern noch riecht, wenn man Wagenladungen voller Kinderschuhe sieht, von ermordeten Kindern, und ganze Wagenladungen voll Frauenhaar, dann erlebt man etwas, das einem das ganze Leben berührt und verändert. Da beginnt man sich Fragen zu stellen: Warum studiert man Medizin? Man stellt sich Fragen: Wie kann ein Mann und eine Frau Tausende von kleinen unschuldigen Kindern umbringen, und am selben Tag machen sie sich Sorgen, weil ihr eigenes Kind zu Hause vielleicht Masern hat?«[85]

Es ist diese Erfahrung, die Elisabeth Kübler-Ross zeitlebens beschäftigte, die ihr Leben »berührt und verändert« hat.

In ihrem Buch »Interviews mit Sterbenden« nimmt sie im Kapitel »Hoffnung« Bezug auf die Ermordung jüdischer Kinder im KZ Theresienstadt. »In jeder Phase vorhanden ist fast immer die Hoffnung. Wie die Hoffnung, an die sich die Kinder der Baracken L 318 und L 417 im KZ Theresienstadt jahrelang klammerten, obwohl von insgesamt 15 000 Kindern unter fünfzehn Jahren kaum einhundert die Zeit überlebten (...). Dadurch, dass ich die Gaskammern und Konzentrationslager und den Waggon mit den kleinen Schuhen der in Majdanek ermordeten Kinder gesehen und mit einem jüdischen Mädchen gesprochen habe, das diesen furchtbaren Alptraum, den Todesmarsch ihrer Familie in die Gaskammern, durchlitten hatte, lernte ich, dass es uns anheimgestellt ist, ob wir als Opfer unserer Verbitterung, unserer negativen Gefühle und Rachebedürfnisse weiterleben oder ob wir uns dafür entscheiden wollen, das Negative hinter uns zu lassen und solche Tragödien als Stürme des Lebens zu betrachten, durch die wir auch Stärke gewinnen und reifen können. Solche Erfahrungen können auch anderen helfen, ihre Negativität zu überwinden und stärker, ›runder‹ und schöner zu werden wie ein Stein, der geschliffen wird. Die Frau, die ihre ganze Familie und zwölf ihrer dreizehn Kinder in Majdanek verloren hatte, lehrte mich die Liebe, die keine Forderung stellt, sie lehrte mich Glauben und absolutes Vertrauen.«[86]

Elisabeth Kübler-Ross hatte die gesellschaftlichen Implikationen der Auseinandersetzung mit den Sterbenden früh thematisiert. Mit Radikalität vertrat sie die Notwendigkeit, sich in die Lage der anderen hineinzuversetzen. Aus der Anerkennung der Sterbenden als Lehrer erwuchs bei ihr die Fähigkeit zum Mitleid, zum Mitfühlen, zur Compathie. Man muss würdigen, dass sie sich den Sterbenden näherte, indem sie sich ihnen aussetzte. Sie lässt sich auf die »Austherapierten« ein. Im Vorwort ihres weltweit verbreiteten Buches *Interviews mit Sterbenden* schreibt sie: »Wir haben den Patienten gebeten, unsere Lehrer zu werden, damit wir mehr als bisher über die Endstation des Lebens wissen, über seine Ängste, Sorgen und Hoffnungen. Ich berichte hier einfach die Geschichte der Patienten, die ihre Kämpfe, Erwartungen und Enttäuschungen mit uns teilten, und ich hoffe, das es andere ermutigt, den ›Hoffnungslosen‹ nicht aus dem Wege zu gehen, sondern sie im Gegenteil aufzusuchen, weil man ihnen in den letzten Stunden des Lebens viel helfen kann. Die wenigen Menschen, die dazu imstande sind, werden merken, dass es beiden Seiten hilft (...). Sie werden bereichert aus dem Versuch hervorgehen und vielleicht auch etwas von der eigenen Todesfurcht verloren haben.«[87]

Die gesellschaftlichen und politischen Dimensionen des Sterbens waren ihr im Licht der Zeitgeschichte selbstverständlich. Im zweiten Kapitel ihres bahnbrechenden Buches leuchtet auf, dass es im Sicheinlassen auf sterbende Menschen um einen fundamental anderen individuellen und kollektiven Umgang mit Sterben und Tod geht, wenn sie schreibt: »Eine ganze Nation, eine ganze Gesellschaft, die an der Furcht und der Verleugnung des Todes leidet, kann sich offenbar nur noch durch Vernichtung wehren: Kriege, Aufstände, immer neue Morde und andere Verbrechen könnten durchaus auf unsere schwindende Fähigkeit deuten, dem Tod mit Würde und Bejahung ins Gesicht zu sehen. Vielleicht müssen wir uns wieder dem einzelnen menschlichen

Wesen zuwenden, ganz von vorn anfangen und dann versuchen, den eigenen Tod zu fassen und zu lernen, diesem tragischen, doch unausweichlichen Geschehen mit weniger Verwirrung und Angst entgegenzusehen.«[88]

Im deutschsprachigen Raum, aber auch international sind diese Bezüge nahezu vollständig verschüttet. Es gibt nur entlegene Hinweise oder Verweise, die einen Zusammenhang herstellen zwischen Elisabeth Kübler-Ross' Arbeit als »Sterbeforscherin«, Wissenschaftlerin, Ärztin, Autorin und der Hospizbewegung und Palliativmedizin, erst recht nicht mit ihren Reflexionen des Friedensdiensteinsatzes in Polen.

Ihr Werk ist von bleibender gesellschaftspolitischer Bedeutung. Die Auseinandersetzung mit Elisabeth Kübler-Ross zeigt, dass der Umgang mit sterbenden Menschen in einer Gesellschaft eine zutiefst humanitäre und friedenstiftende Aufgabe darstellen kann.

Intensive Friedensarbeit in der Leistungsgesellschaft

Die Disziplinargesellschaft besteht nicht mehr. Wir gehen heute anders mit Sterben, Tod und Trauer um und hätten die Möglichkeiten, in Ruhe zu sterben. Die Leistungsgesellschaft, in der wir leben, stellt eine neue Herausforderung dar. Die strukturellen und mentalen Muster dieser Gesellschaft prägen natürlich den Umgang der Menschen mit sich selbst, miteinander und mit den Sterbenden. In der Leistungsgesellschaft herrscht der Anspruch auf Freiheit und fast nicht enden wollende Wahlmöglichkeiten. Das Leben wird wie das Sterben zu einem Projekt. Man muss es selbst in die Hand nehmen, ja, man ist gezwungen, es nicht aus der Hand zu geben. Notfalls muss man selbst Hand an(sich)legen.

Waren in der Disziplinargesellschaft äußere Faktoren, die allgemeine Konvention, die religiös inhalierte Moral, die bürokratisch verfestigte Gesetztheit kontrollierende Instanzen, die für die Aufrechterhaltung der Ordnung gesorgt haben, besorgt dies in der Leistungsgesellschaft das Subjekt selbst. Die gesellschaftlichen Verhältnisse verändern den Umgang mit dem Sterben. »Ab einem bestimmten Produktionsniveau ist die Selbstausbeutung wesentlich effizienter, viel leistungsstärker als die Fremdausbeutung, weil sie mit dem Gefühl der Freiheit einhergeht. Die Leistungsgesellschaft ist eine Gesellschaft der Selbstausbeutung. Das Leistungssubjekt beutet sich selbst aus, bis es ganz a u s b r e n n t (burn-out): es entwickelt sich dabei eine Autoaggressivität, die sich nicht selten bis zur Gewalt der Selbsttötung verschärft. Das Projekt erweist sich als PROJEKTIL, das das Leistungssubjekt gegen sich selbst richtet«, beobachtet der Professor für Philosophie Bjung-Chul Han.[89]

Die Unruhe, die überhitzte und ausbrennende Verlagerung nach innen macht das Sterben selbst zu einem Akt höchster Leistungsbereitschaft. Man muss das Leben leisten und auch das Sterben. Sterben geschieht nicht. Sterben heute ist weit davon entfernt, als Schicksal aus Gottes Hand entgegengenommen zu werden. Man wird für das eigene Sterben sozusagen unternehmerisch aktiv, unterstützt von flächendeckend ausgebauter Sterbeexpertise, von Angeboten der professionellen 24-Stunden-Bereitschaft, unterstützt von Computerprogrammen, die den Sterbeverlauf dokumentieren und die Auftritte der jeweiligen Experten markieren. Die Rede vom ruhigen und friedlichen Sterben erhält in dieser Konstellation eine neue Bedeutung. In ihr ist eine menschheitsalte Ahnung aufgehoben, worum es im Letzten geht und was die Bedürfnisse sind. Es geht um den Frieden am Lebensende. Und so hießen in England die ersten Einrichtungen, die speziell für sterbende Menschen gedacht waren, auch *houses of peace*, Friedensheime.

Franco Rest, einer der wichtigen Pioniere der Hospizarbeit in Deutschland, hatte diese immer verstanden als eine Art »Pazifizierung« der Gesellschaft. Inger Hermann, die mit anderen in Stuttgart die Hospizarbeit aufbaute, wurde in diesen Jahren einmal aus der Friedensbewegung heraus gefragt, warum sie sich für Sterbende einsetze. »›Sag mal, wenn du auf dein Leben zurückschaust, wirst du es dann nicht bedauern, dass du nicht mehr für die Friedensarbeit auf der Welt getan hast?‹ Dann hab ich (…) gedacht – das denk ich auch immer noch –, dass Sterbebegleitung intensive Friedensarbeit ist. Denn man wird sich so sehr bewusst, wie kostbar das Leben, jedes Leben ist. Ich glaube, jemand, der sich intensiv mit Sterben und Tod auseinandergesetzt hat und Sterbebegleitung wirklich macht, der kann gar nicht anders als so behutsam und liebevoll mit Leben umgehen, wie es überhaupt nur möglich ist. Also verstehen Sie. Ohne Ideologie – ich denke, es ist intensive Friedensarbeit.«[90]

Hospizbewegung als »Hospeacebewegung«. Sterbebegleitung als Friedensarbeit. Nicht im Sinne eines kitschigen Zu-Frieden-Stellens, einer Bedürfnisbe»fried«igung, sondern einer neuen Kultur sorgender Hinwendung, des absichtslosen Interesses. Diese Friedensarbeit hilft zu verstehen, was Sterbende und was wir selbst im Sterben brauchen: Menschen, die uns nahe sind, die Anteil nehmen an unserem seelischen Leben und Erleben, die uns in unserer Bruchstückhaftigkeit, in unseren Verletzungen annehmen. Wir brauchen Menschen, die uns freundschaftlich gesinnt sind und Wege für eine gefühlsmäßig stimmige Zuwendung suchen, die auch unser Herkommen und unsere Eltern und Familien in den Blick nimmt. Wir brauchen Anteilnahme und Interesse an unserem Leben, an dem, was wir erlebt und erlitten haben. In solchen sorgenden Beziehungen, mit Gefährtinnen und Gefährten, die das Erlebte teilen, können Kräfte freigesetzt werden, die uns helfen, zu leben bis zuletzt und vom Ende her das Hier und Jetzt, das Heute und das Morgen zu leben. Hier findet Würdigung des Lebens statt. Es ist getragen von den Forderungen, die der polnische Arzt und Erzieher Janusz Korczak aufstellte. Bekanntlich ging er mit den ihm anvertrauten Kindern in die Gaskammern von Auschwitz. Er veröffentlichte 1919, also kurz nach dem Ende des Ersten Weltkriegs, das Buch *Wie man ein Kind lieben soll.* Seine Magna Charta Libertatum für Kinder enthält drei Forderungen, die natürlich auch für Erwachsene Bedeutung haben:

- Das Recht des Kindes auf den Tod.
- Das Recht des Kindes auf den heutigen Tag.
- Das Recht des Kindes, das zu sein, was es ist.[91]

6. Kapitel

Was wird aus der Trauer in modernen Zeiten?

»Das Hoffnungsvolle an jedem System: was von ihm ausgeschlossen bleibt.«

Elias Canetti

Das zwölfte Kapitel des *Abenteuerlichen Simplicissimus* erzählt von einer »schönen Art, selig zu sterben und sich mit geringen Unkosten begraben zu lassen«. Die Erlebnisse des Simplicius Simplicissimus hat Hans Jakob Christoffel von Grimmelshausen im 17. Jahrhundert aufgeschrieben.[92] Sie erzählen drastisch-satirisch und bewegend das Leben zur Zeit des Dreißigjährigen Krieges. Der junge Simplicissimus lebt bei einem Eremiten, der »eines Tages seine Hacke nahm, mir aber die Schaufel gab und mich, wie es seine tägliche Gewohnheit war, an der Hand in unseren Garten führte, wo wir unser Gebet zu verrichten pflegten. ›Nun, Simplicius, liebes Kind‹, sagte er, ›ist für mich gottlob die Zeit gekommen, da ich aus dieser Welt scheiden, die Schuld der Natur begleichen und dich in dieser Welt verlassen soll.‹«[93]

Simplicius Simplicissimus sinkt in Trauer vor ihm nieder, der Eremit richtet ihn auf. Ob er sich der Ordnung des Allerhöchsten widersetzen wolle? Er solle ihn ohne Heulen und Weinen fahren lassen. »Folge lieber, statt unnützes Geschrei zu machen, meinen letzten Worten, die da lauten, dass du dich, je länger, desto besser, selbst erkennen sollst (…). Denn dass die meisten Menschen in Verdammnis geraten, liegt daran, dass sie nicht gewusst haben, was sie gewesen sind und was sie werden können oder werden müssen.«[94] Der Eremit beginnt nach dieser Ermahnung mit der Hacke sein eigenes Grab zu schaufeln und bittet Simplicius, seinen Leib später mit Erde zu bedecken. Darauf nahm er mich in seine Arme und drückte mich unter Küssen viel fester an seine Brust, als man es einem Mann wie ihm noch zugetraut hätte. ›Liebes Kind‹, sagte er, ›ich befehle dich in Gottes Schutz und sterbe umso fröhlicher, als ich darauf vertraue, dass er ihn dir gewähren wird.‹ Ich hingegen konnte nur klagen und heulen. Ich hängte mich an die Kette um seinen Hals und glaubte, ihn auf diese Weise bei mir halten zu können. Er aber sagte: ›Mein Sohn, lass los! Ich will sehen, ob das Grab lang genug für mich ist.«[95] Der Eremit steigt ins Grab, betet und stirbt. Simplicius schüttelt ihn, küsst ihn. »Ich begoss, oder besser gesagt, ich balsamierte den entseelten Körper mit meinen Tränen, und nachdem ich lange mit jammervollem Geschrei hin und her gelaufen war, fing ich an, ihn mit mehr Seufzern als Schaufeln voll Erde zu begraben.«[96]

Es ist eine Geschichte gänzlicher Umkehrung, die hier erzählt wird: Der Sterbende tröstet den Trauernden! »Ich hingegen konnte nur klagen und heulen.« Der Sterbende ist der Starke, der Mutige. Der Trost, den der Sterbende dem Simplicius zuteilwerden lässt, verfängt indessen kaum.

Wir haben heute mit dem, was sich »Trauerbegleitung« nennt, etwas auseinandergerissen, was bei Grimmelshausen – und nicht nur bei ihm – noch zusammengehört: den Tod und die Trauer. Trauerbegleitung ist dagegen heute eher ein Pharmakon, ein Mittel, das – von Expertinnen und Experten aufbereitet – den Hinterbliebenen verabreicht wird. Was hier in der Geschichte, die Simplicius erzählt, fast wie ein gemeinsamer Tanz der beiden wirkt, ist in unserer Moderne eine Sache verschiedener Abteilungen geworden, in der die Spezialisten des Lebensendes ihre jeweilige Arbeit verrichten.

Das Wesen moderner Zeiten ist die »Differenzierung«, und gegenwärtig erleben wir, dass diese Differenzierung den Bereich »Lebensende« erfasst. Das Lebensende wird in seine Bestandteile zerlegt und verschiedenen Experten zur Bearbeitung übergeben – dem Palliativmediziner, dem Hospizbegleiter, dem Case-Manager oder eben auch dem Spezialisten für die Trauerbegleitung. 504 000 Einträge finden sich bei Google unter dem Stichwort »Trauerbegleitung«: Trauerbegleitung ist eines unter vielen Angeboten in der Dienstleistungsgesellschaft geworden. Die »Bundesarbeitsgemeinschaft Trauerbegleitung«, jetzt »Bundesverband Trauerbegleitung«, offeriert »Angebote zur Qualifizierung von Menschen (…), die mit der Begleitung sterbender und trauernder Menschen in Beruf, ehrenamtlichem Engagement oder privaten Beziehungen konfrontiert sind (…). Der BV Trauerbegleitung (…) will (…) Standards erarbeiten, weiterentwickeln sowie umsetzen und so eine besondere Qualität der Angebote seiner Mitglieder sichern. Dazu sichtet und integriert er die neuesten Erkenntnisse aus der Trauer- und Lernforschung und diskutiert fachpolitische Entwicklungen.«[97] Und selbstverständlich gibt es auch die zertifizierte Trauerbegleitung.

Vor einigen Jahrzehnten konnte man in griechischen Dörfern noch Klageweiber durch die Straßen ziehen sehen, die den Tod eines Bewohners beweinten. Ein Ritus, in dem die Frauen des Dorfes gemeinschaftlich und öffentlich Trauer inszenierten. Von der Insel Karpathos hat ein Zuschauer 1932 berichtet: »Solange der Sterbende noch am Leben ist, unterdrückt man laute Klagen, weil man glaubt, daß dadurch der Todeskampf verlängert wird. Sobald aber der Tod eingetreten ist, erheben die anwesenden Verwandten ein lautes Klagegeschrei, so dass auch die Nachbarschaft von dem Trauerfall Kenntnis nimmt und herbeikommt. Wenn der erste wilde Schmerz sich ausgetobt hat, wird der Tote aufgebahrt, und nun beginnt die eigentliche Totenklage: Alle Frauen der engeren Verwandtschaft sitzen um den Toten herum, unbedeckten Hauptes und mit offenen Haaren, raufen sich rhythmisch die über das Gesicht hängenden Locken, schlagen sich mit beiden Handflächen auf die Knie oder vor die Brust, zerkratzen sich die Wangen und zerreißen oft ihre Kleider. (...) Im Ganzen dauert die Klage um einen Toten mindestens ein Jahr, und zwar mit derselben Lebhaftigkeit wie im ersten Augenblick.«[98]

Klageweiber erscheinen uns heute, die wir uns gerade an die Dienstleistung Trauerbegleitung gewöhnen, als gefühlloses Theater. Es ist aber die verschwundene Erinnerung an eine kollektive Trauer, eine, die von der Gemeinschaft mitgetragen wird. Thile Kerkovius, ehemaliger Leiter des Hospizes Maria Frieden in Oberharmersbach, sagt in einem Interview mit den Autoren zum Thema Klageweiber: »Also, das wurde ja auch von uns diffamiert mit diesem Hinweis, das sind auch bezahlte Dienstleisterinnen, die da kommen und Trauer gegen Bezahlung abspulen (...). Ich war mal bei dem Canacakis[99] auf einem Seminar. Da hat er auf einem Tonband abgespielt die Totenklage dieser Klageweiber – er ist ja Grieche – am Totenbett bzw. am Sarg seines Vaters. Und hat dann ein bisschen genauer geschildert, was dann passiert und was die auch machen. Und er hat erzählt – das fand ich sehr interessant –, das sind Verwandte, Tanten, Cousinen von dem Vater gewesen. Der Vater ist auf einem kleinen Dorf groß geworden, ist dann nach Athen gegangen, war ein ganz renommierter Schneider. An diesem Sarg saßen die Tanten und Cousinen und haben geklagt. Das muss in einer bestimmten Melodie und einem bestimmten Rhythmus sein, aber es waren ganz individuelle Sachen, was die da gemacht und gesagt haben. Er hat das dann übersetzt. Sie haben zum Beispiel gesagt: ›Du warst der attraktivste Mann im ganzen Dorf, und wir haben alle gehofft, dass du irgendwann um unsere Hand anhältst. Und wir hätten dich so gerne dabehalten, aber dann bist du in die Stadt gegangen, nach Athen. Das hat uns gestunken, dass du da aus dem Dorf rausgegangen bist. Aber du warst wahrscheinlich der allerbeste Schneider, den es in Athen gab.‹«[100] Was hier noch sinnlich-sinnstiftend gemeinsam getragen ist, ja fast liebevoll zärtlich ausgedrückt wird, erfährt heute andere Ausdrucksformen und Resonanzen.

Die standardisierte, qualifizierte, zertifizierte Trauerbegleitung, von der der Bundesverband Trauerbegleitung redet, macht sie zu einem modernen Verhältnissen angepassten Verfahren, zu einer expertokratisch abgefederten Dienstleistung, die ihre Kühle durch Slogans wie »der Trauer eine Heimat geben« zu überdecken versuchen muss. Selbstverständlich kann man das Angebot »Trauerbegleitung« auch begreifen als die uns Modernen angemessene Antwort auf eine religiös weitgehend abgeräumte Szenerie, in der die Bearbeitung von Trauer nicht mehr den Priestern und Pastoren, sondern den Psychologen, Sozialarbeitern, den examinierten Trauerbegleitern und -begleiterinnen überlassen werden muss.

Vielleicht hat diese moderne Trauerdienstleistung aber gerade die Aufgabe, die Ritzen zu verstopfen, durch die sonst etwas ganz anderes eindringen könnte. Geburt und Tod, vielleicht auch die Liebe, sind ja die Augenblicke, in denen der säkularisierte Mensch noch einmal eine metaphysische Erschütterung spüren kann. Augenblicke, in denen das routinierte Alltagsleben aus den Fugen gerät. Augenblicke, in denen eine Ahnung des Außerordentlichen aufbrechen könnte. Das löst auch viel Angst aus, die Erde bebt – Risse im Beton des Alltags tauchen auf: Und dieses Risiko wird eingedämmt, wenn man es von Experten verwalten lässt. »Du sollst nicht fühlen«: Dieses Erst- und Hauptgebot der modernen Gesellschaft könnte durch einen Trauerexzess aufgebrochen werden. Und das darf eigentlich nicht sein, weil dann die kalte Ordnung gestört wird.

Und natürlich wollen wir nicht bestreiten, dass auch in der professionalisierten Trauerbegleitung der Zugang zu solchen emotionalen Reaktionen geöffnet werden kann. Wir möchten nur auf die Gefahr aufmerksam machen, dass die Dienstleistung Trauerbegleitung auch als das Kühlwasser fungieren kann, welches aufbrausende Trauer abkühlt und so normalisiert.

Wir möchten den Blick darauf lenken, wie nachdrücklich und radikal die Trauer bei uns – im Vergleich zu anderen Gesellschaften – in der Moderne individualisiert worden ist und wie sie nun, gewissermaßen fachwissenschaftlich begleitet, in ein auf das Individuum zugeschnittenes und kontrolliertes Verfahren umgewandelt wird – und dieses Verfahren, diese Dienstleistung muss bezahlt werden. Professionelle und bezahlte Trauerbegleitung ist unfraglich zeitgemäß und der Moderne angemessen, aber es ist auch eine spezielle kulturelle Armut in diesem Verfahren erkennbar, das nicht mehr ein gemeinschaftlicher Akt ist, in dem die Toten (oder die Ahnen) mitsprechen, sondern in dem alles aus dem eigenen Inneren aufsteigen soll: Die Trauer ist heute – in dieser Radikalität vielleicht zum ersten Mal in der Geschichte der Menschen – auf ihre individuelle Dimension beschränkt, gesellschaftlich entkernt und, wie alles in der modernen Gesellschaft, eingebunden in den Kontext von Angebot und Nachfrage.

Der Soziologe Norbert Elias hat davon gesprochen, dass in der modernen Gesellschaft Trauer intimisiert und privatisiert wird.[101] Vielleicht öffnet sich hier das schwarze Loch, in dem Trauer, zur privaten Regung geworden, überhaupt verschwindet? Aus den offenen, zum Himmel gestreckten Händen, die auf Trost warten, um ihn zu empfangen, ist die horizontal ausgestreckte Hand geworden, die den Trauerbegleiter bezahlt. Es bleibt abzuwarten, ob Trauerbegleitung dann eines Tages in den Katalog der von den Krankenkassen zu bezahlenden Leistungen aufgenommen wird.

Individualisierung und Ökonomisierung der Trauerbegleitung verweisen auf einen anderen Aspekt der Trauer in der Moderne: Trauer wird zunehmend als Krankheit verstanden, die einer Behandlung bedarf. Das wird da besonders deutlich, wo Trauer mit der Diagnose »Depression« versehen wird.[102] In modernen Gesellschaften wird Trauer misstrauisch beäugt, man muss schnell wieder beziehungs- und arbeitsfähig sein. Bei überbordender Trauer wird notfalls ein Beruhigungsmittel verabreicht. Damit schickt man dann die Trauer auf einen Weg, auf dem sie schließlich als Krankheit diagnostiziert und behandelt werden kann. Ist die Vergesellschaftung der Trauer erst einmal endgültig beseitigt, dann bleiben Beileidsbezeugungen, die, sei es mündlich, sei es gedruckt, den Charakter des Vorgestanzten haben und Gebrauchsanleitungen ähneln.

In der Palliativmedizin wird Trauer (sei es bei Sterbenden, sei es bei Angehörigen) schon jetzt entlang der Order-Disorder-Systematik wahrgenommen: als »normal« oder »schwierig«. Definitionen, die dann im Zweifelsfall medikamentöse Interventionen herausfordern. Interventionen, bei denen der Verdacht nicht auszuräumen ist, dass sich auch das behandelnde Team vor einem möglichen Chaos der Gefühle schützt, indem es die Patientinnen oder Patienten sediert: Die Trauer wird weggemacht. Fast zwangsläufig ergibt sich daraus schon heute eine – medizinisch inszenierte – Unterscheidung von *normaler* und *pathologischer* Trauer. Die Sozialarbeiterin Ruthmarijke Smeding und der Palliativmediziner Eberhard Aulbert vertreten die Auffassung, dass zehn bis fünfzehn Prozent der Trauernden behandlungsbedürftig sind, dass dementsprechend stimmungsaufhellende Antidepressiva zu verabreichen seien,[103] von denen man allerdings weiß, dass sie abhängig machen können. Ein kleiner Exkurs in die Vergangenheit der Trauer mag den Umsturz, den wir erleben, deutlich machen.

Die Trauer der Lebenden – so sagen Ethnologen – dient vor allem der Herstellung des sozialen Zusammenhangs.[104] Das kollektive Ritual, zu dem rituelles Weinen und auch Selbstverstümmelung zählen können, stärkt in einfachen Gesellschaften den Zusammenhalt der Hinterbliebenen. Am Anfang hat wohl das Ritual und nicht die Emotion gestanden. Émile Durkheim spricht in diesem Kontext sogar von gesellschaftlich verordneten Gefühlen, deren innerpsychische Entsprechungen nicht leicht zu ermessen seien. Die äußeren – rituellen – Symbole des Trauerns sind vielfältig: Weinen, Haarscheren, was vielleicht eine Ersatzgabe für das Menschenopfer war. Wachsenlassen der Haare, Zerreißen der Kleidung – vielleicht sollten dadurch die in den Kleiderfalten hausenden bösen Geister vertrieben werden. Beschmutzen, Bemalen, Tatauierung des Leibes: Vielleicht wollte man sich so vor den rachsüchtigen Toten unkenntlich machen. Wundenschlagen oder Fingerabhacken – Kraftentladung als Gegenzauber? Zerstörung der Fruchtbäume, Tötung von Menschen und Tieren, Speiseverbote, Enthaltsamkeit, Redeverbot – die Geschichte zeigt uns eine unendliche Vielfalt, die bei uns auf die individualisierte Trauer(-therapie) und die Beileidskarte geschrumpft ist.

J.G. Frazer hat in seiner klassischen Untersuchung *The Golden Bough (Der goldene Zweig)*, die 1890 erschien, herausgestellt, dass die schon vorhandene Angst vor der magischen Macht der Alten durch das Erlebnis ihres Sterbens noch gesteigert werde. Man fürchtete sie als Ahnengeister: Die Furcht – so scheint es – steht kulturgeschichtlich *vor* der Trauer. Émile Durkheim hat vermutet, dass weltweit die Teilnehmer an Trauerzeremonien nicht im naiven Wortsinn traurig sind, sondern durch gesellschaftliche Konventionen zur Einnahme bestimmter Haltungen verpflichtet werden.[105] Der Übergangsritus der Bestattung stärkt demnach – wie alle Formen des kollektiven Rituals – den Zusammenhalt der

Hinterbliebenen. Erst nachträglich würden die Rituale mit Geistervorstellungen begründet: »Die Menschen weinen nicht um die Toten, weil sie diese fürchten, sondern sie fürchten die Toten, weil sie um sie weinen«, wie Durkheim es formuliert.[106] Diese ethnologisch begründete Sicht auf das Phänomen Trauer wird bei Alfred Reginald Radcliffe-Brown, dem Pionier der britischen Sozialanthropologie, noch einmal zugespitzt, wenn er behauptet, dass Trauergefühle überhaupt nur durch Trauerkonventionen ausgelöst werden.[107]

Sigmund Freud hat 1913 eine Theorie der Trauer entworfen, die den klassischen ethnologischen Ansatz aufnimmt und zugleich überbietet.[108] Er betont die Gefühlsambivalenz der Hinterbliebenen: Der Verlust der Identifikationsfiguren führt zur Krise der Trauer, die von der Etikette gefordert wird. Der Tod des Vaters gibt eben auch Anlass zur freudigen Hoffnung, endlich an seine Stelle zu treten. (Elias Canetti hat davon gesprochen, dass die Trauer des Überlebenden immer von dem Triumph mitgeprägt ist, dass man stehend dem Liegenden gegenübertritt – Überleben ist ein Sieg.[109]) Die Brüderhorde der Söhne soll sich – so Freud – nach der Ermordung des Urvaters immer wieder zu »Totem-Mahlzeiten« vereint haben, bei denen sie einerseits des kannibalistischen Urverbrechens gedachte, andererseits ihre Schuldgefühle durch Verehrung des zum Totem gewandelten Vaters beruhigte.

Mit Sigmund Freuds spekulativem Ansatz beginnt ein Prozess, in dem Trauer vor allem in seinen (individuellen) Gefühlsaspekten sichtbar wird. Gegenwärtig – so scheint es – setzt sich dieser Aspekt vereinseitigt fort, das rituelle und kollektive Element gerät in den Hintergrund. Dies wohl auch, weil die so vereinseitigte Trauer leichter in den Kontext bearbeitbarer, ökonomisch kontrollierter Verfahren eingebracht werden kann.

Das Volksmärchen kennt die Geschichte vom Totenhemdchen: Das gestorbene Kind kommt zu seiner Mutter, um sie zu bitten, nicht länger zu weinen, damit sein Totenhemdchen trocknen kann. Die Geschichte zitiert Johan Huizinga in seinem immer noch wunderbaren Buch über den *Herbst des Mittelalters.*[110] Aber – so fügt er hinzu – dies ist ein seltener inniger Ton im späten Mittelalter, das eigentlich dieses trauernde Dazwischen nicht kennt: »Der kirchliche Gedanke des späten Mittelalters kennt nur die beiden Extreme: die Klage über die Vergänglichkeit, über das Ende von Macht, Ehre und Genuss, über den Verfall der Schönheit; und den Jubel über die gerettete Seele in ihrer Seligkeit. Alles, was dazwischen liegt, bleibt unausgesprochen. In der bis ins letzte ausgestalteten Darstellung des Totentanzes und des grausigen Gerippes versteinert die lebendige Empfindung.«[111]

Man könnte den Eindruck haben, dass die gegenwärtige emotionale Aufladung des Trauerprozesses das »Dazwischen« endlich neu besetzt und freigibt. Wäre da nicht der Verdacht, dass diese Trauerlücke – kaum ist sie eröffnet – schon zur standardisierten, kontrollierten und zertifizierten Bearbeitung freigegeben ist.

Der Suizid des deutschen Nationaltorwarts Robert Enke im Jahr 2009 hat eine geradezu massenhaft zu nennende Trauerstimmung ausgelöst. Bundestrainer und Teammanager sprachen mit tränenerstickter Stimme im Fernsehen, Länderspiele wurden ausgesetzt, Zehntausende von Fans pilgerten ins Stadion, um Robert Enke die letzte Ehre zu erweisen. Der Unfalltod von Lady Di löste – so behaupten Wissenschaftler in England – die größte Trauerbewegung aus, die es jemals in Großbritannien gegeben hatte. Die Show, die zur Beerdigung des Popstars Michael Jackson weltweit ausgestrahlt wurde, schlug alle Rekorde. Sicher scheint darin auch ein Stück medialer Inszenierung durch. Aber vielleicht zugleich die Sehnsucht der Menschen, die deutlich empfundene Vereinsamung durch ein großes kollektives Gefühl aufzuheben. Vielleicht darf man hier tatsächlich einmal von der Wiederkehr des Verdrängten sprechen?

Die Modernisierung der Trauer hat vergessen lassen, dass Trauer traditionell ein gemeinschaftlicher Akt war, keine private Angelegenheit. Dass sie zudem den Lebenden *und* den Toten galt. Moderne Trauerbegleitung hat den Hinterbliebenen etwas zu bieten, nicht aber den Toten. Das hat natürlich auch damit zu tun, dass wir »ahnenlos« geworden sind. Die Toten sind – anders als früher – nicht mehr gegenwärtig, sie sind weg, sind ein Nichts. Deswegen muss für sie auch nichts mehr getan werden.

Will man darüber nachdenken, wie man die Trauer wieder in unseren Alltag zurückholen kann, wie sie tatsächlich wieder einen Bezug zu dem Verstorbenen haben und vor der Professionalisierung in Sicherheit gebracht werden kann, dann wird man sie in der persönlichen Tat wiedererwecken müssen. Wie das der ehemalige Hospizleiter Thile Kerkovius beschreibt: »Ich habe meine Mutter sterbend in ihrer Wohnung gefunden, sie hatte wahrscheinlich einen schweren Gehirnschlag oder etwas Ähnliches und lag in der Küche. Wir haben dann nicht den Notarzt gerufen. Da hatten wir eine Beratung von der Ärztin, die auch im Hospiz tätig war und das mitgegründet hat. Wir haben sie in ihr Bett gelegt und waren dabei, als sie gestorben ist an dem Abend. Ich war dann noch die ganze Nacht bei ihr, hab die Totenwache gemacht. Und dann haben wir das so gestaltet, wie wir das für richtig empfunden haben. Erst mal ist sie für eineinhalb Tage in der Wohnung geblieben. Dann ist sie auf den Friedhof in die Leichenhalle gekommen, und dann wäre der normale Ablauf bei uns gewesen, dass man in dieser Leichenhalle den Gottesdienst macht. Das haben wir aber nicht gemacht, sondern wir sind mit ihr in den Nachbarort in die Kirche gefahren, wo wir immer waren. Und haben da den Gottesdienst gemacht, und da haben wir selbst gesungen, aus der orthodoxen Liturgie. Weil sie dazu einen Bezug hatte.

Und der Pfarrer hat sie auch gekannt und hat über ihr Leben und wie er sie erlebt hat, gesprochen und nicht irgendwie etwas Konstruiertes, Fremdes.

Dann sind wir zurück zum Friedhof, und dann haben wir selbst, mein Bruder, mein Schwager, mein ältester Sohn und ich, wir haben den Sarg getragen und haben den selbst auch runtergelassen. Und das nicht irgendwelchen Friedhofsbediensteten überlassen. Und ich habe gemerkt, das war ganz wichtig, dass wir selbst aktiv geworden sind. Wir haben uns überlegt, das so zu gestalten, wie es ihr auch entsprach. Dass wir dabei aktiv werden konnten und nicht in der Erstarrung einen anonymen Ablauf zugelassen haben.

Also, es ist so, du musst dich da selbst rühren. Man muss da aktiv werden. Das ist wahr. Man muss denen sagen, ich möchte das so und so haben. Und dann ist das aber, würde ich sagen, in der Regel kein Problem. Nur da rechnen die gar nicht mehr mit, weil eigentlich die Leute von den Bestattungsinstituten schon so erzogen sind, dass da Leute kommen und sagen: Macht ihr. Ich gebe alles in eure Hände.«

Diese Erzählung ist bemerkenswert, weil sie den sinnlichen und unmittelbaren Umgang mit der Sterbenden, der Toten als ein wichtiges Moment des Trauerns hervorhebt. Der Normalfall ist ja, dass die gerade Verstorbenen möglichst schnell von der Bestattungsfirma abgeholt werden. Die Dienstleister »kümmern sich um alles« und verhindern so, dass die Hinterbliebenen buchstäblich »begreifen«, was passiert ist und was sie für sich und andere noch tun können.

Man kann auf die professionelle Trauerbegleitung natürlich auch noch einen anderen Blick werfen. Sie ist vielleicht die notwendige Prothese in einer Gesellschaft, die den Einzelnen nicht mehr aufhebt in kollektiven Trauerritualen, die das Individuum immer mehr in seiner Individualität im Stich lässt. Diese moderne Verlassenheit kann ohne Experten vielleicht gar nicht mehr bewältigt werden, weil den Menschen ja auch alle Hoffnung, die auf ein Jenseits, ein Danach gerichtet ist, abhandenkommt.

Noch einmal Thile Kerkovius: »Der individuelle Schrecken war in so einem kollektiven Ritus ein Stück weit aufgehoben. Brauchen wir jetzt Experten für dieses Thema, die sich damit beschäftigen? Dann sagen die Trauerexperten: Ja, das brauchen wir. Wir haben uns viel zu wenig um die Leute, die diese Verluste verkraften müssen, gekümmert, und da müssen wir uns jetzt drum kümmern. Für mich gibt es immer diese zwei Begriffe: Was ist ein Hilfsbedürftiger? Was ist ein pathologischer Trauerprozess und was ist nicht pathologisch? So die beiden Pole, Bewegung und Erstarrung. Erstarrung ist irgendwie pathologisch, hilfsbedürftig oder so. Und ›gesunder Trauerprozess‹ ist wahrscheinlich da, wenn Bewegung da ist. Wahrscheinlich aber treffen wir heute tatsächlich häufiger auf Erstarrung, weil die Trauer so radikal individualisiert ist. Das Ereignis ist nicht mehr in größeren Zusammenhängen aufgehoben, und dann gibt es so etwas wie Schockstarre. Die dann natürlich auch schnell nach der Experteninterventionruft.«

Es scheint so, als wenn viele Menschen heute das Gefühl hätten, gar nicht trauern zu können. Ohne Gefühle stehen sie am Grab der Eltern, wenn es das noch gibt. Manchmal trifft der Verlust eines Freundes, einer Freundin tiefer als der Verlust der Eltern. Eine Trauer-Taubheit hat sich bei vielen breitgemacht, und sie erschrecken darüber. Man kann dafür verschiedene Ursachen vermuten. Bei den Älteren, die den Schatten des Faschismus auf sich gespürt haben, ist dieser Schatten vielleicht für manche Taubheit verantwortlich. Sie kommen ja aus einer Lebenswelt, in der Trauer verboten war – oder war sie in den Familien der Gefallenen so häufig, dass diese Allgegenwart des Todes zu einer allgemeinen Abstumpfung führte? Millionen Ermordete, Getötete, Gefallene – haben sie den Grund gelegt für eine Unfähigkeit zu trauern, die bis heute reicht?

Die Väter der Kriegskinder haben nicht geweint, außer Zorn und Wut waren keine Gemütsregungen erkennbar, den Ausbrüchen folgte ein gewalttätiges Schweigen. Weihnachten ein bisschen Sentimentalität, und dann wurde der Eisenmantel wieder geschlossen. Basta. Frauen wurde das Weinen zugestanden, aber es war allen eher peinlich. Die Mütter dieser Generation wagten es nicht, zärtlich zu ihren Kindern zu sein, wenn sie denn überhaupt dazu imstande waren. In manchen Familien, in denen Söhne, Kinder noch fast, im Krieg fielen, zog eine Starre ein, die kaum Trauer heißen konnte. Einmal lautes Schluchzen und dann Vereisung.

Diese Eisenmänner: Sie haben nicht getrauert, man konnte als Kind nicht um sie trauern, als sie starben, und sie, die Väter und die Söhne, haben über die Trauer und die Trauerlosigkeit nicht sprechen können – die ja doch irgendwo gewesen sein muss. »Die Väter haben saure Trauben gegessen, und den Kindern sind die Zähne stumpf geworden«, heißt es in der Bibel.

Die Trauer – oder besser: die Unfähigkeit zur Trauer – ist bei den vielen, die nicht mehr im Schatten des Faschismus aufgewachsen sind, etwas ganz anderes. Der alles überwuchernde Narzissmus, der viele kennzeichnet, der sich verbindet mit einer fundamentalen Erfahrung des Alleinseins, des Nichtgeliebtwerdens, führt offenbar zu einer Verbarrikadierung des Ich, das sich der Trauer über den Verlust eines geliebten Wesens gar nicht mehr öffnen kann. Der Single, der *vor allem* ein Single ist, dem das DU abhandengekommen ist, dieser Single wird, wenn er Verlust erfährt, zuerst sich selbst bedauern. Wenn ein eher schaler Narzissmus zur Signatur der Gegenwart zählt, dann kann man sich über das Verschwinden der Fähigkeit zur Trauer gar nicht mehr wundern, denn Narziss sieht bekanntlich nur sich selbst, sein Spiegelbild. Vielleicht ist das das Geheimnis der Trauertherapie: Dass viele dort hingehen, weil sie hoffen, in der therapeutischen Situation überhaupt Anschluss an ihre vereisten Gefühle zu bekommen? Ist die Trauerarbeit vielleicht nicht die Bearbeitung der Trauer, sondern die Suche nach der vermissten unauffindbaren Traurigkeit? Der Psychologe Karlfried Graf Dürckheim hat daran erinnert, dass es nicht darum geht, die Trauer zum Verschwinden zu bringen, sondern sie als eine Möglichkeit zur Menschwerdung zu begreifen: »Mündig ist nicht, wer glaubt, Angst, Traurigkeit und Verzweiflung überwinden zu können, sondern wer sie zu durchleuchten vermag und daran wächst.«[112]

7. Kapitel

Warum ist das Sterben in Pflegeheimen in Verruf?

»Ich habe das Gefühl, dass mit jedem Tag, den man älter wird, die körperliche und geistige Kraft, Dinge zu akzeptieren, abnimmt. Sie kann nicht zunehmen. Ich habe Bekannte, die melden sich schon jetzt an fürs Altenheim. Schon das Wort Heim ist so entsetzlich. Ich gehe in kein Heim. Ich habe schon Kinderheime gehasst. Aber wie macht man das, dass man nicht in ein Heim kommt, wenn man zum Beispiel nicht mehr bei sich ist?«

Ilse Aichinger

Sterben und Sterbebegleitung in Pflegeheimen

»Sterbebegleitung ist die zeitintensivste Begleitung. Also auch die, wo du die größte personelle Ressource brauchst. (...) Du kannst Sterbebegleitung nicht schnell machen. Und das ist so ein Grundproblem. Es gibt keine Zeitressourcen, und es gibt auch keine finanziellen Ressourcen für diesen Prozess Sterbebegleitung.« So sagt es jemand, der es wissen muss, jemand, der im Pflegeheim tätig ist. Das Problem ist offenkundig. Der Druck auf die Pflegenden im Heim ist groß, und er wächst. In immer kürzeren Zeittakten müssen sie für eine immer größere Zahl bedürftiger älterer, demenziell veränderter und sterbender Menschen sorgen. Ihre körperliche und seelische Situation fassen sie in Bildern der Erschöpfung, wie: »Man wird ausgepresst wie eine Zitrone!« Oder: »Ich komme mir vor wie ein Auto, das im Leerlauf mit Vollgas betrieben wird.«

Die Beschleunigung des Tempos ist auch eine verletzende Erfahrung für die Betroffenen. Sie brauchen Ruhe, Langsamkeit, ihre eigene Zeit. Die Industrialisierung des gesamten Versorgungssystems hat die Pflegeheime längst erreicht. Auch sie stehen unter dem Diktat der Verbetriebswirtschaftlichung, der »schwarzen Zahlen«. Um dies zu erreichen, gibt es nur wenige »Stellschrauben«, wie das im Jargon heißt.

Die Zahl der vorgeschriebenen Fachkräfte wird daher vielerorts einfach unterschritten, es wird getrickst und verschoben. Billigkräfte, schlecht ausgebildet, angelernt im Schnellverfahren, oft auch mit unzulänglichen Sprachkenntnissen, sollen die sterbenden Alten verstehen und versorgen. Für eine gute Begleitung im Sterben da sein. Wenn es vor allem ums Funktionieren geht, ist aber erfahrungsgemäß keine Zeit für Kommunikation. Anordnung und Ausführung sind das Muster für die routinemäßigen Abläufe: waschen und füttern, reinigen und abräumen.

Die Verweildauer in diesen pflegehelfenden Berufen sinkt seit Jahren. Die Bezahlung ist schlecht. Manche Träger holen sich das Personal von Leasingfirmen, schnell und schlecht ausgebildete Pflegehelferinnen. Pflegen kann ja jede Frau, heißt es manchmal spitz oder sarkastisch aus dem Mund von Politikerinnen in Deutschland. Im Stundentakt wird für Stundenlohn gearbeitet, manchmal für weniger als neun Euro brutto, Fahrtgeld muss extra bezahlt werden, die Pausenzeiten werden abgezogen – wenn überhaupt Pausen vorgesehen sind. Überstunden gelten als selbstverständlich. Es ist eine sozial geächtete Arbeit mit Menschen am Rande der Gesellschaft, stressig, körperlich anstrengend und von seelischer Erschöpfung begleitet.

Das Erschöpfungssyndrom der Pflegenden hat sich aus dem privaten, familialen Bereich in die Heime verschoben. Oft genug kommen ältere Menschen ins Heim, wenn es zu Hause nicht mehr geht. Die Angehörigen und Bezugspersonen betreuen zu Hause ja rund um die Uhr. Das ist auf die Dauer – besonders wenn man als Betreuender allein ist – eine chronische Überforderung. Kaum Nächte, in denen man durchschlafen kann. Das Gefühl von Scham und Peinlichkeit, wenn man sich mit dem demenziell veränderten Vater in die Öffentlichkeit begibt. Das Einkaufen kann zu einem Spießrutenlauf werden. Also bleibt man lieber zu Hause. Die sozialen Kontakte werden weniger. Man vermeidet sie und wird gemieden. Die ambulanten Dienste kommen immer nur punktuell, für knapp bemessene Zeit. Da kann es eine große Entlastung sein, eine rund um die Uhr präsente Hilfskraft aus Polen oder einem anderen osteuropäischen Land im Haus zu haben. Mittlerweile sind solche Dienstleisterinnen organisiert und abrufbar, wenn man sich das finanziell leisten kann. Aber wer kann das bezahlen und über welche Zeit? Die Pflege und das Sterben werden teuer. *Mutter, wann stirbst du endlich?* – so der Titel eines Bestsellers, der die Situation überforderter Töchter zum Thema macht.[113] Es ist verständlich, wenn in Überlastungssituationen nur der Ausweg ins Pflegeheim bleibt. Oft genug ist es der letzte Rettungsanker – und ihn zu ergreifen geht mit Schuldgefühlen und finanzieller Belastung einher.

Müssen wir tatsächlich damit rechnen, dass unser Lebensende von einer Kostenlawine überrollt wird? Wir haben ja gelernt, dass alle möglichen menschlichen Beziehungen vergeldlicht werden. Aber wieso sollte das Lebensende teuer werden? Dass das Sterben auf der Intensivstation und im Krankenhaus kostenträchtig ist, das weiß man. Da gilt wohl der Satz des amerikanischen Kardiologen Bernard Lown nicht nur für die USA, sondern auch für Europa: »Ironischerweise stellt der Tod den lukrativsten Teil im Krankenversorgungsgeschäft dar, und die Kosten des Lebensendes sind unverhältnismäßig hoch (…). Der letzte Lebensmonat verschlingt 40 Prozent der Zahlungen, die im Durchschnitt für einen Patienten während seines letzten Lebensjahres aufgebracht werden.«[114]

Aber im Pflegeheim? Auch hier nehmen die Kosten zu, und die Beteiligungen, die von den Angehörigen erwartet und gefordert werden, werden immer höher.

Befragte Pflegepersonen, Seelsorgerinnen, Heimleitungen, die Mitglieder der Heimaufsicht, die ehrenamtlichen Hospizler – sie alle klagen über wachsenden zeitlichen Druck bei der Arbeit im Pflegeheim.

»Ich glaube aber eher, dass der Druck im Markt erheblich zunehmen wird und es deshalb neue Formen von Fusionen geben wird und von kostensparenden weiteren Effekten. Möglicherweise auch weiteres Outsourcing«, sagt eine leitende Pflegekraft.

Im Grunde lässt der knappe Personalschlüssel einen Extraaufwand für die Begleitung Sterbender gar nicht zu: Nur wenn mehr Personal zur Verfügung stünde, wäre das, was als »Sterben in Würde« bezeichnet wird, denkbar. Es gibt eine erklärte Bereitschaft vieler Mitarbeiterinnen und Mitarbeiter, sich der Begleitung Sterbender zu widmen, aber die alltägliche Arbeitslast gibt das kaum her.

Man darf sich ja ohnehin die »klassische« Sterbesituation – allmählich verlischt das Lebenslicht eines Pflegebedürftigen, der die letzten Lebensjahre in seinem Heim verbracht hat – nur als Ausnahmesituation vorstellen. Aber es gibt sie:

»Er hatte eine bestimmte Lieblings-CD, die haben wir leise spielen lassen, dann haben wir eine Kerze angemacht. Die Angehörigen waren alle da und saßen ums Bett herum. Ich glaube, er fühlte sich sehr wohl dabei. Ich habe die Angehörigen regelmäßig gefragt, ob ich ihnen was bringen kann, denn manchmal brauchen die Angehörigen mehr Unterstützung als die Sterbenden. Es hat sich dann noch mal zwei, drei Stunden hingezogen, und sie haben mit ihm geredet und haben ihn die ganze Zeit gestreichelt (...). Es war ein richtiges Bilderbuch-Abschiednehmen«, erzählt eine Altenpflegerin.

Häufig sieht das Abschiednehmen anders aus – schon weil die Verweildauer im Heim oft so kurz geworden ist, dass die Helfenden kaum Gelegenheit haben, einen Menschen so kennenzulernen, dass man etwas über seine Gewohnheiten, seine Wünsche, seine Biographie, seine Angehörigen wüsste. Denn Pflegeheime sind Sterbeheime geworden in Deutschland, in Mitteleuropa. Die alten Menschen kommen immer kränker, verwirrter, ja bisweilen sterbend ins Pflegeheim. Eine Pflegedienstleistung beschreibt das drastisch so: »Die Angehörigen sind noch dabei, das Zimmer einzurichten und die Bilder aufzuhängen, da stirbt die Mutter hinter ihrem Rücken.«

Die Fachleute sprechen von einer »hohen Sterbekonzentration« in den Pflegeheimen: »(...) weil wir ja bis zu sechzig Sterbefälle im Jahr haben. Und als wir das Heim angefangen haben vor sechzehn Jahren, war das vielleicht bei zwanzig oder fünfundzwanzig im Jahr. Das ist für uns ja auch eine sehr viel höhere Belastung, weil damit auch immer verbunden ist: Es kommt wieder ein neuer Mensch. Das ist immer verabschieden. Es soll möglichst schnell wieder belegt werden, weil das vom Finanzrahmen in jedem Heim ... Das ist einfach so. Dann kommt der Neue und die Mitarbeiter sagen dann: Das ist so ein Druck, sie können gar keine Luft holen, sie müssen sich schon wieder auf den Neuen einstellen. Und je öfter das ist, desto mehr Unruhe gibt es und umso belastender ist es auch«, beobachtet eine Pflegeexpertin.

Sterbebegleitung – darunter wird meistens das verstanden, was über die medizinische und pflegerische Versorgung hinausgeht: Die Einführung kleiner Rituale (Kerze, Musik, Düfte), aber vor allem die Gegenwart begleitender Menschen – das sind Angehörige, Hospizhelferinnen oder Pflegende.

Für die spirituelle und psychosoziale Begleitung wünschen sich die Praktiker der Pflege mehr Zeit und mehr Ausbildung. Man kann nicht übersehen, dass es da bisweilen Konkurrenzen gibt: zwischen professionell Pflegenden und ehrenamtlichen Hospizlern, zwischen Krankenhauspersonal und Altenpflegern. Krankenschwestern scheinen sich den Altenpflegern und -pflegerinnen nicht selten überlegen zu fühlen. »Leute, die eine krankenpflegerische Ausbildung haben, empfinden diese Ausbildung als mehrwertig gegenüber der altenpflegerischen Ausbildung und lassen das die Leute auch teilweise spüren. Und wenn man sich die Bezahlung von Pflegeberufen anschaut (…), dann bist du ja als Altenpfleger ziemlich am Ende«, sagt eine Altenpflegerin.

Selbstverständlich ist die Frage, wann ein Bewohner ein »Sterbender« ist, nicht immer klar zu beantworten, gleichwohl ist diese Frage elementar für die Sterbebegleitung. Man kann dies besonders drastisch in den USA sehen. Hier stirbt ein Drittel der Menschen auf Intensivstationen. Diese hohe Zahl lässt sich nur mit der Finanzierung erklären. »Mit einem Intensivpatienten kann das Krankenhaus zehnmal so viel Geld verdienen wie mit einem Patienten auf Normalstation, also bringt man Sterbende auf die Intensivstation – das ist eine Form der ›langsamen Euthanasie‹«, meint der erfahrene Palliativmediziner Stein Husebø aus Norwegen, der sich in der internationalen Situation auskennt. Und weil das Personal knapp ist, werden technische, statt menschlich-soziale Lösungen gesucht. Palliativmediziner Stein Husebø erklärt: »Auch hier kann man zunächst die Dimensionen des Problems in Zahlen illustrieren. In den USA haben mittlerweile 25 Prozent der Menschen mit Demenz eine Sondenernährung, und in Österreich und Deutschland sind es etwa um die 20 Prozent. In Norwegen haben wir nur 1 Prozent der Menschen mit Demenz, die eine PEG-Sonde haben.

Eine Ursache besteht darin, dass nicht akzeptiert wird, dass die Zurücknahme von Nahrung und die Weigerung, Mengen von Flüssigkeit aufzunehmen, bei vielen hochbetagten Menschen ein Signal des beginnenden Sterbens ist. Reflexhaft reagiert wird aber mit dem Impuls: Wir können unsere Mutter doch nicht verhungern lassen. Es ist immer dasselbe. Es braucht Gespräche mit den Angehörigen, in denen über das Sterben, den Tod und das Abschiednehmen gesprochen wird und über die Hoffnung, die noch in den letzten Tagen liegt.

Aufgrund zahlreicher aktueller Studien muss man zu der Ansicht kommen, dass es keine Hinweise darauf gibt, dass intravenöse Infusionstherapie bei Sterbenden – die nicht länger Getränke oder Nahrung zu sich nehmen können/wollen – den Durst lindern und die Lebensqualität des Kranken verbessern. Infusion oder Sonde können, im Gegenteil, die Probleme des Patienten vergrößern, indem sie zu erhöhter Sekretproduktion, Herzversagen mit nachfolgendem Lungenödem und peripheren Ödemen beitragen. Zur Kontrolle der Bilanz bedarf der Patient eines zusätzlichen Blasenkatheters.

Unsere Erfahrungen legen die Vermutung nahe, dass das Sterben durch diese Maßnahmen auf eine unnatürliche Weise verlängert wird. Die Atmung durch den geöffneten Mund ist die Hauptursache für den Durst eines sterbenden Patienten, da dieses zu trockenen Lippen, trockenem Mund und Rachen führt. Durch den geschwächten Allgemeinzustand und vorausgegangene Therapien (Strahlenbehandlung, Chemotherapie) ist häufig die Immunabwehr reduziert; dieses kann zu schmerzhaften Pilzinfektionen in Mund und Rachen führen. Ein Anfeuchten von Lippen, Mund und Rachen sowie die Behandlung von lokalen Infektionen lindert

Durst und andere Beschwerden mehr als jede andere Maßnahme.

Diese Patienten brauchen eine adäquate und effektive Linderung ihrer belastenden Symptome, gute Pflege und Fürsorge. Und mit den Angehörigen muss gesprochen werden. Oft fehlt ihnen einfach die Information. Es ist beklemmend zu beobachten, wie viel wir für einen Sterbenden tun, wovon er keinen Nutzen hat, und wie wenig wir hingegen von dem tun, was wirklich hilft.«

Informationsmangel, das Fehlen einer verstehenden Kommunikation, wenig Einfühlung in die Situation aller Beteiligten – das sind die Defizite. Aus ihnen resultiert eine schlechte Gesamtversorgung der Sterbenden. Denn jeder Mensch hat ein individuelles Gesicht und ein einzigartiges Schicksal. Deshalb ist Sterbebegleitung nicht normierbar: So spielen individuelle Aspekte eine spezielle Rolle, die einen besonderen, personenzentrierten Umgang erfordern.

Eigentlich Common Sense, sollte man meinen. In der Philosophie der Hospizarbeit und von Palliative Care galt es als selbstverständlich, dass das Wissen um eine angemessene und kompetente Sterbebegleitung in alle Fächer, in alle Ausbildungen und in den Alltag aller Berufsgruppen zu integrieren ist. Es kann nicht Aufgabe eines Faches allein sein, sich um Sterbende zu kümmern.

Leider haben wir Fehlentwicklungen zu registrieren. Die Konzentration der internationalen Palliativmedizin auf tumorerkrankte Menschen – in Deutschland sterben etwa fünfundzwanzig Prozent der Menschen an Krebs – hat praktisch bis heute den Blick verstellt für die Bedürftigkeit der älteren Menschen, die oft genug an verschiedenen Erkrankungen leiden, die sich wechselseitig beeinflussen und zu einer Abwärtsentwicklung führen.

Die Palliativmedizin in Deutschland entwickelte sich in Forschung, Lehre und Praxis in erster Linie an Krankenhäusern und Universitätskliniken. Unterstützt wurde sie nachhaltig von der Deutschen Krebshilfe sowie von jenen Pharmaunternehmen, die Schmerzmittel vertreiben. Damit entwickelte sich ein Muster, das Sterben gleichsetzt mit (Tumor-)Schmerz, und daraus wird die Medikamentierung abgeleitet. Bis heute dominiert diese onkologische Monopolisierung. In den einschlägigen Lehr- und Handbüchern der Palliativmedizin herrscht eine aus der Tumortherapie stammende Schwerpunktsetzung in der Beschreibung der Symptome am Lebensende und ihrer medizinischen Behandlungsformen vor.

Vor diesem Hintergrund setzt die Diskussion um Palliative Care im Alter hierzulande ein. Es gerät in Vergessenheit, dass die Sorge um sterbende alte Menschen eigentlich nicht kurzerhand an Experten und Expertinnen abgegeben werden kann – sondern in das Umfeld des Betroffenen gehört. Auch wenn immer mehr alte Menschen vereinsamt und familienlos leben: Kann die Sorgeaufgabe nur mit der Herausbildung einer neuen Versorgungsspezialität beantwortet werden? Tatsächlich entsteht gerade ein neues medizinisches Spezialfach, die Palliative Geriatrie, in der die Zuständigkeit für eine soziale Herausforderung an medizinische Spezialistinnen und Spezialisten delegiert wird – ein weiterer Schritt in die Medikalisierung des Lebensendes.

Schöne neue Pflegewelt

Im US-amerikanischen Kontext standen ältere Menschen am Lebensende schon relativ früh im Lichte der Versorgungsaufmerksamkeit. Seit 1983 besteht die Möglichkeit, *hospice care* als Leistung der staatlichen Versicherung Medicare, die für Menschen ab fünfundsechzig Jahren zuständig ist, abzurechnen. Im Zuge dieser Regelung haben zahlreiche häusliche Pflegedienste sowie Pflegeheime *hospice care* in ihr Angebot aufgenommen. Gegenwärtig finanziert Medicare etwa achtzig Prozent aller Personen, die *hospice care* in Anspruch nehmen. Die Integration von Hospizarbeit und Palliative Care in Pflegeheimen erfolgt auf Basis von Kooperationsverträgen zwischen den Pflegeheimen und Hospizdiensten, dies ist mittlerweile bei fast drei Viertel aller Pflegeheime der Fall.

In Großbritannien stellte man schon in den 90er Jahren erhebliche Versorgungsmängel in stationären Altenpflegeeinrichtungen fest. Hospize als Alternative blühten auf, aber die Defizite in den Pflegeheimen wurden dadurch umso offensichtlicher. Was tun? Man will in den Pflegeheimen ähnliche Qualitätsstandards erreichen wie in Hospizen. Aber das ist ein langer und weiter Weg, ist natürlich auch eine Kostenfrage und damit eine Frage der Verteilung von öffentlichen Geldern. Welche Bereitschaft lässt sich in Politik und Öffentlichkeit finden, in Menschen zu »investieren«, die nichts mehr beitragen zur Steigerung der Handelsbilanz und des Bruttoinlandprodukts?

Das gilt fast überall in der industrialisierten Welt: Gewaltige Ausgaben für Rüstung stehen einer kläglichen Versorgung für Menschen am Lebensende gegenüber. Die finanzielle Versorgung von alten Menschen in Europa verschlechtert sich sichtlich – über Rettungsschirme für die Alten wird nicht gesprochen, von den Sterbenden ganz zu schweigen. Mit nur einem Bruchteil der Gelder, die in die Sanierung der Finanzmärkte geschossen wurden, ließe sich die finanzielle Versorgung der Alten in Europa deutlich verbessern.

Stattdessen werden immer mehr Energien darauf verwendet, die Personal- und Geldknappheit durch Automatisierung zu verdecken. Forschungsanstrengungen und finanzielle Investitionen gelten dem Ambient Assisted Living (AAL). Nichts gegen technologische Innovationen, die den

Pflegealltag erleichtern. Viele Pflegende ruinieren sich den Rücken, weil sie Pflegebedürftige heben und tragen müssen. Die Hebebühne im Bad, die es erlaubt, einen Menschen ins Wasser sinken zu lassen, ist hilfreich. Aber die Waschstraße für Pflegebedürftige, die den Reinigungsvorgang vollautomatisch abwickelt – und die es in Japan schon gibt –, ist ein Schritt in die personal- und kostensparende Inhumanität. Man kann auch den Haushalt der vielen alleinlebenden Menschen so aufrüsten, dass die Abwesenheit von helfenden Menschen gar nicht mehr auffällt. Eine Fernbedienung für die Jalousien, die Heizung, den Kaffeeautomaten, die Mikrowelle. Das WC, in dem die Ausscheidungen automatisch auf die »Werte« (Diabetes, Cholesterin etc.) geprüft werden, die dann elektronisch an die medizinisch-pflegerische Einsatzzentrale gemeldet werden – das ist alles keine Zukunftsmusik mehr. Ist das Hilfe oder Horror? Es gibt das Bett, das elektronisch kontrolliert und alarmiert, wenn ein Mensch mit Demenz aufgestanden ist und vielleicht umherirrt: Sorge oder Überwachung? Und die in Japan erfundene Robbe Paro erfreut sich in deutschen Pflegeheimen zunehmender Beliebtheit. Die Plüschrobbe, die freudig quiekt, wenn sie gestreichelt wird, und knurrt, wenn sie geschlagen wird, wird Pflegebedürftigen in die Arme gedrückt, um so darüber hinwegzutäuschen, dass kein Mensch Zeit hat, sich dem verwirrten einsamen Menschen zuzuwenden. Für Paro gibt es auch Leasingangebote …

Ja, diese automatisierende Modernisierung der Pflege hat Zukunft. Ob im Heim oder zu Hause – man kann sich eine pflegerische Vollautomatisierung vorstellen. Die Schwester, die wegen Überlastung selbst nicht kommen kann, erscheint auf einem Riesenbildschirm an der Wand und spricht zuwendende Worte, reagiert auf Knopfdruck sofort und ist mit liebenswürdigem Lächeln da – auch das gibt es schon. Die Bestandteile für eine perfekte Automatisierung der Pflege müssen nur noch zusammengeführt werden. Die Versorgung mit Essen und Trinken – kein Problem. Die Reinigung? Sowieso nicht. Die medizinische Überwachung? Ein Selbstgänger. Die psychosoziale Versorgung? Hunderte von TV-Unterhaltungsprogrammen sind leicht zu ergänzen durch eine Gesprächssoftware, die routiniert auf Fragen und Klagen eingeht. Ebenso wie Fabrikhallen heute ohne Menschen funktionieren können, darf man sich auch Pflegeheime (und Privatwohnungen von Pflegebedürftigen) vorstellen, die ohne Menschen auskommen. Es wird nicht schwierig sein, eine AAL-Welt zu konstruieren, die sich auch noch als human und fortschrittlich etikettiert. In »demenzgerecht« designten Heimen leuchten an einem regnerischen Tag die Lampen nicht so stark, vor dem Schlafengehen werden sie gedimmt. Morgens strahlt bläuliches Licht durchs Haus. Es macht die Bewohner aktiv; neigt sich der Tag, wird der Rotanteil gesteigert, die Lux-Zahl verringert, so dass die Heimbewohner den Abend fühlen und müde werden.[115] Werden nicht Hühner in Legebatterien auch mit simuliertem Licht gehalten? Lebt nicht auch die Truman Show in dem großartigen gleichnamigen Spielfilm von Peter Weir von der Konstruktion einer vollständig fiktiven Welt? In der Truman Show wird ein Mensch in einer vollständig konstruierten Welt als Objekt einer Medienshow gehalten wie ein Tier.

Die Herausforderungen einer guten Sterbebegleitung

Humanisierung der Sorge im Alter bedeutet zunächst, dass über die klassische Verwahrpflege »sauber, sicher und satt« nachzudenken ist. Es hilft auch wenig, die Situation zu beschönigen und die Kehrseite des Alters, die Fragilität und den sicheren Tod, zu umschweigen oder umzudeuten. Das

Alter kann eine Chance zu Lebenswachstum und spiritueller Reife sein, aber das Alter konfrontiert immer auch mit Sterben, Verfall, Auflösung, Tod und Trauer. Natürlich ist das schwer zu akzeptieren. Das wurde über viele Jahre sozial und wissenschaftlich ausgeblendet. Und lange Zeit hat die Alterswissenschaft in Deutschland ein vor allem »positives« Bild in den Vordergrund geschoben. »Defizittheorien« wurden abgelehnt, es wurde vom »erfolgreichen Altern«, »vom produktiven Alter« und von der »späten Freiheit« gesprochen. Erst in den neunziger Jahren wurde der Zusammenhang von Altern und Sterben wieder besprechbar. Es gibt aber noch immer einen Reflexionsstau, einen Rückstand in der Entwicklung und Bearbeitung des Zusammenhangs von Altern und Sterben. Zwei Entscheidungen sind es, die jetzt und künftig für einen guten und menschenwürdigen Umgang mit sterbenden älteren Menschen im Pflegeheim berücksichtigt werden müssen:

Zum einen: Frauen und Männer in Pflegeheimen sterben heute länger. Der Sterbeprozess zerdehnt sich, auch wenn etwa ein Drittel der Personen in den ersten Monaten, die sie im Pflegeheim verbringen, versterben. Denn nur etwa neun Prozent der Menschen, die in Pflegeheimen sterben, sterben aufgrund einer todbringenden Erkrankung. Die Regelsituation (etwa bei der Hälfte aller Bewohner und Bewohnerinnen) ist ein allmähliches Sterben nach einem längeren Prozess des körperlichen Abbaus.

Zum anderen: Immer noch sterben zu viele »ehemalige« Pflegeheimbewohnerinnen und -bewohner in Krankenhäusern. Vermutlich handelt es sich um ein Drittel der Pflegebedürftigen. Wir haben in Deutschland keine genauen Zahlen, es ist aber klar, dass es eine verbreitete Praxis gibt, »zum Sterben« ins Krankenhaus zu überweisen, manchmal sogar gegen den expliziten Willen der Heimbewohnerinnen und -bewohner. (Während die Krankenhäuser offenbar zunehmend Sterbenskranke in Hospize, in Pflegeheime und in die Kurzzeitpflege schicken: ein neue Überweisungspraxis am Lebensende entwickelt sich.)

Warum passiert das? Die ärztliche Versorgung in den Heimen beruht immer noch auf dem Hausarztprinzip (so etwa in Deutschland, in der Schweiz, in Luxemburg und in Österreich außerhalb Wiens). Hausärzte sind auf die Versorgung Sterbender in der Regel schlecht vorbereitet, wenig kompetent und nicht selten sozial und finanziell desinteressiert. Auch wenn dieses Hausarzt-Modell durch neue Finanzierungen (Spezialisierte Ambulante Palliativversorgung – SAPV) verbessert worden ist, gibt es zu wenig kompetente und kontinuierliche Pflegeheimmedizin. Komplikationen, die oft genug vorhersehbar wären, werden daher nicht rechtzeitig erkannt. Schlecht ausgebildete Pflege(hilfs)kräfte, die natürlich kaum verantwortlich handeln können und dürfen, wenden sich in ihrer Not, Überforderung und Verzweiflung an die Notfall- und Rettungsmedizin. Diese tut, was ihr Auftrag ist: Leben retten. Eine Sterbesituation erkennen, hospizlich-palliativ handeln und eine sinnlose Krankenhauseinweisung vermeiden – das ist eigentlich nicht drin. So ist etwa auch der Krankenwagen ein neuer Sterbeort in Deutschland geworden.

Solche Situationen sind in jedem deutschen Pflegeheim bekannt. Viele leiden darunter. Natürlich kann der Krankenwagen in bestimmten Situationen eine Lösung sein. Aber er kann auch ein Symbol für das Scheitern des Anspruchs sein, Menschen individuell und würdig zu begleiten.

Das ist ein hoher Anspruch an eine gute Sterbebegleitung. Mittlerweile gibt es viel Wissen darüber, wie sie eigentlich sein müsste – medizinisch, pflegerisch, psychosozial. Im Grunde müssten in den Pflegeheimen die besten Leute tätig sein, stattdessen erleben wir einen kognitiven und fachlichen Reduktionismus. Unter dem Druck zunehmender ökonomischer und personeller Knappheit verschlechtert sich die Lage. Wir können schon jetzt vermuten, dass in zwanzig Jahren fast alle Pflegeheimbewohner dement sein dürften. Wie soll das eigentlich gehen – wenn man sich eine weiter gealterte Bevölkerung, weniger Personal und noch weniger Geld vorstellt?

Pflegeheimbewohnerinnen haben heute meist keine (Ehe-) Partner mehr. Sie sind alleine, erleben sich als »übrig geblieben«, haben oft die Pflege ihrer Partner geleistet und bleiben nun alleine zurück. Ihre sozialen Kontakte schrumpfen in dem Maße, wie sich ihr Gesamtzustand verschlechtert. Und vor allem: Sterben im Pflegeheim ist heute weitgehend ein Sterben von Menschen mit demenziellen Veränderungen.

Der erfahrene Schweizer Palliativmediziner und Geriater Roland Kunz nennt drei Herausforderungen für den Umgang mit demenziell veränderten Menschen im Heim: Schmerzerfassung und -therapie, Ernährung sowie Entscheidungen am Lebensende. Menschen mit demenziellen Veränderungen, die nach kurzer Zeit im Heim sterben, sind in der letzten Lebensphase besonders schwer zu versorgen. Warum? Gute Sorge, gute Sterbebegleitung braucht eine Ahnung, braucht Kenntnis, wer das ist, mit dem ich es als Pflegender zu tun habe. Es reicht nicht, das Stammdatenblatt ausgefüllt und die offenen Felder in der Dokumentation angekreuzt zu haben. Wie kann man unter den erschwerten Bedingungen einen völlig fremden Menschen noch kennenlernen, ihn noch verstehen und entlang seiner Wünsche individuell behandeln? Wer früher ins Pflegeheim aufgenommen wurde, hatte noch eine längere Lebenszeit vor sich. Heute sterben etwa 30 Prozent der »Neuaufnahmen« in den ersten zwei Monaten.

Hat der schnelle Tod auch etwas mit der Institutionalisierung zu tun? Hat er etwas mit der Fremdheit, dem Neuen zu tun? Wie und von wem wird entschieden, was zu tun und zu lassen ist? Wer weiß, was gut ist für wen? Woher wissen wir, was die Betroffenen wollen oder auch nicht?

Die kleinen, aber dramatischen ethischen Themen des Alltags haben zu tun mit den Fragen nach der Ernährung und der Verweigerung des Essens. Wie soll man die Körpersprache deuten, wenn Frau Müller beim Füttern die Lippen zusammenpresst und das Essen, das ihr mehr oder weniger gewaltsam eingeflößt wird, wieder ausspuckt? Hat sie Schmerzen? Will sie nicht mehr leben? Lehnt sie die Pflegehelferin ab? Hat der Koch schlecht gekocht? Weiß sie nicht mehr, was essen ist?

Wie soll man mit der großen Unruhe umgehen, die demenziell veränderte Menschen befällt und anfällt? Braucht es eine architektonische Lösung, einen Rundlauf etwa, in den die Menschen wie in eine Zirkusarena im Kreis geschickt werden, bis sie müdegelaufen in ihre Betten zurückgebracht werden können? Soll man Bushaltestellen aufbauen und sie auf eine Bank setzen, damit sie auf einen Bus warten können, der nie kommt, und sie dann zu Mittag wieder »einsammeln«? Soll man sie pharmakologisch ruhigstellen, fixieren? Wie soll man mit den Beobachtungen »Dritter« umgehen, die sich niederschlagen in Sätzen wie: »Das ist doch kein Leben mehr«, »Das hat doch keinen Sinn mehr?«, »Ist es nicht besser, dass sie stirbt?«, »Kann man ihr nicht helfen, dass es zu Ende geht?«.

Wo werden diese Fragen gestellt? Wie wird mit ihnen umgegangen? Und wer muss beteiligt werden, damit diese Fragen beantwortet, vielleicht auch nur weiter gestellt werden können? Manchmal kommt es immerhin zu sogenannten »Fall-Besprechungen«. Aber da muss man sich in Erinnerung rufen, was der Philosoph Hans-Georg Gadamer unterstrichen hat: »Gerade bei der Behandlung des chronisch Kranken und schließlich bei der Begleitung des Sterbenden werden wir immer daran erinnert, dass der Patient eine Person ist und kein ›Fall‹.«[116] In vielen Situationen dürfte es diese Erinnerung gerade nicht geben, sondern sie schwebt als unerfüllte Forderung über dem Bett des Patienten.

Und schließlich: Wie wollen wir mit diesen hilfsbedürftigen Menschen umgehen, ohne sie zu umgehen? Wie wollen wir sie behandeln, wenn sie nicht mehr handlungsfähig zu sein scheinen, wenn wir auf ihren, wie es juristisch heißt, »mutmaßlichen Willen« angewiesen sind? Und: Was ist eigentlich »behandeln«?

Wieder weist der Sprachgebrauch weit über die ärztliche Situation hinaus. Wir behandeln einander ja auch, ohne dass wir Ärzte sind. Manchmal gut, manchmal schlecht. Was tun wir dann eigentlich? Was ist damit gemeint? Offenbar besteht die Aufgabe darin, einen »richtig« zu behandeln. Heißt das, dass wir da eine Norm erfüllen oder eine Regel befolgen? Eher geht es wohl darum, dass wir den anderen richtig ansprechen, ihn nicht vergewaltigen, ihm nicht irgendetwas aufdrängen oder aufzwingen – zum Beispiel ein Maß oder eine Vorschrift. Ob es die Normierung durch die modernen medizinischen Messgeräte ist oder der Erziehungsdespotismus einer Schulbehörde oder die Autoritätswütigkeit eines Lehrers oder eines Vaters: Es gilt ja immer, den anderen in seinem Anderssein anzuerkennen. Auch im Pflegeheim. Auch im Sterben. Nur dann wird man ihn ein wenig dabei unterstützen können, seinen eigenen Weg zu finden. Behandlung enthalt immer zugleich Freigabe und – noch einmal Gadamer – »besteht nicht darin, Vorschriften zu machen oder Rezepte zu schreiben«[117]

Mehr denn je braucht es geeignete Prozeduren, also eine geregelte ethische Kommunikation, wie zum Beispiel eine Ethikberatung, Bewohnerbesprechungen, Hilfekonferenzen, »runde Tische«, so dass erforderliche Entscheidungen vorbereitet und vorgenommen und aktualisiert werden können. Und vor allem braucht es – wenn möglich – hier die Beteiligung der Betroffenen und derer, die anwaltschaftlich für sie ein- und auftreten.

Viele Menschen beschäftigt ihre mögliche Abhängigkeit im Alter, ihr Ausgeliefertsein, die Unsicherheiten, was und wer auf sie zukommen wird. Die Idee, selbst im Voraus bestimmen zu können, was (etwa bei Demenz) geschehen soll oder auch nicht, findet hohe Zustimmung. Die Autonomie ist nun einmal höchster Wert für den postmodernen Menschen. Inwieweit kann man aber Bestimmungen für Lebensumstände treffen, wenn man sich noch in einer Phase ausgeprägter Vitalität befindet? Kann man von anderen auf sich selbst schließen? Muss man Lebensformen verwerfen und für sich selbst ausschließen, für die man jetzt gar keine genaue Vorstellung entwickeln kann? Wenn ich jetzt die Patientenverfügung formuliere und unterzeichne – was weiß ich davon, wie es mir dann gehen wird, wenn ich mich in den imaginierten Situationen befinde? Kann die Autonomie, die sich in der Patientenverfügung niederschlägt, nicht auch ein Fluch sein, weil sie eine Zumutung ist? Und was ist mit der Propaganda, jede und jeder müsse eine Patientenverfügung bei sich haben wie einen Personalausweis? Wie wird diese im Zweifelsfall interpretiert? Eine wachsende Zahl von Pflegeheimen macht die Patientenverfügung schon zur Voraussetzung für die Aufnahme. Muss dieser »Zwang zur Vorsorge« nicht ersetzt werden durch die Freiheit der Mitsorge?

Eines ist klar: Gerade in den Zeiten unseres Lebens, in denen wir besonders verletzlich sind, sind wird radikal auf die Sorge anderer angewiesen. Wir brauchen dann in jedem Fall Menschen, denen wir trauen und vertrauen können, deren Wohlwollen uns umgibt. Wir müssen also unsere Autonomie in Beziehung setzen zu anderen.

Eine Veränderungsperspektive hat sich in Fachkreisen unter dem Stich- und Leitwort »Implementierung von Hospizkultur und Palliative Care in Pflegeheimen« durchgesetzt. Das hört sich jetzt nicht besonders wärmend und einfühlsam an. Der Begriff »Implementierung« ist ein technischer. Man gewinnt zunächst den Eindruck, hier geht es darum, einen anderen Umgang mit Sterbenden sozialtechnologisch, flächendeckend wie eine EDV-Verkabelung zu »montieren«. Man hat eine Idee, und die wird, wie es heutzutage heißt, »heruntergebrochen« in die Praxis. Viele Programme sind daher auch standardisiert, normiert und evaluiert, eine gewisse Optimierungspraxis. Für individuelle Aufmerksamkeiten und Unterschiede bleibt in dieser martialischen Logik wenig Platz. Welche Wege und Auswege sind sinnvoll?

Eine der Lösungen wird darin gesehen, in einem Pflegeheim zusätzliche Hospizbetten zu schaffen. So entstehen Situationen, in denen ein Haus mit ca. achtzig Betten auf einmal drei oder fünf sogenannte Hospizbetten zu belegen hat. Die Probleme stellen sich schnell ein. Nachdem etwa ein Drittel bis die Hälfte der Bewohnerinnen – manche meinen: alle – »hospizbedürftig« sind, stellt sich die Frage, wer wird hier aufgenommen, nach welchen Kriterien, und wie laufen diese Entscheidungsprozesse?

Ein anderer Weg wird mit der Inanspruchnahme von externer Expertise, von Supervision, also das Durchsprechen und Durchdenken des eigenen Arbeitsalltags mit felderfahrenen Fachleuten, beschritten. Nun wissen wir aus vielen Feldern der Gesellschaft, dass nur »starke« hilfseinsichtige Menschen Beratung beanspruchen und sich in Beratung begeben. Es braucht auch Sensibilität und Kompetenz, sich helfen zu lassen, eigene Ergänzungsbedürftigkeit zu sehen und anzuerkennen, dass andere etwas besser können. Und dann muss es »diese anderen« auch nah und flexibel und in hinreichender Präsenz geben.

Die einfachste und populärste Maßnahme besteht in der Regel im Ruf nach Weiterbildung. Allerdings: Sie muss von den Trägern gewollt und finanziert sein. Das ist die eine Seite. Die andere Seite besteht in einem anspruchsvollen Dilemma. Mitarbeiter und Mitarbeiterinnen verlassen zur »Fortbildung« den Arbeitsalltag. Sie kehren aufgeladen und angefüllt mit neuem Wissen zurück. Vor Ort aber ist alles beim Alten geblieben. Wie sieht aber eine Fortbildung (Weiterbildung) vor Ort aus? Wie wird das Wissen von einzelnen Personen wirksam in der Einrichtung, in der gesamten Organisation? Das ist eine andere Aufgabe, an der viele gängige Fortbildungsmaßnahmen scheitern und mit ihnen die fortgebildeten Personen. Denn die haben sich durch Weiterbildung weiterbewegt, wechseln auf der Suche nach besseren Bedingungen den Arbeitsplatz. Das Kernproblem, die Diskrepanz von Theorie und Praxis, wurde nicht mit den wichtigen Personen »vor Ort« bearbeitet. Aus diesen Erfahrungen ergibt sich eine weitere Einsicht: Entwicklung bedeutet immer Entwicklung von Personen und von Strukturen, Kontexten und Organisationen.

Solche Erkenntnisse führen zu Prozessen der Organisationsentwicklung in den Einrichtungen. Dieser Ansatz folgt der Einsicht, dass die Betroffenen zu beteiligen sind. Inhaltlich müssen solche Prozesse an der einfachen Frage entlanggebaut werden: Wodurch werden Menschen in unserem Haus gewürdigt, wodurch gedemütigt? Wie sehen die Bewohnerinnen selbst ihre Lage? Wodurch fühlen sie sich anerkannt und gewürdigt? Was verletzt und kränkt? Was sagen die Angehörigen dazu? Wie kann ihre Perspektive aufgenommen werden? Eine breite Beteiligung der Betroffenen also und aller Dienste und Professionen (zum Beispiel Hausärzte), aber auch der Kommune oder anderer Organisationen (zum Beispiel Krankenhäuser) ist für die nachhaltige Entwicklung erforderlich. Diese Prozesse sind aufwendig. Sie verlangen einen langen Atem, fachliche Beratung und kosten Geld. Das sind Gründe, warum zwar Modellprojekte realisiert werden, die politische und finanzielle Landschaft selbst aber nicht umgepflügt wird, sondern eher Inseln der Versorgung entstehen. Und das System bleibt, wie es ist.

Die demographische Entwicklung jedoch erfordert eine breite Diskussion um die Sorge mit und für alte und hochbetagte Menschen. Das berührt das gesamte Sozial- und Gesundheitssystem.

Indem sie den Akzent auf die Bedürfnisse der Betroffenen legen, nehmen im Konzept Hospizarbeit und Palliative Care die neuzeitliche Subjektdebatte auf, und zwar in mehrfacher Hinsicht: Die Individualisierung der Gesellschaft führt in letzter Konsequenz auch dazu, dass den Älteren eine Auseinandersetzung mit einer möglichen (oder faktischen) Pflegebedürftigkeit, ihrem Sterben und ihrem Tod nicht erspart wird – auch wenn dies derzeit weitgehend ökonomisch verengt wird und vor allem als versicherungstechnische und finanzielle Absicherung des Alters auftaucht. Sterben im Alter ist nicht allein ein Versorgungsproblem der Gesellschaft, sondern auch eine Frage nach der individuellen und kollektiven sozialen Vorsorge.[118]

Eine Reorientierung der gesamten Versorgung im Alter ist erforderlich. Erste Entwicklungen lassen erwarten, dass der gedanken- und visionslose Ausbau von stationären Kapazitäten (sprich Betten) in der Altenhilfe keine Zukunft haben wird. Flexiblere Betreuungs- und Versorgungsformen sind längst entwickelt, die näher am Bedarf jetziger und kommender Generationen orientiert sind, für die weniger Sicherheit und Stabilität für die jetzigen kriegs- und nachkriegstraumatisierten Jahrgänge 1910 bis etwa 1945 im Vordergrund stehen, sondern Autonomie und Flexibilität. Dementsprechend wird eine nachwachsende Alters- und Generationskohorte noch viel weniger, und wenn, dann noch viel später, den Einzug ins Pflegeheim vollziehen. Andere Mentalitäten und Bedarfe erzwingen andere Versorgungs- und Selbstsorgeformen. Insofern sind der Aufbau von neuen Netzwerken, eines »dritten Sozialraums« zwischen privat und öffentlich und die Neubelebung der Idee des Welfare-Mix eine der wichtigsten Zukunftsperspektiven.[119]

Die »Zukleinstfamilie« wird diese Herausforderungen nicht mehr allein schultern können. Und es liegt die Befürchtung nahe, dass sich unter der Signatur von würdigem und selbstbestimmtem Sterben in Europa legalisierte Euthanasieangebote speziell für ältere Menschen ausbreiten werden. In jedem Fall lassen sich die Erfordernisse nicht mehr im Rahmen binnenstaatlicher Einzelmaßnahmen behandeln, sie bekommen eine europaweite und letztlich globale Qualität und lassen die Frage nach einer guten Versorgung am Lebensende zu *der* sozialen, politischen und ethischen Herausforderung der industrialisierten Länder werden.

Die künftige Sterbebegleitung wird die Rahmenbedingungen des Sterbens in einer modernen, mobilen Welt ins Auge fassen müssen, in der der Sterbende leicht ins Fadenkreuz verschiedener – ökonomischer, versorgerischer – Interessen geraten kann.

Immer mehr bildet sich heute in Europa eine Technologie des Umgangs mit Sterben und Tod heraus, die wie eine Hightechvariante der *ars moriendi* (der Kunst des Sterbens) aussieht, in der alle Wünsche, die der Sterbende noch haben könnte, erfüllt werden können: Schmerztherapie auf hohem Niveau, qualitätskontrollierte Pflege und neuerdings eben auch spirituelle Versorgung. Die Standards, die die Weltgesundheitsorganisation für eine gute Versorgung am Lebensende aufgestellt hat, sind in Europa weitgehend akzeptiert, wenn auch nicht überall umgesetzt. Westeuropa ist im Blick auf palliative Versorgung verglichen mit Osteuropa aus den bekannten Gründen ebenso weiter entwickelt wie in anderen Bereichen: Dort gibt es mehr Arbeitsplätze, mehr Autobahnen, mehr Opernhäuser und eben auch mehr Palliativbetten, mehr Hospize und mehr palliativ Fortgebildete.

Auch die Modernisierung der Lebenswelt ist im Westen Europas weiter fortgeschritten als in Osteuropa. Das bedeutet zum Beispiel, dass Familienpflege und häusliches Sterben in vielen Regionen Osteuropas noch selbstverständlicher sind, auch deshalb, weil besonders in ländlichen und ärmeren Regionen überhaupt keine Alternativen zu finden sind. In Westeuropa schmilzt Familienpflege bei Sterbenden ab – der Tod in einer Institution ist normal geworden. Obwohl die Menschen sagen, dass sie zu Hause sterben möchten, enden sie immer häufiger in Einrichtungen – Krankenhäusern, Pflegeheimen, Hospizen. Es kann kaum ein Zweifel daran bestehen, dass Osteuropa dabei ist, diese Modernisierungslücke zu schließen.

Es wird nicht mehr lange dauern, und der Ausbau palliativer Strukturen in West und Ost wird in etwa den gleichen Standard erreichen. Auch weil im Zusammenhang mit der Modernisierung der Lebenswelt in Osteuropa traditionelle familiale Strukturen wegbrechen (die im bürokratischen Sozialismus schon deshalb vitaler blieben, weil sie Versorgungslücken zu überbrücken halfen).

Dieses Europa ist – jeder weiß das inzwischen – ein alternder Kontinent. Im Jahre 2050 wird jeder zehnte Europäer über achtzig sein, insgesamt ist dann mit etwa siebzig Millionen Hochaltrigen zu rechnen. Das werden dann wieder Menschen sein – um die zeitgeschichtliche Dimension noch einmal aufzunehmen –, die gänzlich andere Erfahrungen gemacht haben als die Kriegs- und die Kriegskindergeneration. Man kann sagen, dass die Bewältigung dieses großen Themas: »Wie werden siebzig Millionen Hochbetagte in Europa umsorgt?«, vermutlich die zentrale soziale Herausforderung für das entstehende neue Europa sein wird. Nicht die Wachstumsraten, sondern diese demographische Herausforderung wird über die kulturelle Zukunft Europas entscheiden.

Werden jene Stimmen lauter, die eine Entsorgung der Hochaltrigen befürworten, weil alles andere nicht bezahlbar ist und den Kontinent daran hindert, in der globalen Konkurrenz mithalten zu können? Oder werden Wege gefunden, die der abendländischen Kultur auf die Beine helfen und ihre besseren Seiten hervorkehren?

Niemand kann glauben, dass sich der Themenkomplex »Sterben und Tod in Europa« den gesamtgesellschaftlichen Strömungen entziehen kann. Wir leben europaweit heute in dem, was der Soziologe Zygmunt Baumann die »flüchtige Moderne« nennt. Gegenüber der »schweren Moderne« der vergehenden Industriegesellschaft ist die flüchtige Moderne gekennzeichnet durch die Flexibilisierung und Mobilisierung aller Lebensverhältnisse. Und diese flüchtige Moderne hat längst auf sterbende Menschen übergegriffen. Die traditionellen Milieus, in denen Sterbende mehr oder weniger gut aufgehoben waren, in denen es Tausende von Dialekten des Sterbens gab, da jeder Ort seine eigenen Riten im Umgang mit Sterben und Tod ausgebildet hatte, sie sind dabei zu verschwinden, die Familie, die Nachbarschaft, die lokale Gemeinschaft.

Stattdessen sind Sterbende zu Nomaden geworden, die oft genug von zu Hause noch in die Klinik oder ins Pflegeheim oder ins Hospiz oder wieder zurück in die Wohnung oder doch noch einmal in ein Krankenhaus gebracht werden. Nicht zuletzt ist der Tod in der dahinrasenden Ambulanz symbolischer Höhepunkt für das Sterben in der flüchtigen Moderne. Und die Sterbenden werden eben zum Adressaten von Terminal-Care-Dienstleistungen, die heute angesichts des Wegschmelzens lokaler Lebenswelten unvermeidlich sind und die deshalb so gut wie möglich sein müssen.

Aber man darf nicht vergessen, dass diese modernen Sterbenden einer Versorgung teilhaftig werden, die jeden lokalen Geschmacks beraubt ist, so dass das Sterben in Riga, London, Frankfurt oder Prag nach den gleichen WHO-Versorgungsmustern verläuft. Und sie werden noch einmal zu Konsumenten: Die Warenförmigkeit durchdringt alle Lebensdimensionen und macht die Personen selbst zu Produkten und Waren.

Die Metaphysik des Konsumierens wird zur Standardphilosophie des modernen Lebens und dringt in die letzte Lebensphase ein: Welche Dienstleistungen verbrauche ich noch? Welche Schmerzmittel sind angesagt? Welche Therapien nehme ich noch in Anspruch?

Noch einmal: An der professionellen hospizlich-palliativen Versorgung führt heute in Europa wohl kein Weg mehr vorbei. Aber eine reflektierende Hospizbewegung und eine nachdenkliche Palliativmedizin werden sich der Gefahr des normierten, womöglich qualitätskontrollierten Sterbens bewusst sein müssen. Die dringliche Aufgabe für eine gute Versorgung am Lebensende besteht für die Betroffenen, die Akteure, die Experten, die Ehrenamtlichen heute darin: die bedrohte europäische kulturelle Vielfalt gegen ihre Egalisierung zu schützen – auch am Lebensende.

8. Kapitel

Warum schaffen wir die Heime nicht ab?

»Wir leben in einer Gesellschaft, in der Alter und Krankheit evakuiert sind (...). Früher hat der Tod und die Krankheit in der Familie stattgefunden. Das ist nicht mehr so.«

Michael Haneke in einem Interview zu seinem Film »Liebe«

Wenn es uns nicht gelingt, die Gemeinschaftlichkeit wiederzubeleben, dann wird das Ende des Lebens immer mehr zu einer Angelegenheit, bei der die Schlange der Professionellen, die vor der Tür steht, länger und länger wird. Ständig werden neue Bedürfnisse der Sterbenden identifiziert, die neue Professionen gebären – so hat es der englische Wissenschaftler Allan Kellehear besorgt formuliert.[120]

Auch in anderen Teilen der Welt geschieht also schon das, was uns hier beunruhigen muss: Das Sterben wird zunehmend aus den alten sozialen Kontexten ausgelagert und in die Hände von Expertenteams abgegeben. Aber ohne ein Engagement in der Nachbarschaft, der Freundschaft, der Familie, der Kommune werden die lebendigen Wünsche der Menschen am Lebensende nicht erfüllbar sein. So sagt es Allan Kellehear. Im angelsächsischen Bereich wird deshalb von »Compassionate Cities« gesprochen, von Städten, in denen sich die Menschen mitfühlend, mitsorgend, eben compathisch in ihrem Quartier und in ihrer Nachbarschaft engagieren. In Deutschland ist das Thema aufgegriffen worden, seitdem sich Gemeinschaften ihrer Verantwortung für Menschen mit Demenz, die bei ihnen leben, bewusst werden und das Konzept der »demenzfreundlichen Kommune« vielerorts Resonanz gefunden hat.[121] Was kann – so lautet die Frage – in Kommunen geschehen, um Menschen mit Demenz und ihren Angehörigen ein besseres Leben zu ermöglichen, welche Hilfen brauchen sie, was muss in der Kommune geschehen, um sie »freundlich« zu machen für Menschen mit Demenz – und ihre Angehörigen?

Die Zahl der Menschen mit Demenz nimmt zu – und der Umgang mit ihnen wird zu einer wichtigen sozialen, politischen, ökonomischen und vor allem kulturellen Herausforderung. Das Thema »Demenz« ist in der Gesellschaft angekommen, es wird in den Medien viel häufiger diskutiert als noch vor zehn Jahren. Aber es wird sich zeigen, ob die beginnende öffentliche Debatte nur neue Formen der Versorgung hervorbringt oder ob es einen zivilgesellschaftlichen Aufbruch gibt, der aus den lokalen Lebensverhältnissen der Menschen heraus Initiativen zum Umgang mit Demenz, mit Pflegebedürftigkeit, mit sterbenden Menschen einlädt, die nicht vergeldlicht sind, sondern aus der freundschaftlichen Zuneigung zum Nächsten wachsen. Das klingt zunächst illusorisch, weil wir es gewohnt sind, auf Probleme mit neuen Dienstleistungsangeboten zu reagieren. Wir sehen aber zugleich immer klarer, dass professionelle Angebote allein meist lückenhaft, kalt und zu teuer sind.

Der Ruf nach einer Wiederbelebung der Gemeinschaftlichkeit klingt illusorisch, weil wir unseren eigenen sozialen Kräften immer weniger zutrauen: Die Profis können es ja sowieso besser, außerdem haben wir Bürgerinnen und Bürger keine Zeit, sind sowieso überlastet – und es funktioniert doch auch gar nicht. Der zivilgesellschaftliche Aufbruch scheint zu ersticken, bevor er überhaupt begonnen hat. Und nun gar Demenz, Sterben! Das gehört doch in die Hände der Fachleute!

Wie schnell das gegangen ist, dass wir die Grenzsituationen des Lebens zur Behandlung an die Dienstleistungsbranche abgegeben haben. Aber wird das immer so weitergehen? Oder lässt uns die nächste Krise der Versorgungsindustrie vielleicht hilflos und mit leeren Händen dastehen? Man stelle sich nur einen Augenblick mal vor, die Pflegeheime müssten schließen: Stünden wir vor dem Chaos oder würden wir doch feststellen, dass wir viel mehr können, als wir denken? Wie viel Pflegebedürftigkeit und Demenz könnten wir inmitten unseres Alltags ertragen?

Wir sollten uns von Zeit zu Zeit zwei Zukunftsmodelle ausmalen: Auf der einen Seite eine Gesellschaft, in der die Versorgungsapparatur vollendet und perfekt organisiert ist. Hinfälligkeit, Verwirrtheit, Sterben sind dann vollständig an Experten abgegeben. (Im Alltag unserer Städte und Kommunen kommen sie schon jetzt fast nicht mehr vor.) Auf der anderen Seite könnte man sich eine Gesellschaft vorstellen, die ihre allgegenwärtige Einsamkeit und die Verfallenheit an einen zuckrigen, konsumistischen Alltag abwirft, sich neu entdeckt, sich verlebendigt und begreift, dass die Krisen des Lebens zu uns gehören, dass wir sie nicht evakuieren dürfen – ohne den Faden zum wirklichen Leben abzuschneiden.

Schwimmen zwei junge Fische des Weges und treffen zufällig einen älteren Fisch, der in die Gegenrichtung unterwegs ist. Er nickt ihnen zu und sagt: »Morgen, Jungs. Wie ist das Wasser?« Die zwei jungen Fische schwimmen eine Weile weiter, und schließlich wirft der eine dem anderen einen Blick zu und sagt: »Was zum Teufel ist Wasser?«

Die Geschichte hat der jung verstorbene amerikanische Schriftsteller David Foster Wallace 2005 vor Absolventen des Kenyon College in den USA erzählt.[122] Die Pointe der Fischgeschichte – so sagt er – liegt darin: Die offensichtlichsten, allgegenwärtigsten und wichtigsten Tatsachen sind oft die, die am schwersten zu erkennen und zu diskutieren sind.

Mit Blick auf das Thema Alter, Demenz und Sterben trifft das mit besonderer Schärfe zu. Es scheint so, als gäbe es nur eine Antwort auf diese Thematik: die Optimierung der professionellen Versorgung, in ambulanter oder stationärer Form. Tatsächlich müssen wir – um im Bild zu bleiben – in eine Gegenrichtung schwimmen und werden uns dann vielleicht auch der Fraglichkeit des Selbstverständlichen bewusst. Wir können uns ja kaum noch vorstellen, dass die Antwort auf die neue Einsamkeit im hohen Alter anders lauten könnte als: Ausbau der ambulanten und stationären Versorgung. Dass das aber nicht gut ausgehen kann, ist eigentlich klar: zu viele Alte, zu wenig Geld. Die Evakuierung der Alten ist ein scheiterndes Projekt, obwohl es mit aller Macht vorangetrieben wird – und auch die ambulante Versorgung ist ein Teil der Evakuierung. Ob ambulant oder stationär – in beiden Fällen läuft es auf eine gekaufte Dienstleistung hinaus, die fast zwingend teuer und kalt sein muss.

Wider alle Trends muss deshalb die Frage immer wieder aufgeworfen werden, ob es auch eine andere Antwort geben kann, als sie die Dienstleistungsbranche gibt. Kann man sich überhaupt keine Gesellschaft mehr vorstellen, in der die Menschen – ohne bezahlte Profis zu sein – füreinander sorgen? Die Sehnsucht nach anderen Antworten ist allgegenwärtig, sie wird immer wieder dadurch in den Hintergrund gedrängt, dass die anderen Wege, die institutionellen, sich als die allein möglichen erklären. Etwas, was aus der Nachbarschaft, aus der Kommune, aus der Freundschaft, aus der Familie kommt, scheint gar keine Chance zu haben. Merkwürdig: Keiner will ins Heim, aber immer mehr Menschen landen da.

Viele älter werdende Menschen sagen: Das will ich nicht ertragen müssen. Dass ich eines Tages im Pflegeheim bin, mich mittags zum Buffet schleppe und dann Herr Schmidt neben mir, während er seinen Teller füllt, erst mal kräftig ins Salatbuffet hustet. Oder Frau Kaufmann am Tisch neben mir ihr Gebiss auf meinen Suppenteller legt.

Wie viele Leute an der Schwelle des Alters kennt man eigentlich, die sagen: »Bevor ich ins Heim gehe, gebe ich mir die Kugel«? Da will keiner hin, aber die Chance ist groß, dass man doch dort landet, endet, stirbt.

Ein merkwürdiger Tatbestand: Den Alten geht es bei uns finanziell eigentlich ganz gut – aber sie stehen zugleich in einer kulturellen Wüste: Sie sind allein, allein, allein – wie vielleicht noch nie in der Geschichte der Menschheit. Dass die Kinder sich nicht kümmern werden, ahnt man. Nicht weil sie bösartig sind, sondern weil sie weit weg und mit den eigenen Aufgaben überlastet sind. Über Wohngemeinschaften denken viele Älterwerdende nach – und fürchten, dass das nicht funktioniert. Kann ich das überhaupt, nachdem ich mein Leben in Autonomie und Individualität gelebt habe, Freiheit und Flexibilität hochgeschätzte Werte geworden sind?

Die Menschen, die heute alt werden, haben wenig Erfahrung mit Gemeinschaftlichkeit. Ihr Hang zur Individualität ist gewachsen – und die Schwierigkeiten und Schönheiten des Lebens in sozialen Zusammenhängen kennen sie kaum. Man hat immer »seinen eigenen Kram« gehabt und gemacht – schon die Rücksicht auf Frau/Mann oder Kinder bringt ja viele an den Rand des Zusammenbruchs. Das Pflegeheim ist gewissermaßen die soziale Quittung, die wir bekommen für ein Single-Leben, das sich der Mühe der Sozialität nicht mehr ausgesetzt hat. Das fängt schon früh an: Von der Krippe über den Kindergarten in die Schule und ins Studium: konkurrenzorientierte Einzeller. Es erschreckt ja immer, wenn man die Kindersozialwüsten sieht, die selbstverständlich geworden sind: die Einzelzimmerhaft, in der der Vollzug nur abgemildert ist durch Berge von Plastik-Playmobil-Lego-Müll. Weiter geht's durchs Leben in Wohnungen und Apartments, die diesen Zug zum Einzeller immer mehr verstärken. Nachbarschaftskonflikte gehören in Deutschland zu den häufigsten Prozessanlässen: Die Allergie der Menschen gegen Menschen wird exzessiv. Und das Pflegeheim ist gewissermaßen Höhepunkt und Vollendung eines solchen Lebenslaufs. Unsere hochgradig individualisierte Lebensform mündet logisch im Pflegeheim, im Super-GAU des Sozialen. Dort werden wir als radikalisierte Einzelne zusammengefasst – in den Flüchtlingslagern einer Gesellschaft, die das Gemeinschaftliche, das Nachbarschaftliche, das Familiale in sich ausgebrannt hat. Das Pflegeheim offenbart, dass im Kern der Gesellschaft das Soziale längst verwüstet und in Trümmer gefallen ist.

Um nicht falsch verstanden zu werden: Es gibt wirklich respektable Bemühungen, Pflegeheime zu Orten zu machen, an denen man die letzte Wegstrecke gut verbringen kann, an denen man auch »in Würde sterben« kann, wie es etwas formelhaft heißt. Von der Pflegehilfskraft bis zum Heimleiter – eindrucksvolle kompetente Anstrengungen um wärmende Lebensräume für Pflegebedürftige. So schön, dass man manchmal denkt, die gebeugten, faltigen, tüdeligen, schlurfenden Menschen passen in die stählernen, gläsernen, raffiniert designten Heime gar nicht hinein. Müssen die Greisinnen und Greise sich nicht in diesem gelackten Schöner-Wohnen-Ambiente ihrer Unansehnlichkeit schämen?

Die Eleganz der Pflegeheime täuscht über etwas hinweg: Noch nie in der Geschichte der Menschheit hat sich eine Gesellschaft – vor allem keine, die so reich ist wie die unsere – dazu entschlossen, die Schar der Hilfsbedürftigen in gesonderten Räumen zusammenzufassen. Es sind eben die Auffanglager für eine sozial verwüstete Gesellschaft, die für Nutzlose keine Ofenbank hat, auf der sie sitzend immerhin

»dabei« sein können. Illusionslos muss festgehalten werden: Diese Heime sind gegenwärtig unverzichtbar, weil es einfach nichts anderes gibt. Aber das befreit uns ja nicht von der Frage, ob wir diesen Weg immer weitergehen wollen, ob er »alternativlos« ist und schließlich zur Endstation für alle werden muss.

Das Hospiz, das als eine Sonderform des Pflegeheims für das Sterben gedacht war, das heute gewissermaßen der Sackbahnhof der Pflegeszene ist, greift dabei auf das Pflegeheim über: Pflegeheime werden immer mehr zu De-facto-Hospizen. Und es muss noch einmal in Erinnerung gerufen werden, dass ein wachsender Anteil der Pflegeheimbewohner dement ist. Die Demenzdiagnose entlastet dabei die aktiven Nichtdementen von Fragen wie dieser: Kann man eigentlich, wenn die Single-Autonomie nicht mehr funktioniert, wenn man aus der Ich-bin-ich-Gesellschaft ausgewiesen wird und ins Pflegeheim eingewiesen ist – kann man dann eigentlich anders reagieren, als dass man dement wird? Ist das nicht die logische Abwehrmaßnahme für jeden, der seine Angst vor dem Pflegeheim immer betont hat – und sich nun da vorfindet, wo er nie hinwollte?

Dahinter steckt eine andere Kulturfrage: Kehrt die spätmoderne Gesellschaft dahin zurück, wovon sie sich weit entfernt glaubt? Der alte, schwache Indio wurde mit einem Topf Honig im Wald zurückgelassen, wenn er der nomadischen Gruppe nicht mehr folgen konnte. Der kraftlos gewordene Inuit wurde auf einer Eisscholle ausgesetzt, der sibirische Jakute von seinem Sohn mit einem Lanzenstich durch die Zeltwand getötet, die altersschwache Japanerin von ihrem Sohn auf den Berg gebracht und dort ausgesetzt … hatten wir das nicht hinter uns gelassen? Aber was sind Pflegeheime denn anderes als Orte der Aussetzung altgewordener Menschen? Der soziale Tod, der in einfachen Gesellschaften *nach* dem physischen Tod begann und sich in Abschiedsszenen über

Tage und Wochen erstrecken konnte – der soziale Tod beginnt bei uns schon lange *vor* dem physischen Tod.

Die Pflegeheimszene ist groß und unübersichtlich. Es gibt die Billigheimer, die versprechen, einen seriell gut organisierten qualitätskontrollierten Dienst aufzubauen, der wie Aldi oder Lidl funktioniert. Klingt das nicht besser als das, was private Pflegeheime bieten, die manchmal eher wie ein Tante-Emma-Laden funktionieren? Wenn man Glück hat, geht es dort persönlich, freundlich, familiär zu. Wenn man Pech hat, ist es eine Katastrophe: Am Personal wird gespart, die Ernährungssonde wird darum schnell gelegt, der Dekubitus ist inklusive – und das Personal wird schlecht behandelt bei niedrigem Lohn und entwürdigenden Arbeitsumständen: Da nähert sich die Lebenslage der Versorgenden und der Versorgten an. Und da ist dann eine einzige Pflegekraft fachlich verantwortlich, die aber die Pfleglinge kaum sieht, weil sie mit der Dauerdokumentation beschäftigt ist.[123]

Es sind gar nicht die großen Skandale, die immer mal wieder in der Öffentlichkeit aufgedeckt werden, sondern es ist der alltägliche Horror, der sich routinemäßig abspielt: Die durch Medikamente ruhiggestellten Dementen, die schon beim Frühstück wieder einschlafen und ihre letzten Tage verdämmern, bevor sie zur Erleichterung aller endlich sterben. Nein, nicht zur Erleichterung aller: Es bedeutet ja, dass ein Pflegekunde weg ist, das ist – mit Blick auf die Bilanzen – zu bedauern. Und es ist die Quittung, die eine vergeldlichte und vereinsamende Gesellschaft als Nachruf formuliert: Ein Kunde ging verloren. Das ist das Letzte, was über viele schwache sterbende Alte zu sagen ist.

Und dies gehört unbedingt dazu: Das ist nicht ein Vorwurf an die Menschen, die in Pflegeheimen oft engagiert, sich selbst ausbeutend, am Rande ihrer Kräfte Arbeiten tun, die niemand machen will. Das Pflegeheim macht den Bankrott sichtbar, der die kranken und schwachen und alten Menschen zu Entsorgungsfällen werden lässt, weil die jungdynamische Konkurrenz- und Konsumgesellschaft mit »so was« nichts mehr anzufangen weiß.

Die Kritik an Pflegeheimen wird dann billig und irreführend, wenn sie nicht aufdeckt, dass die Pflegeheime ein Thema zugeschoben bekommen, das man in der geschäftigen Alltagswelt loswerden will.

Es gibt zwei neue Formen, neue Variationen auf das Pflegeheim, die sehr viel mitteilen über die fundamentale Ratlosigkeit, die die alternde Gesellschaft erfasst hat: Was soll mit den pflegebedürftigen und sterbenden Alten geschehen, die dement sind? Die Geschichte der Auslagerung von schwierigen Fällen setzt sich fort in den neuen und alten Institutionen der Altenunterbringung. Die Alten sitzen heute in ihren glitzernd-glänzenden Heimen tatsächlich vor dem ausgebrannten Haus ihres eigenen Lebens, das Dach ist weggerissen, und die Tür hängt nur noch knarrend und lose in den Angeln.

Von Pflegeoasen und Demenzdörfern

Menschen im fortgeschrittenen Stadium der Demenz werden neuerdings bisweilen in sogenannten Pflegeoasen zusammengebracht. Die Ausgangsüberlegung dazu war einmal, dass Menschen mit Demenz besonderen Schrecken zu verspüren scheinen, wenn sie sich allein fühlen. Also keine Isolation im Einzelzimmer. Die Pflegeoase, die meist acht bis zwölf Personen in einem Raum vereint, vermeidet diese Isolation, steht aber unter dem Verdacht, den Weg zurück zum Mehrbettzimmer – und damit zu einer Billig-Versorgung – vorzubereiten. Gegenwärtig scheinen die Vorteile bei der

Versorgung in einer Pflegeoase zu überwiegen. Die Pflegeoase hat ihre institutionellen Wurzeln sowohl im Krankenhaus wie im Pflegeheim. Aber die Pflegeoase verweist auch auf andere Zusammenhänge. Das Kuratorium Deutsche Altershilfe hat in Zusammenarbeit mit dem Architektenbüro Bender und Hetzel ein Konzept für eine Pflegeoase entwickelt, das bemerkenswerte Ähnlichkeiten mit einem Panopticon aufweist.[124] Der französische Philosoph Michel Foucault hat an die Pläne für ein »Panopticon« erinnert, die der englische Philosoph Jeremy Bentham im 18. Jahrhundert entworfen hat. Das Panopticon war gedacht als eine neue Institution, in der es möglich gemacht werden sollte, einen Zustand der permanenten Sichtbarkeit und Überwachung herzustellen. Das Panopticon besteht aus einem kreisförmigen Bau mit einem Kontrollzentrum. Von diesem Kontrollpunkt im Zentrum aus ist es dem Wächter möglich, alle Insassen zu kontrollieren, ohne dass diese erkennen können, ob sie beobachtet werden oder nicht. Bentham entwarf das Panopticon als Basisstruktur für Krankenhäuser, Schulen, Sanatorien und Asyle – vor allem aber für Gefängnisse. Es kehrt heute in der Pflegeoase wieder – selbstverständlich sind die Planer und Realisierer voll bester Absichten. Die Pflegeoase ist meist ein kreisförmiger oder rechteckiger Raum, der im Zentrum eine Versorgungseinheit hat, von der aus alle Betten und damit alle Patienten im Blick sind. »Die lückenlose Sichtbarkeit«, von der Foucault spricht[125], ist in der Pflegeoase wie im Panopticon gewährleistet – und niemand bei den Entwicklern scheint sich daran zu erinnern, dass dieses Pflegeoasenmodell unmittelbar an das Benthamsche Überwachungsmodell anknüpft.

Aber das Panopticon und die Pflegeoase unterscheiden sich zumindest an einem zentralen Punkt: Das Panopticon will Normalisierung, will Disziplinierung, will die Insassen kontrollieren und *ändern,* um deren Kräfte produktiv zu nutzen. Das Pflegeoasen-Panopticon – das man als eine Versuchsanordnung für eine künftige Versorgung von Menschen mit fortgeschrittener Demenz betrachten kann – will optimierte Versorgung.

In einer rheinland-pfälzischen Pflegeoase liegen die Patientinnen reglos in ihren Betten, jede versehen mit einem Spezialkopfkissen, aus dem die je eigene Musik ertönt. An der Decke flimmern Laserbilder, die animieren sollen. Dieses Pflege-Panopticon ist nicht mehr an Normalisierung oder Disziplinierung orientiert, sondern bildet die wahrscheinliche Zukunft der Versorgung schwer pflegebedürftiger Menschen ab: Elemente der Informations- und Konsumgesellschaft werden kombiniert mit einer rationalisierten Pflege, die bei einer so gedachten Konstruktion offen ist für eine zunehmend automatisierte und technisierte Versorgung.

Das Design moderner Heime für Menschen mit Demenz ähnelt immer mehr der Konstruktion einer Scheinwelt: Da gibt es Rundkurse für die Laufwütigen, die es erlauben, dreißig Kilometer zu laufen, ohne irgendwo anzukommen – weil die Verrückten immer im großzügig angelegten Kreis gehen. Da werden Notausgänge, die offen bleiben müssen, verschattet, weil Menschen mit Demenz ins Helle streben und diese Türen deshalb nicht sehen. Es gibt Wohnungstypen – Bauernstube, Patio, bürgerliches Wohnzimmer – für Menschen aus unterschiedlichen sozialen Kontexten, die Tapete wird an die Wand gelasert und kann so den Vorstellungen unterschiedlicher Bewohner angepasst werden – oder an das, was man für ihre Bedürfnisse hält.

Neuerdings macht eine andere Variation des Pflegeheims von sich reden, die gar nicht »Pflegeheim« genannt werden möchte und die diese Konstruktion einer Scheinwelt auf die Spitze treibt. »Demenzdorf« heißt das. Ein Konzept, das aus den Niederlanden kommt. Klingt wunderschön. Die Menschen mit Demenz werden in einer idyllisch designten Einrichtung untergebracht. Café, Garten, Freizeiteinrichtungen gehören dazu, und die Sozialarbeiterinnen im Café sind als klassische Servierfräulein kostümiert (immer wird ja davon ausgegangen, dass die Menschen mit Demenz in der Vergangenheit leben, und so muss sozusagen auch ihre Umgebung musealisiert werden).

Man habe – so wird von niederländischen Experten postuliert – in empirischen Studien herausgefunden, dass es sieben Lebensstile gibt. Diese nämlich seien: häuslich, städtisch, kirchlich, gehoben-großbürgerlich, kulturell, handwerklich und – eine niederländische Spezialität – indonesisch. Wenn sich jemand um einen Platz im Demenzdorf bewirbt – meistens ergreifen die Angehörigen da die Initiative –, gibt es ein »Assessment«. Dieses erlaubt es, den Dementen einem Lebensstil zuzuordnen. Dreiundzwanzig Wohnungen gibt es, die den Lebensstilen entsprechend eingerichtet sind. Bibeln und Erbauungsschriften in der kirchlichen Gruppe, Staffeleien in der künstlerischen, Werkzeuge in der handwerklichen, schwere Sessel in der großbürgerlichen Wohnung etc.

Dieses Konzept ist nicht nur lächerlich, es ist auch repressiv: Die Menschen werden noch einmal auf die Normalität, aus der sie kommen, festgelegt. Eine Normalität, die längst nicht mehr die ihre ist.

Wissen wir denn, ob sie nicht gerade in der Demenz einem alltäglichen Elend entkommen sind, mit dem sie nun wieder zwangsweise konfrontiert werden? Das Demenzdorf ist eine totalitäre Scheinwelt, in der die Betroffenen – für sie unerkennbar – verhöhnt werden. Das Demenzdorf bildet noch einmal die Wirklichkeit ab, die als unverrückbar hingestellt wird. Was ist, wenn der Hartz-IV-Empfänger mit Zahnlücke und Bierbauch nun gerade am Schluss in der großbürgerlichen Welt sich aufhalten möchte? Die soziale Ungerechtigkeit wird den Betroffenen am Ende noch einmal um die

Ohren gehauen. Das Demenzdorf ist ein differenziertes, ein modernisiertes Lager, aber es vollendet die Idee des Lagers für diejenigen, die in der Gesellschaft keinen Platz mehr haben.

Es bleibt die Frage offen, ob das niederländische Demenzdorf auch der niederländischen Euthanasie-Idee offen gegenübersteht. Es gibt ja inzwischen ambulante Euthanasie-Teams. Kann sich die Gestaltung des Lebensendes vielleicht auch auf unterschiedliche Schlussmodelle und -lebensstile erstrecken? Auf die Wahl zwischen Hospiz und Euthanasie zum Beispiel?

Das Demenzdorf konstruiert eine Welt, die heimlich mit der alltäglichen Welt korrespondiert. Die Scheinwelt ist längst unser aller Schicksal, aber das Demenzdorf macht dieses Schicksal explizit. Unser Alltag ist für sie, die Verwirrten, ein Irrgarten. Diese Welt ist inzwischen so angelegt, dass ihre Schwächen immer drastischer auffallen, immer unbarmherziger ausgeleuchtet werden. Nicht die Menschen mit Demenz entfernen sich von uns, sondern wir entfernen uns immer weiter von ihnen.

Unsere Städte sind Sozialwüsten

Gegenwärtig sind unsere Wohnorte, sei es auf dem Land, sei es in der Stadt, sei es in einer Metropole, von zunehmend kühler Abweisung gegenüber Menschen mit Demenz gekennzeichnet. Das Leben in ihnen wird immer schwieriger, weil der Alltag digitalisiert ist (vom Fahrkartenautomaten bis zum automatisierten Bankgeschäft), weil die Nachbarschaften anonymisiert und distanziert sind, weil die Städte immer weniger für Bürgerinnen und Bürger da sind und immer mehr für den Event, den Konsum, die Bespielung und

Bespaßung. Unsere Lebensräume werden zunehmend von Vergeldlichung getränkt. Die sozialen Ränder, die kulturellen Nischen, in denen sich ein anderes Leben gegen vielfältige Einschränkungen behaupten konnte, werden ausgefegt, bereinigt. Wo es noch lebendige Viertel gibt, da werden sie gentrifiziert, von einer selbst bedrohten Mittelschicht heimgesucht, die dann mit ihrem Geld diejenigen vertreibt, die bis dahin ein schwieriges, aber selbst-verständliches Leben realisiert haben.

Am Horizont dämmert schon eine Stadt, in der die Reichen ihre Villen hinter Stacheldraht und Videoanlagen schützen, eingeschlossen in ihre selbstgebauten Gefängnisse, während für die Armen der Plattenbau in modernisierter Form zum (sterilisierten) Lebensraum wird. Auch viele der neuen Einfamilienhaussiedlungen, die von verschuldeten Pseudobesitzern bewohnt werden, sind ja sterile Orte, betongewordene Projekte, in denen Familien in finanziell prekären Verhältnissen überleben. Sozialität und Nachbarschaftlichkeit sind nur gegen die architektonische Stoßrichtung dieser Einfamilienwüsten denkbar. Diese Siedlungen wirken wie in Reihen aufgestellte Container, die städtisches Leben vortäuschen, aber nicht erlauben. Ihre äußere Unterschiedlichkeit verweist auf die Auswahl, die man im italienischen Restaurant zwischen fünfzehn Pizzas hat: Man kann sich Salami oder Käse drauftun lassen – es bleibt doch der gleiche Teig. Der private Wahnsinn, der sich in falschen Klinkern, Plastik-Erkern und Betonkübeln manifestiert, bereitet den Weg in die Demenz der Gesellschaft und des Individuums. Diese Orte der Unterbringung erinnern an nichts, sind nicht gebaut, sondern »grundlos« wie Legosteine aus Fertigteilen hingeknallt. Das falsche Fachwerk, der alpine Balkon, die italienisierende Terrasse, der sterilisierte Vorgarten – Ausdrucksformen einer Lebenswelt, die den Boden unter den Füßen verloren hat, reif, wie gesagt, für die Demenz, die hier architektonisch vorbereitet wird. Wer wollte sich wundern, dass aus solchen Wohnformen Depressionen, Burn-out, ADHS und Demenz hervorquellen? Das wird dann alles in die ärztliche Diagnostik getragen, ghettoisiert, und damit kann die Frage nach den Quellen der Störungen systematisch und verbissen ausgeblendet werden.[126]

Die Stadt wird zur »Marke«, die mit einer sozialen, kommunikativen Praxis gar nicht mehr korrespondieren muss. Das führt dazu, dass diese störenden Menschen mit Demenz aus dem Weg geschafft werden – ab hinter die Mauern der Familie oder Pflegeeinrichtung! Das gehobene Freizeitangebot, die angebliche »Lebendigkeit« (die sich vor allem im Fußgängerstrom zwischen Geschäften findet), geben der Stadt ein »Flair«, auf das man immer wieder geneigt ist hereinzufallen. »Die Politik investiert in Kunst und Kultur«, schreibt der Autor Georg Seeßlen, »wie in eine Wurst, mit der man nach einer Speckseite wirft.«[127] Auch weil geglaubt wird, dass eine kulturell attraktive Stadt geradezu notwendig eine ökonomisch erfolgreiche sein werde. Diese geförderte Kunst muss schon deshalb misstrauisch machen, weil sie im Kern den ökonomischen Erfolg der Beteiligten feiert: Superteure Stars in der E- und der U-Kategorie geben Event-Konzerte, die zu Eintrittspreisen führen, die ausschließenden Charakter haben.

Das alles will auf eine Gesellschaft hinaus, in der sich die neuen Oligarchen, die immer reicher werdende Minderheit, verbarrikadierten, von Zeit zu Zeit ihre künstlerischen und kulinarischen Außenanlagen aufsuchen, während die Prekären in ihren rauhfasertapezierten Betonzellen DSDS ansehen, um den Frust über Hartz IV zu vergessen. Dazu gehören dann Bürgermeister und Sozialdezernenten, die ihre hochverschuldeten Städte und Kommunen verwalten und, je kleiner ihre Handlungsspielräume werden, desto pathetischer über *Inklusion* reden. Immer häufiger aufflammende Proteste der Bürger lassen glücklicherweise ahnen, dass die sich in die Vergeldlichung und »Modernisierung« ihrer Lebensräume nicht widerspruchslos fügen wollen. Bahnhöfe, die Milliarden kosten, Start- und Landebahnen, die ihren Alltag schwer beeinträchtigen, hingeklotzte Windparks, die die Landschaft verspargeln: Man wundert sich, dass nicht viel mehr Leute verrückt werden, als es jetzt schon sind.

Die Richtung, in der Stadtentwicklung sich heute bewegt, muss erschrecken. Sie lässt zu, dass soziale Zusammenhänge systematisch zerstört werden, sie macht das Überleben für Menschen, die nicht zu den Erfolgreichen gehören, immer schwerer. Die Menschen finden sich immer mehr in Lebenswelten vor, die in der Tendenz gerade noch zwei Lebensformen vorsehen: Die Singlewohnung oder die Anstalt. Die Städte, die nur noch schadstoffarme Autos hereinlassen, schieben in gleichem Maße die beschädigten Menschen ab, um sie professionell vom Pflegeheim bis zur Psychiatrie versorgen zu lassen.

Der Gedanke an ein gemeinsames, städtisches, nachbarschaftliches Leben ist verabschiedet. In unseren Städten kann man die planerische und architektonische Verwirklichung der Rücksichtslosigkeit beobachten, den Triumph der Vereinzelung und der Zusammenhanglosigkeit. In Zeiten vor dem Neoliberalismus hat es unfraglich auch brutale Eingriffe gegeben, aber es ging dennoch dabei um die Herstellung neuer zusammenhängender Räume zum Leben, Arbeiten, Wirtschaften.

»Das geheime Ziel vieler Gebäude scheint darin zu bestehen, den Raum zwischeneinander zu leeren, von Menschen, am Ende gar von Luft. Die neoliberale Bauweise in diesem Stadium richtet sich nach innen; dass das Gebäude immer weitgreifender autonom, überlebens- und entwicklungsfähig ist, wird bezahlt mit der Entlebendigung des Umfelds. Diese Türme bewachen nicht mehr die Stadt, sie bewachen vielmehr die Insassen gegen die Stadt.«[128]

Das, was auf der Ebene der Kommunen geschieht, findet eine Entsprechung im Handeln der Individuen, die durch diese kalt gewordenen Städte stolpern auf der Suche nach sozialen Zusammenhängen, die sie zunehmend nur noch künstlich herstellen können.

Nur wenn es gelingt, die von Kälte und Einsamkeit durchseuchte Gesellschaft wieder zu erwärmen, gibt es eine Chance für die Menschen mit Demenz (und natürlich nicht nur für die).

Die Postmoderne glaubt indessen an Unveränderlichkeit, hat sich von Visionen und Zukunftshoffnungen verabschiedet; außer technischen Innovationen und Sozialmanagement ist da nichts vorgesehen. Die Verlierer sind Verlierer und sollen da bleiben, wo sie sind. An der neuen Apartheid soll nicht gerüttelt werden.[129]

Die Zahl der Dementen steigt

Die Weltgesundheitsorganisation WHO hat einen Bericht zur weltweiten Ausbreitung von Demenz veröffentlicht. Der Bericht liest sich wie ein Stück Kriegsberichterstattung. Ein Dokument als Fanfarenstoß, das getränkt ist von der Sprache der Mobilmachung.[130] Das passt zur neuen, zur postmodernen Stadt.

Dramatische Zahlen werden da vorgelegt – 66 Millionen Demenzkranke weltweit, von einer neuen Geißel der Menschheit ist die Rede, eine jährliche Zunahme der Zahlen wird angedroht. Auch die Demenz globalisiert sich offenbar – oder ist es nur der neue Blick, der alle Phänomene, darum auch die Demenz, in planetarische Zusammenhänge stellt? Der blaue Planet wird aus einer Sicht, wie sie die WHO verbreitet, zu einem Ort, an dem eine Population von sieben oder acht Milliarden Menschen bestimmten Risiken ausgesetzt ist. Mangelernährung oder HIV/Aids oder Demenz. Der einzelne Mensch ist dabei durch einen statistisch hergestellten Durchschnittsmenschen abgelöst, der zum Beispiel in die Population der Demenzkranken rutschen kann.

Man muss befürchten, dass die nationalen Demenzpläne, die gefordert und pflichteifrig erstellt werden, lauter lokale Fanfarenstöße sein werden, bei dem die Truppen der sozialen Dienstleister in Stellung gebracht werden, statt die Kommune für Menschen mit Demenz bewohnbar zu machen. Die Demenz ist der Feind, den es mit optimierter Versorgung zu bekämpfen gilt, und dazu muss die Dienstleistungsmaschinerie auf Hochtouren gebracht werden. Es ist ein schwer zu entwirrendes Knäuel, mit dem wir es da zu tun bekommen. Denn die sozialen Dienstleistungen – so könnte man fast sagen – kommen daher mit den Waffen der Liebe. Sie haben die alten karitativen Institutionen der Kirche beerbt, die selbst ihre Unschuld lange verloren haben – und tragen nun die Maske der Liebe. Sie beerben die Kirche ebenso wie die Kommune.

Die Demenz wird zum Trendsetter für eine Entwicklung, die unsere Gesellschaft in eine falsche Richtung treibt. Immer mehr Lebenstätigkeiten werden ja in abgesonderten Institutionen organisiert:[131] Geburts- und Kinderkliniken, Kindergärten und Vorschulen, Schulen, Produktions- und Dienstleistungsunternehmen, Freizeit- und Hobbyeinrichtungen, Krankenhäuser, Wellness- und Gesundheitszentren, Gefängnisse, Psychiatrien, psychotherapeutische Beratungsstellen, Beerdigungsinstitute. Und im Alter ballt sich das Dienstleistungsangebot noch einmal: Seniorensport und Seniorentanz; Altentagesstätten; betreutes Wohnen; ambulante Pflegedienste; spezialisierte Pflegedienste für sterbende Klienten; Pflegeheime; Pflegeheime mit speziellen Abteilungen für Menschen mit Demenz; Demenzwohngruppen; ambulante Hospizdienste; stationäre Hospize; Sterbehilfeeinrichtungen wie Dignitas usw.

Wir können uns vielleicht keine Lebenswelt mehr vorstellen, in der das Alter, besonders das hohe Alter, nicht mit Institutionen aller Art garniert ist. Aber die Institutionalisierung des Alters in stationärer oder ambulanter Form hat erst eine kurze Geschichte, die allerdings von durchschlagendem Erfolg geprägt ist. Sie ist angelegt auf die umfassende Einschließung, was in der gern gebrauchten Metapher »flächendeckend« unverhohlen zutage tritt, und das ist eine Metapher, die nicht zufällig einen militärischen Ursprung hat – das flächendeckende Bombardement lässt grüßen.

Der Hintergrund für diese Entwicklung ist der allgemeine Trend, dem wir ausgeliefert sind und der die Kommunen für immer mehr Menschen zu unbewohnbaren Orten macht. Alltägliche Verrichtungen werden in institutionelle Angebote von Spezialisten umgewandelt. Es ist noch nicht hundert Jahre her, dass der Alltag ganz anders aussah: Die Erzeugung von Lebensmitteln, das Bauen von Häusern, die Herstellung von Geräten, das Reparieren, das Heilen und Pflegen – das waren weitgehende in den Alltag der Familie und der Nachbarschaft eingebundene Tätigkeiten. Unsere Großeltern lebten wesentlich aus ihren Gärten, selbst Arbeitersiedlungen in den Städten boten oft die Möglichkeit der Selbstversorgung; Häuser im ländlichen Bereich wurden in Nachbarschaftshilfe gebaut; Krankenpflege und die Versorgung altersschwacher Menschen war Angelegenheit der Familie.

Wir erinnern uns: Als Kind Scharlach zu haben bedeutete, dass das Wohnzimmer zum Krankenpflegezimmer wurde, man lag im Bett und wurde besonders bekocht. Bei Erkältungen wurde »geschwitzt«, heiße Wickel gab es um Brust und Beine, dicke Decken, unter denen man fast erstickte. Und als die Großmutter einen Schlaganfall bekam, wurde sie ganz selbstverständlich in ihrem Bett »zu Tode gepflegt«. Zur Kindheitserfahrung der älteren Generation gehört es, dass zum Lebensende allenfalls ein einziger »Spezialist« hinzugezogen wurde: der Pfarrer oder Priester. Alle diese Tätigkeiten sind heute weitgehend durch institutionelle Angebote von beruflichen Spezialisten ersetzt, die nun gegen Bezahlung das tun, was früher gemeinschaftlich getan wurde.

»Der höchste Triumph der technokratischen Gesellschaft«, schreibt Lewis Mumford, »wäre die Integrierung aller menschlichen Tätigkeiten in ein autokratisches, monolithisches System. Das würde zu einer Lebensform führen, in der alle Funktionen, die sich nicht ins System eingliedern lassen, unterdrückt oder ausgemerzt wären.«[132]

Demenzfreundliche Kommunen

Die Aktion Demenz e. V. hat es sich – gefördert von der Robert Bosch Stiftung – zur Aufgabe gemacht, die zivilgesellschaftlichen Möglichkeiten im Umgang mit dem Thema Demenz auszuloten und zu fördern. Wie können Menschen mit Demenz, ihre Angehörigen und zivilgesellschaftlich Engagierte aus allen Bereichen der Gesellschaft gemeinsam ein besseres Leben mit Demenz in den Kommunen realisieren?

Dazu muss man sich klarmachen, dass ein biomedizinisch verengtes Verständnis von Demenz nicht hilfreich ist. Es übersieht die komplexen Wechselwirkungen zwischen Körper und Geist, zwischen Biologie und Sozialsystem. Wir wissen heute, dass die Berücksichtigung psychologischer und sozialer Faktoren im Umgang mit der Demenz von fundamentaler Bedeutung ist. Eine rein biomedizinische Auffassung isoliert das »Problem« Demenz, verspricht eine medizinisch-pharmakologische Intervention, obwohl längst klar ist, dass es keine Heilung gibt und – nach Auffassung wichtiger Biomediziner – auch in absehbarer Zeit nicht geben wird. Stigmatisierung und Ausgrenzung der Menschen mit Demenz prägen den Alltag vieler Betroffener und ihrer Angehörigen. Das bedeutet: Es ist wichtig, die soziale Seite der Demenz ins Auge zu fassen und zu überlegen, was in einer älter werdenden Gesellschaft in den Kommunen geschehen kann und muss, um Menschen mit Demenz länger in ihrer gewohnten Umgebung beschützen zu können und ihre Angehörigen zu entlasten. Weil die alten nachbarschaftlichen und familialen Milieus sich auflösen, muss über neue Formen des Zusammenlebens nachgedacht werden. Vereinzelungstendenzen, Rückgang der Kinderzahl, wachsende Entfernungen zwischen dem Haushalt der Eltern und dem der Kinder führen zu einer völlig veränderten Situation. Die soziale Einbindung von Menschen mit Demenz ist aber für das Wohlbefinden, für den Verlauf der Demenz, für die Frage der Versorgung von großer Bedeutung. Den neuen Herausforderungen ist nur dann angemessen zu begegnen, wenn in den Gemeinden und Städten ein gemeinsames zivilgesellschaftliches Verantwortungsbewusstsein wächst – und gelebt wird.

Inzwischen haben sich Hunderte von Kommunen in Deutschland das Thema »demenzfreundlich« auf die Fahnen geschrieben. Gegenwärtig ist der kommunale Alltag aber eher ein demenzunfreundlicher. Leistungsfähigkeit, Konkurrenz und Konsumorientierung prägen diesen Alltag, dem Menschen mit Demenz nicht gewachsen sind. Sie nehmen deshalb immer weniger am gesellschaftlichen Alltag teil und fristen ihr Dasein in medizinisch-pflegerischen Ghettos. Deshalb wird die demenzfreundliche Kommune gebraucht.

Sie soll – soweit es möglich ist – den Menschen mit Demenz Teilhabe ermöglichen. Zum Beispiel so: Die ältere vergessliche Dame möchte gern weiterhin in den Chor, der ältere Mann weiter in den Sportverein. Ein ehrenamtlicher »Demenzpate« holt sie ab und bringt sie wieder nach Hause. Man kann Museums- und Theaterbesuche organisieren, Schulkinder mit älteren Menschen in Beziehung zu bringen versuchen. Am Restauranteingang kann ein Schild angebracht sein, das besagt: Hier sind Menschen mit Demenz und ihre Angehörigen willkommen.

Es gibt keine Rezepte für die demenzfreundliche Kommune. Aber die Akteure sind benennbar: die sozialen Dienste, die lokale Wirtschaft, die kommunalen Verwaltungen, die Medien vor Ort, die politischen Entscheidungsträger. Eine Verbesserung der Situation der Menschen mit Demenz und ihrer Angehörigen kann nur gelingen, wenn tatsächlich »Gemeinsam für ein besseres Leben mit Demenz« zur Devise wird. In zahlreichen Städten und Gemeinden haben heute Menschen die Initiative ergriffen, um Hindernisse und Vorurteile im Umgang mit dem Thema Demenz aus dem Weg zu räumen. Ein paar Beispiele:

- In Gelsenkirchen wurde das Thema Demenz zum Unterrichtsthema, zwei Gruppen von Jugendlichen treffen sich wöchentlich mit an Demenz leidenden Menschen.
- Ein Verein in Minden hat eine Fahrradgruppe Demenz gegründet, die regelmäßig Fahrradtouren durchführt und zugleich einen Gesprächskreis anbietet (»Sport und Talk«).
- In Berlin-Tempelhof hat eine Gemeinde ein Kompendium für aufsuchende, gemeindenahe, seelsorgerliche Begleitung von Menschen mit Demenz erstellt.
- In Bremen gibt es eine Initiative, die Menschen mit Demenz und ihre Angehörigen auf den Besuch von Aus-

stellungen in der Bremer Kunsthalle, von Konzerten und Tanzveranstaltungen vorbereitet.

- In Wittenberg findet sich im Theaterclub »Chamäleon« ein Theaterprojekt, bei dem sich Jugendliche und Menschen mit Demenz gemeinsam und unvorbereitet auf die Herausforderung durch künstlerische Inspiration einlassen.[133]

Ist das eine Dimension, die sich auch auf das Lebensende von Menschen mit Demenz übertragen lässt?

Bis zu einem gewissen Grade ja: Die Hospizbewegung – das wurde schon erwähnt – ist ja eine große zivilgesellschaftliche Bewegung. Sie beginnt sich heute der Herausforderung durch das Thema »Demenz« zu stellen. Das verlangt völlig neue Formen des Umgangs und des Selbstverständnisses. Natürlich wird jedem, der sich auf diesen Weg begibt, erst einmal Skepsis entgegengebracht. Gerade Menschen mit Demenz seien am Ende ihres Lebens auf professionelle Versorgung angewiesen, so die vorherrschende Meinung. Das ist gegenwärtig gar nicht zu bestreiten. Zwei Fragen müssen aber gestellt werden: Was ist eigentlich, wenn das Geld für eine professionelle Versorgung immer spärlicher fließt? Und was wissen wir eigentlich über die Hilfsbereitschaft und -kompetenz von privat oder ehrenamtlich agierenden Menschen, wenn wir das professionelle Dienstleistungsangebot immer schon zur Hand haben?

9. Kapitel

Warum ist es so schwer, zu Hause zu sterben?

»Es ist sehr wichtig, dass jemand bei einem ist, wenn man stirbt. Aber nicht jemand Beamteter.«

Ilse Aichinger

Sage mir, wie du wohnst, und ich sage dir, wer du bist: Wohnen ist der Urausdruck und der Spiegel des Menschlichen. Tiere haben Nester, das Vieh hat Ställe, Wagen Garagen. Nur Menschen »hausen« in Häusern. Seit Menschen wohnen, bewohnen sie auch die Spuren ihres eigenen Lebens: Sei es im Zelt des Nomaden, sei es in der Hütte oder im Haus, ja sogar noch im Verschlag, der im Slum steht.[134]

Zum Wohnen in diesem Sinne gehörte über Jahrtausende das Unfertige. Ein Zelt musste täglich geflickt werden, am Hüttenensemble im afrikanischen Busch konnte und kann man sehen, ob die Kinder verheiratet sind, ob die Alten noch leben usw. Wohnen war ein nie abgeschlossener Vorgang – er spiegelte immer die sozialen Entwicklungen einer Familie oder einer Gruppe. Die Aufgaben und Rollen der Frauen, der Männer, der Kinder schlugen sich in der Baustruktur nieder.

Wir sind heute zu Wohnkonsumenten geworden, die fertigen Raum kaufen. Ein Wohnappartement ist eine Ware, in der wir idealerweise so wenig Spuren hinterlassen wie möglich. Wenn ein Mensch stirbt, wird das besonders deutlich: Was er hinterlässt, wird heute immer häufiger als Müll abtransportiert. Wertloses Zeug, das niemand haben will. Menschliche Siedlungen sehen heute von Taiwan bis Ohio und von Lima bis Peking gleich aus: Menschengaragen sind das mehr als Behausungen. Das, was einmal Nachbarschaft war, ist mit diesen zur Wegwerfware gewordenen Betonprodukten systematisch ausgeschlossen. Ein Bürger ist genau genommen heutzutage eine menschliche Einheit, die mit einem standardisierten Betonwürfel versorgt wird.

Wollen wir über das Sterben zu Hause reden, müssen wir uns zuerst der Tatsache bewusst werden, dass dieses Zuhause längst eine Sinnestäuschung oder noch schlimmer: ein Klischee ist. Achtzig Prozent der Deutschen, so heißt es, wollen zu Hause sterben, sie beenden aber zu achtzig Prozent ihr Leben in einer Institution. Auch weil viele im letzten Augenblick dann doch noch in das Krankenhaus flüchten. Das hat natürlich damit zu tun, dass dort die medizinisch-pflegerische Versorgung besser ist. Die Ambulantisierung des Sterbens, die gegenwärtig vorangetrieben wird, meint ja gar nicht das »Sterben zu Hause«, sondern die Auslagerung der medizinisch-pflegerischen Versorgung in den privaten Bereich. Das Krankenhaus kommt zu dir! Damit vollendet sich der allgemeine Prozess der Institutionalisierung – und speziell der des Sterbens. Das Gefängnis entlässt seine Insassen mit elektronischer Fußfessel nach Hause, das Krankenhaus die Sterbenden mit der Beatmungsmaschine in ihre Wohnung, die Bildungsinstitutionen bannen die Lernwilligen vor den häuslichen Bildschirm.

»Zu Hause sterben«: Das ist deshalb ein Klischee, weil suggeriert wird, gemeint sei damit ein Sterben in den eigenen vier Wänden. Im Grunde aber weiß jeder, dass damit – mit dem »zu Hause sterben« – ein *sozialer* Zusammenhang gemeint sein müsste: Freunde, Familie, Nachbarschaft. Der Fünfundachtzigjährige, der, von allen verlassen, in seinem

Appartement ablebt – von dem kann nicht im Ernst gesagt werden, dass er »zu Hause stirbt«. Wollen wir von »zu Hause sterben« reden, dann muss auch vom Schwinden von sozialer Wärme geredet werden.

In seinem unsterblich-klugen Buch *Minima Moralia* hat Theodor W. Adorno diese Entwicklungen schon in der Mitte des vorigen Jahrhunderts angezeigt: »Wie es mit dem Privatleben heute bestellt ist, zeigt sein Schauplatz an. Eigentlich kann man heute überhaupt nicht mehr wohnen. Die traditionellen Wohnungen, in denen wir groß geworden sind, haben etwas Unerträgliches angenommen: Jeder Zug des Behagens darin ist mit Verrat an der Erkenntnis, jede Spur der Geborgenheit mit der muffigen Interessengemeinschaft der Familie bezahlt. Die neusachlichen, die Tabula rasa gemacht haben, sind von Sachverständigen für Banausen angefertigte Etuis oder Fabrikstätten, die sich in die Konsumsphäre verirrt haben, ohne alle Beziehung zum Bewohner: noch der Sehnsucht nach unabhängiger Existenz, die es ohnehin nicht gibt, schlagen sie ins Gesicht. (…) Das Haus ist vergangen.«[135] Es gehöre sich heute nicht – so schließt Adorno seine Ausführungen zur Moral, bei sich selbst zu Hause zu sein.

Nur auf dem Hintergrund solcher Erkenntnisse und Sensibilitäten kann das Thema »zu Hause sterben« traktiert werden, ohne dass daraus im Kurzschlussverfahren lediglich ein hospizlich-palliativer Technologietransfer wird.

Die neue Unübersichtlichkeit beim Sterben

Sven R. ist 35 Jahre alt, er leidet an einem Bronchialkarzinom. Er weiß, dass er nur noch ein paar Tage zu leben hat, und bittet um seine Entlassung aus dem Krankenhaus. Am Freitagnachmittag schicken ihn die Ärzte nach Hause. Seine

Frau ruft »schreiend«, wie die Pflegedienstleiterin sagt, beim ambulanten Pflegedienst an. Ich kann das nicht ertragen, sagt sie, ich will nicht, dass unser achtjähriger Sohn sieht, wie sein Vater stirbt.

Das kommt vor, sagen Ärzte und Krankenpfleger, dass Patienten zum Sterben nach Hause wollen. Angehörige reagieren manchmal mit Angst, geraten schnell an den Rand ihrer Kräfte und ihrer Kompetenzen. Der Facharzt für Onkologie Christian W. meint dagegen, das ginge ohnehin nur, wenn man eine Fachkraft rund um die Uhr bezahlen könne. »Sonst kann das die Hölle werden.« Das Anheuern einer Fachkraft ist aber nur möglich, wenn man die Kosten privat trägt. Die Pflegedienstleiterin hält dagegen: Eine Betreuung rund um die Uhr sei nach ihrer Erfahrung nicht nötig, entscheidend sei, dass auch in der Nacht Hilfe gerufen werden könne, denn die Nächte seien der neuralgische Punkt für Patienten und Angehörige. Der Hausarzt moniert in diesem Stimmenkonzert noch etwas anderes: Ja, sagt er, das ginge mit einem Pflegedienst, aber die Ärzte im Universitätskrankenhaus in G. seien bisweilen »universitär arrogant«: Sie entließen jemanden am Freitagnachmittag, der Hausarzt sei nicht benachrichtigt, es gäbe keinen Arztbrief oder andere Informationen über die Behandlung, die Schmerzmittel etc. Dann müsse am Freitagnachmittag ein Pflegedienst organisiert werden – mit mehr Vorlauf wäre das alles möglich. Aber so? Wenn die Krankenhausärzte und der Hausarzt sich kennten, dann funktioniere das meistens: Sonst könne es auch schiefgehen. Im Prinzip könnte man die wichtigen Daten, die von den Ärzten oder auch vom Pflegedienst gebraucht würden, elektronisch zugänglich machen, aber das ginge aus Datenschutzgründen nicht ohne Einwilligung des Patienten und so was sei dann ein komplizierter Weg, den man am Freitagnachmittag nur schwer beschreiten könne.

Dies scheint ohnehin eines der schwierigsten Probleme in

der palliativen Versorgung zu sein: Die Abstimmung zwischen den verschiedenen Dienstleistern – die sogenannte Schnittstellenproblematik. Die Abstimmung also zwischen Krankenhaus, Sozialdienst, Hausarzt, Facharzt, Pflegediensten, Hospizdiensten usw. Im Grunde funktioniert das nur, wenn die Beteiligten sich kennen. Die Personen in den verschiedenen Diensten wechseln aber häufig, und dann fängt der Aufbau von Abstimmungsprozeduren wieder von vorne an.

Von den Beteiligten wird im Grunde auch ständig eine soziale Zusatzleistung verlangt, die nicht vergütet wird: Der Arzt im Krankenhaus muss den Hausarzt anrufen, der Hausarzt den Pflegedienst informieren usw. Die Abrechnungsziffer für solche Tätigkeiten ist abgeschafft, und der erwähnte Onkologe Christian W. klagt, unablässig würden von ihm Zusatzleistungen erwartet, die über seine Fachkompetenz als Onkologe hinausgingen. So ähnlich formuliert es die Pflegedienstleiterin: »Ständig muss ich Dinge tun und organisieren, die ich nicht abrechnen kann.«

Das leuchtet ja ein, aber andererseits muss man sich eben auch fragen, ob denn wirklich jede soziale Überschussleistung in einem Abrechnungskatalog auftauchen muss. Wie kalt wird die Gesellschaft, in der wir leben, wenn die Entwicklung in diese Richtung geht? Sensible Ärzte, die soziale Dimensionen aus ihrem Handeln nicht ausschließen, geraten dabei allerdings schnell an ihre zeitlichen und physischen Grenzen.

Der Onkologe Olaf S. erzählt von einem jungen Mann, den er nach bestem Wissen und Gewissen behandelt hat. Entlassen nach Hause. Er kann in Folge seiner Behandlung nur wenig gehen, wohnt in einem hessischen Dorf und lebt dort allein. Er hat kaum Kontakte, und – so Olaf S. – die gute Prognose, die der Patient hat, wird vermutlich ins Negative kippen, wenn er in seiner Wohnung ohne soziale Kontakte vereinsamt. Diese sozialen Kontakte kann der Arzt natürlich nicht organisieren.

Der Hausarzt Bernd G. dagegen arbeitet in Schleswig-Holstein. Er hat eine Zusatzqualifikation als Palliativmediziner und macht des Öfteren Besuche bei sterbenden Patienten. Im Januar 2007 erhielt er ein Schreiben der »Gemeinsamen Prüfungseinrichtung der Vertragsärzte und Krankenkassen in Schleswig-Holstein«. In dem Schreiben hieß es: »Wir geben Ihnen davon Kenntnis, dass Ihre Honorarabrechnung wegen statistischer Auffälligkeit beim Gesamtfallwert einer Überprüfung auf Wirtschaftlichkeit der Behandlungsweise unterzogen wird.« Kritisiert wurden Besuche bei chronisch Kranken in Altenheimen und zu Hause, Wochenendbesuche und das Verweilen bei Patienten. Der Hausarzt Bernd G. hatte sich – anders gesagt – zu lange bei Sterbenden aufgehalten: Das ist die »Auffälligkeit beim Gesamtfallwert«. Ihm drohte nun eine Budgetkürzung. Man fragt sich, in welchem Verhältnis die öffentlichen (ministeriellen) Beteuerungen, man bemühe sich um eine bessere Versorgung am Lebensende, zu der Tatsache stehen, dass sich Ärzte Minuten vorrechnen lassen müssen, die sie bei Sterbenden zu viel verbrauchen?

Die Deutschen möchten zu Hause sterben, die Angehörigen jedoch sind dieser Aufgabe oft nicht gewachsen. Also sterben die Deutschen, vorläufig noch mit steigender Tendenz, in Institutionen, vor allem im Pflegeheim und im Krankenhaus. Noch einmal: fast achtzig Prozent. So ist das auch in den Vereinigten Staaten, und dort ist man offenbar auf dem Wege, das Sterben vollständig zu institutionalisieren – das sagen jedenfalls die dort rasch steigenden Zahlen. Bei uns versuchen ambulante Hospizdienste, durch ihre Unterstützung die Bedingungen für das häusliche Sterben zu verbessern. Und die Gesundheitsreform hat zur Finanzierung von ambulanten palliativen Diensten geführt, wohl auch, weil man sich eine Kosteneinsparung verspricht. Der

Versuch, das Lebensende in die Familie zurückzuverlagern, dürfte aber schwierig werden. Die Hauptgründe:

- Die Familie, in die man zurückkehren könnte, ist oft nicht mehr da.
- Die Ängste der Angehörigen und der Betroffenen vor schwierigen Situationen lässt die Beteiligten auf die Sicherheit einer professionellen Einrichtung zurückgreifen.
- Eine wachsende Zahl von Hochaltrigen lebt allein, für sie ist die Rückkehr in eine Single-Wohnung offensichtlich keine Lösung.

Die Tatsache, dass die neuen ambulanten palliativen Dienste – auch? Und bald ausschließlich? – von Krankenhäusern angeboten werden, schafft eine Situation, in der das Krankenhaus ins Heim kommt. Das Sterbezimmer wird zur ausgelagerten Intensivstation – und das ist es ja eigentlich nicht, was gewollt wurde. Es wird nicht billiger, es wird nicht humaner, es wird nicht würdevoller: Wenn das medikalisierte »Zuhause« erst einmal eine Bonsai-Zweigstelle des Krankenhauses geworden ist, ist nichts gewonnen. Man kann eigentlich den nächsten Schritt schon ahnen: Es wird dann über kurz oder lang darüber geredet werden, dass die Synergieeffekte der Institutionalisierung doch größer und kostengünstiger sind. Dann wird das Outsourcing des Sterbens zurückgenommen, aber es wird sich dann etwas verändert haben: Man wird sich dann ein häusliches Sterben ohne Apparate, Profis und Rund-um-die-Uhr-Betreuung nicht mehr vorstellen können. Der Umweg über das ambulante Sterben, der jetzt gerade beginnt, wird den Sterbenden endgültig und umfassend zum Kunden des Gesundheitsapparates machen.

Der Begriff »zu Hause« wird durch die Auslagerung des Krankenhauses in die Wohnung erschüttert. Aber dieser

Prozess ist schon lange im Gange und hat viele Gesichter. Der Begriff »zu Hause« löst sich auf und kann heute vieles meinen. Wo ist eigentlich das Zuhause am Lebensende? Für viele ist es nach einigen Monaten (erst recht nach Jahren) das Pflegeheim. Das ist für die meisten dann auch die letzte Adresse, nachdem ihre Wohnung aufgelöst wurde.

Manche möchten immer noch »nach Hause«, dieses existiert aber gar nicht mehr. »Ich will nach Hause«, das kann auch heißen: Ich möchte zurück in das Leben. Andere haben die Realität des Pflegeheimes als ihr Zuhause akzeptiert. Das gilt ohnehin für Menschen mit Beeinträchtigungen, die manchmal nach fünfunddreißig Jahren in dem Heim sterben, in dem sie gelebt haben: Das war dann unfraglich ihr Zuhause, zumal in vielen Fällen eine Beziehung zur Familie nicht existiert. Eine Pflegerin sagt dazu: »Ich denke, dass das Zuhause da ist, wo die vertrauten Gesichter sind.«

Wieder andere kehren aus der Wohnung in den Schutz des Krankenhauses zurück, weil sie sich dort sicherer fühlen, und ziehen diesen Ort dem Zuhause vor. Und was ist mit den Patienten, die in den letzten zwei Monaten ihres Lebens zwischen Krankenhaus und heimatlicher Wohnung pendeln? Wohnen sie im ländlichen Bereich, bedeutet das: vierzig bis fünfzig Kilometer Fahrt im Krankenwagen – man kann sich ausmalen, was das für einen Menschen am Ende des Lebens bedeutet.

Ein pensionierter Chefarzt berichtet, dass vor zwanzig Jahren auf seiner internistischen Station die durchschnittliche Liegezeit 16,5 Tage betrug. Heute sind es noch 5,9 Tage. Fachleute sprechen von der »blutigen Entlassung«.

Und immer wieder wird das häusliche Sterben auch durch Notärzte abgebrochen, die – zumal wenn sie jung und unerfahren sind – die Ängste der Angehörigen und die eigenen so interpretieren, dass sie eine Einweisung für den sicheren Weg ansehen. In Pflegeheimen hat eine erfahrene Leitung oft Probleme, den Verbleib im Heim gegen den Arzt durchzusetzen.

Menschen, die dann doch zu Hause bleiben, können in vielen Regionen Deutschlands auf ambulante Hospizdienste zurückgreifen und neuerdings auch auf Pflegeteams, die rund um die Uhr Bereitschaft haben.

Angehörige, so wird berichtet, »dekompensieren« oft unter dem Druck, den die Versorgung eines Sterbenden bedeuten kann. Sie brennen aus und geraten an den Rand eines Zusammenbruchs. Das mag bisweilen auch an einer überhöhten Erwartung liegen, die die Pflegenden an sich selbst stellen, oder daran, dass in der Kleinfamilie die Verantwortung auf ein oder zwei Personen lastet, statt wie ehemals auf acht oder zehn. Und die Angehörigen können den Fortschritt der Medizin nicht ausblenden: Was noch vor hundert Jahren keine besonderen Kenntnisse erforderte, die Pflege eines sterbenden Angehörigen, reißt die Pflegenden heute hinein in die Frage: Tun wir das Richtige? Ist das auch gut? Tun wir genug? Wäre das Krankenhaus besser? Ärzte geben einem zu verstehen, dass sie Familienmitgliedern bisweilen Morphium an die Hand geben, weil das Warten auf den Arzt im Fall eines Schmerzschubs zu lange dauern würde. Das wird manchem eine zu große Verantwortung sein. Dann kommt obendrein der professionelle Pflegedienst und kritisiert, dass ein Dekubitus entstanden ist: Man habe nicht ausreichend achtgegeben. Es geht eben in kleinen Familien oder mit dem Ehepartner, der allein ist, nicht ohne Hilfe. Wie soll der achtzig Kilo schwere Ehemann von der dreiundsiebzigjährigen Ehefrau gehoben, gewaschen und gewindelt werden?

Alle scheinen zu Recht zu klagen: Der Hausarzt, dass er nicht informiert ist (»schlechtes Entlassungsmanagement«). Die Angehörigen, dass sie überlastet sind und Entscheidungen fällen müssen, die zu schwierig sind. Und die Pflegerin, an der alles hängen bleibt: »Wir sind der Mülleimer für alles, was schiefgegangen ist.«

Manchmal hat man den Eindruck: Das ist ein Versorgungschaos, mit dem wir heute konfrontiert sind. So komplexe unterschiedliche Angebote für ein kompliziert gewordenes Sterben! Wer soll da den Überblick behalten? Wer soll in dieser für Betroffene und Angehörige schwierigen Situation die notwendigen Entscheidungen fällen und die erforderlichen Verknüpfungen herstellen? Die Frage, die sich Angehörige unablässig stellen: Sollen wir mehr machen oder weniger?

Vielerorts wird etwas versucht, und oft besteht dieser Versuch darin, es besser zu machen, aber die Kosten draußen zu halten. In Marburg ist von einer Krankenkasse ein studentischer Bereitschaftsdienst eingerichtet worden. In dem Bereitschaftspool sind sechzig Studierende, die man als Nachtwachen engagieren kann. Die Nachtwache kostet fünfzig Euro und muss von den Betroffenen selbst bezahlt werden. Die Krankenkasse hat sich darauf beschränkt, den Dienst zu organisieren. Für Angehörige, die das bezahlen können, ist es so möglich, selbst einmal schlafen zu können oder einfach für einige Stunden Distanz zu gewinnen. Aber was ist mit denen, die sich das nicht leisten können?

Die Klage der professionellen Pflege richtet sich auch an die Pflegekassen: Oft dauert es Wochen, bis jemand kommt, der eine höhere Pflegestufe bescheinigt. »Man kann da fünfunddreißigmal anrufen, und es passiert nichts. Dann kommt der medizinische Dienst der Krankenkassen, und der Patient ist längst tot«, sagt eine Pflegedienstleiterin. Es ist dann unklar, wer die Kosten trägt für die zusätzliche Pflege, die in der Zeit zwischen dem Auftreten der Schwierigkeiten und der Einstufung in eine neue Pflegeklasse in der Zwischenzeit anfallen. Und erst recht schwierig wird es, wenn Phänomene auftreten, die eindeutig eine soziale Dimension haben, die Kosten verursachen, die aber niemand tragen will.

Die Pflegerin W. erzählt, dass sie lange einen Mann, der an Demenz litt, versorgt hat. Ihm mussten wegen offener Wunden die Beine täglich verbunden werden. Wenn die Wunden verheilt waren, kam die Schwester nicht mehr, weil sie dann ihre Dienste nicht mehr abrechnen konnte. Dann riss er sich die Verbände ab, um sie auf diese Weise – halb bewusst? – wieder zum Besuch zu veranlassen.

In einem anderen Fall besteht die Pflegekasse darauf, die abendliche Pflege nicht zu bezahlen, weil das doch die Schwiegertochter machen könne. Die ist aber Schichtarbeiterin und droht ihren Job zu verlieren, wenn sie das übernimmt.

Und mitunter geschieht etwas Richtiges, das zugleich eigentlich illegal ist. Frau K. zum Beispiel ist bettlägerig und eine palliative Patientin. Die Pflegerin kommt und Frau K. bittet sie, mit ihr zu sprechen, statt sie zu waschen. Das sei wichtiger. Die Pflegerin lässt sich darauf ein, bekommt dann aber von den Angehörigen zu hören, dass sie »Waschen« nicht abrechnen dürfe, denn sie habe die Patientin ja gar nicht gewaschen.

Schaut man auf die palliative »Versorgungsszene«, dann hat man, angesichts dieser Geschichten, manchmal den Eindruck, in Absurdistan angekommen zu sein – ohne dass man direkt Schuldige für diese Absurditäten identifizieren könnte. Der Arzt P. übernimmt, um seinen Verdienst aufzubessern, bisweilen Dienste als Arzt im Unfallwagen. In dieser Funktion wird er dann ins Pflegeheim oder in eine Familie gerufen, weil dort jemand vom Arzt eine Spritze gesetzt bekommen muss. Der Hausarzt kommt nicht, weil das sein Budget nicht hergeben würde. Der Einsatz mit dem Unfallwagen kostet 600 Euro. Absurd.

Wenn sich Hausärzte kümmern, werden sie von der Krankenkasse abgemahnt. Die Fallpauschalenregelung führt zu einem Pendlerdasein am Lebensende – das sich zwischen Krankenhaus und Wohnort abspielt. Wenn der Onkologe sich die Zeit nimmt für ein Gespräch mit einem Patienten am Lebensende und ihn dazu bewegen kann, sich in ein Hospiz verlegen zu lassen: Dann tut der Arzt etwas, was nicht eigentlich seine Sache ist. Er kann es daraufhin aber erleben, dass die Krankenkasse die Verlegung verzögert: Denn Geld hat der Patient schon im Krankenhaus gekostet. Jetzt müsste die Krankenkasse noch einmal zahlen. Der Bewilligungsbescheid kommt – in dem konkreten Fall – zwölf Tage später. Der Patient ist da schon tot. Absurdistan? Absurdistan!

Viele wissen nicht, dass es Hospizdienste gibt, die mit ehrenamtlichen Kräften einzuspringen bereit sind. Allerdings ist es mit ehrenamtlichen Hospizhelfern auch nicht immer leicht, Nachtwachen zu organisieren. Und das Verhältnis zwischen Hospizlern und Ärzten ist oft gespannt: »Der Arzt rauscht rein und rauscht wieder raus«, ohne mit dem Ehrenamtlichen überhaupt nur Kontakt aufzunehmen, der neben dem Bett sitzt. Pflegedienstler fügen hinzu, dass die Inkompetenz vieler Hausärzte im Umgang mit Sterbenden haarsträubend sei. Es wird – angesichts der alternden Gesellschaft, der wachsenden Zahl von Alleinlebenden und der spürbaren Kosteneinschränkungen gar nicht anders gehen, als dass diese Dienste in Zukunft mehr Gewicht bekommen und dass die Zahl der Ehrenamtlichen, die bereit sind zu helfen, noch gesteigert wird, obwohl heute in Deutschland immerhin schon 100 000 Menschen in solchen Hospizdiensten engagiert sind. Im ländlichen Bereich allerdings tut man sich noch schwer mit den Ehrenamtlichen. Man sieht sich als gescheitert an, wenn man die Pflege des sterbenden Angehörigen nicht allein schafft.

Dass das Lebensende zum »Problem« geworden ist, hat – wie bereits betont – mit dem Zerbröckeln von Familie und Nachbarschaft zu tun. Auch mit der rasanten Individualisierung, die es uns schwermacht, sterbende Angehörige bei uns zu haben, da sie ja doch den Alltag völlig verändern und ungewohnte Einschränkungen abfordern. Diese Individualisierung schlägt am Lebensende auf uns zurück: Niemand will uns. Kinder und Alte stören. Sterbende erst recht.

Weil man die Mutter nicht ins Pflegeheim »abschieben« möchte, sie auch in ihrer Wohnung bleiben will, hat sich in Westeuropa das Modell der Versorgung durch billigere Pflegekräfte aus dem Osten ausgebreitet. Bisweilen finden sich inzwischen Anzeigen, in denen unumwunden Sterbebegleitung (fünfzig Euro am Tag) von östlichen Pflegediensten angeboten wird. 100 000 Haushalte in Deutschland sollen sich gegenwärtig dieser Pflegedienste am Rande der Legalität bedienen. Es ist eine bezahlte Lösung für ein soziales, ehemals familiales Problem.

Die Binnenverhältnisse solcher häuslichen Pflegekontrakte sind noch wenig untersucht, aber es dürfte bisweilen für beide Seiten schwierig sein. Frau R. zum Beispiel kann sich nicht mehr allein versorgen. Bypässe, Gehprobleme. Sie ist immer extrem sparsam gewesen. Nun zankt sie mit ihrem Sohn über die Frage, ob das uralte Kinderbett des Sohnes für die Pflegerin nicht doch noch gut genug sei. Und braucht die Frau wirklich einen Fernsehapparat? Und: Sie kaufe immer zu viel und zu teuer ein.

Übersehen ist bisher auch die Frage nach den Konflikten, die bei der Begleitung Sterbender in der Familie aufbrechen. Wer ist zuständig? Wer macht welche Arbeit? Wer hält die überanstrengte Familie zusammen? Wer entscheidet bei Pflegefragen? In der Familie von B. leidet die Mutter an fortschreitender Muskellähmung. Sie wird von ihrem Mann und den beiden Söhnen rund um die Uhr versorgt. Und dann bricht die Debatte um die PEG-Sonde aus: Soll sie jetzt, wo sie in den Zustand gekommen ist, dass sie nicht mehr schlucken kann, künstlich ernährt werden oder nicht? Ist die lebensverkürzende Maßnahme – keine PEG-Sonde – vertretbar oder nicht?

Und über die Konflikte hinaus: Wir wissen wenig über Gewalt und Vernachlässigung, die es neben aufopfernder Pflege eben auch gibt. Wir wissen – da die Obduktion bei uns eher selten ist – auch sehr wenig über das Dunkelfeld, in dem bewusste Vernachlässigung oder mehr zum Tode führen.

Was wird sein, wenn die polnischen Pflegerinnen eines Tages nicht mehr kommen, wenn sie selbst im alternden Polen zu pflegen haben und die Löhne dort auf unser Niveau gestiegen sein werden? Gegenwärtig handelt es sich bei den Pflegerinnen in diesem Graubereich der Legalität um Menschen, die meistens die deutsche Sprache und viele unserer kulturellen Gewohnheiten teilen. Und deren katholische Religiosität sie auch manches mitmachen lässt, was sich sonst nicht ertragen ließe. Die nächsten Pflegegenerationen kommen schon aus der Ukraine, dann werden es irgendwann asiatische Pflegekräfte sein. Die kulturelle Distanz wird größer. Sterben wird sich einbetten in die Prozesse der Globalisierung, und man wird sich seine persönlichen Dienstleistungen aus dem World Wide Web besorgen können. Werden wir es erleben, dass man sich die personalen Ressourcen für Sterbebegleitung – mit Zertifikat – bei ebay-ähnlichen Anbietern ersteigern kann? Und man muss sich fragen, ob dies der Einstieg in einen virtuellen Markt für Leibeigene (oder soll man sie Kurzzeitexperten nennen?) aus den armen Regionen der Welt wird?

Urgroßmutters Totenhemd

»Meine Urgroßmutter wurde 1877 in H./Kreis Gießen geboren. Sie wurde 100 Jahre alt. Als ich geboren wurde, war sie 80 Jahre alt. Zu ihrer Hochzeit im Jahr 1900 bekam sie ein Totenhemd geschenkt. Das war damals in der bäuerlichen Dorfgemeinschaft so üblich.

Als Kind hat mich dieses Totenhemd immer fasziniert. Oft, wenn ich meine Urgroßmutter in ihrem Wohnbereich besuchte (wir lebten auf einem Bauernhof in einer Großfamilie mit vier Generationen), fragte ich danach. Gerne zeigte sie es mir, und sie sprach in einer ganz unbefangenen und heiteren Weise vom Tod. Als ich ungefähr 10 Jahre alt war, ›beauftragte‹ sie mich, dafür Sorge zu tragen, dass es ihr auch angekleidet wurde, wenn sie gestorben war. Sie befürchtete, ihre Tochter, meine Großmutter, könne mit ›neumodischem Kram ihre Leiche verhunzen‹. Die Besichtigungen dieses Totenhemds und die Gespräche darüber wurden zu einem Geheimnis zwischen mir und meiner Urgroßmutter. Meine Mutter fand es gar nicht gut, dass sie so oft mit mir über Tod und Sterben sprach.

Eines Tages, ich war ungefähr 12 oder 13 Jahre alt, hatten wir wieder eines unserer ›Sterbegespräche‹ und schauten das Totenhemd an. Sie fand, dass es an der Zeit war, dieses Totenhemd, das nun 70 Jahre im Schrank gelegen hat, zu reinigen. Sie könne doch nicht ein schmutziges, staubiges Hemd anziehen und so bei ihrem Balthasar (ihr Mann, der schon seit 30 Jahren tot war) im Himmel erscheinen. Da müsse sie sich ja schämen.

In dieses Hemd waren Perlen eingestickt – die gleichen wie in ihrer bäuerlichen Hochzeitskrone, die ebenfalls in ihrem Schrank aufbewahrt wurde und die auch immer Gegenstand meiner Neugier war. Wegen dieser Perlen konnte es nicht gewaschen werden. Sie fand, es müsse in die Reinigung.

In unserem Dorf gab es aber noch keine Reinigung, und so sollte ich es mit nach Gießen nehmen, wo ich aufs Gymnasium ging.

Die Notwendigkeit sah ich ein, aber mir war nun doch etwas mulmig zumute. Da ich jedoch meine Urgroßmutter liebte und irgendwie auch das Totenhemd, das uns all die Jahre so schöne und geheimnisvolle Gespräche beschert hatte, nahm ich es mit nach Gießen.

In der Reinigung wollte ich es ganz schnell hinter mich bringen: Legte es auf den Ladentisch ohne viel Worte und wollte den Abholzettel entgegennehmen. Die Angestellte faltete es auseinander und meinte, Nachthemden müssten doch nicht gereinigt werden. Das Totenhemd als Nachthemd zu bezeichnen, fand ich eine Kränkung, und schulmeisterlich klärte ich sie auf, das sei ein Totenhemd. Darauf schrie sie entsetzt den ganzen Laden zusammen. Nun standen alle um mich herum und starrten auf das Hemd. Fassungslos darüber, dass es so etwas noch gäbe und dass man ein Kind damit herumschicke und belaste.

Ich konnte das alles nicht verstehen und war ebenfalls fassungslos. Bisher war ich davon ausgegangen, dass zumindest alle alten Leute so ein Totenhemd besitzen.

Letztendlich wurde es gereinigt. Wie einen Schatz trug ich es nach Hause, und dort wanderte es wieder in den Schrank meiner Urgroßmutter. Als sie mit 100 Jahren starb, konnte ich ihr am Sterbebett versichern, dass ich ihr das Totenhemd anziehen würde. Das habe ich auch getan, und die Hochzeitskrone habe ich ihr auch mit in den Sarg gegeben. Das hätte ihr gefallen. Ihrem Balthasar wahrscheinlich auch.«

Diese Geschichte hat eine hessische Pfarrerin aufgeschrieben, die sich heute in der Hospizbewegung engagiert. Vielleicht ist das Gespräch mit der Urgroßmutter über ihr Totenhemd ein wichtiger Anstoß dafür gewesen? Die Unbefangenheit und Selbstverständlichkeit im Umgang mit Sterben und Tod, von der die Erzählung zeugt, sind längst gewichen, als die Erzählerin das Totenhemd in die Reinigung bringt. Es ist ein Keil, der in die Welt der chemischen Reinigung getrieben wird, die ja auf den schnellen Umschlag kurzlebiger Waren angelegt ist.

Wer käme heute auf die Idee, anlässlich einer der Event-Hochzeiten, bei der man die Kurzfristigkeit des Bündnisses schon ahnt, der Braut ein Totenhemd zu überreichen? Das Totenhemd ist ja ein Memento mori, das vom Anfang und vom Ende spricht und das wahrscheinlich die Köstlichkeit des hochzeitlichen Anfangens überhaupt erst spürbar gemacht hat. Wahrscheinlich hat die Hochzeitskrone ihren Glanz vom Totenhemd her empfangen, das an den Rhythmus des Lebens erinnert und eher von erfüllter Zeit als von der Gier nach Verlängerung spricht.

Das »zu Hause sterben« war in der Zeit dieses Totenhemdes einfach die selbstverständliche Gegebenheit, die Conditio humana, die nun einem komplizierten, bezahlten Versorgungspaket Platz macht.

10. Kapitel

Warum ist die Hospizbewegung in Gefahr?

»Es ist einmal das bedenkliche Wort von einem ›Großbetrieb der Barmherzigkeit‹ gebraucht worden. Sobald wir Betrieb würden, in dem der Einzelne nur noch eine Nummer ist; sobald ein überliefertes Schema, auch wenn es noch so schön wäre, zur Versteinerung würde, in der alles Leben erstickt, dann wären wir verloren.«

Friedrich von Bodelschwingh

Stirbt die Hospizbewegung an ihrem Erfolg?

Die Hospizbewegung in Deutschland feiert sich: Es ist gerade die Zeit, in der landauf, landab das zehnjährige, fünfzehnjährige, zwanzigjährige Gründungsdatum festlich begangen wird.[136] Die Bilanz ist ja auch beeindruckend: Fast 200 stationäre Hospize, mehr als 1000 ambulante Hospizdienste in Deutschland, von 100 000 ehrenamtlichen Helferinnen und Helfern ist die Rede – und das alles ist in einer vergleichsweise kurzen Frist auf die Beine gestellt worden. Zu feiern ist der große Erfolg einer anfänglich sehr kleinen Initiative, die sich gegen manchen Widerstand durchgesetzt hat.

Was wird gefeiert? Der Erfolg? Das Murren vieler ehrenamtlicher Helfer aus den hinteren Reihen bei diesen Festveranstaltungen ist unüberhörbar. Während in den ersten Reihen das Hospizestablishment Platz genommen hat (Oberbürgermeister, Landtags- und Bundestagsabgeordnete, Minister und Politikerinnen aller Couleur, Palliativmediziner, Hospizleiter, Case-Manager, Qualitätsbeauftragte, Direktoren von Wohlfahrtsverbänden oder Hospizakademien – und Festvortragsreferenten[137]), breitet sich bei den Ehrenamtlichen Frust aus: Was ist eigentlich aus der Hospizbewegung geworden? Sind wir – die Ehrenamtlichen – nicht an den Rand gedrängt, obwohl wir die Initiative auf den Weg gebracht haben? Richtet das viele Geld, das heute – gesetzlich garantiert – über die Hospize ausgeschüttet wird, die Hospizinitiative zugrunde und macht aus ihr eine gut gemanagte Abteilung in der Versorgungslandschaft? Ist das Hospiz nicht längst ein Dienstleistungszweig neben dem Krankenhaus und dem Pflegeheim geworden? Ehrenamtliche in Hospizen – sie sitzen inzwischen oft am Empfang, sind als kostengünstige Putzhilfen tätig oder dürfen still im Hintergrund bleiben, wenn der behandelnde, palliativ geschulte Arzt reinschaut, der die Ehrenamtlichen wie Ausstattungsgegenstände geflissentlich übersieht und wieder rausrauscht.

Ist das der Lauf der Zeit? Die Hospizbewegung – so erklärt ein renommierter deutscher Palliativmediziner – ist ein wichtiger Anstoß gewesen, gewissermaßen das embryonale Stadium einer tendenziell flächendeckenden Palliativversorgung in Deutschland. Der Treibsatz hat gezündet – nun müssen professionelles Management und ausgebildete Experten aus den Bereichen Medizin, Pflege und Spiritualität ein Paket schnüren, das die Hospizbewegung aus dem Laienstadium in die Fachwelt überführt.

Die Ehrenamtlichen werden in dieser Entwicklung natürlich im Grunde zu Störfaktoren, wenn sie sich nicht freiwillig auf Funktionen als Hausmeister, Empfangsdamen oder Putzfrauen beschränken. Ist das das Ende der Hospizbewegung? Macht ihr der eigene Erfolg den Garaus? Ist das die angemessene Vollendung der Initiative? Es werden noch ein paar Bundesverdienstkreuze verteilt und die Hospizinitiative kann abtreten, weil sie erreicht hat, was sie erreichen wollte. Es wird schließlich heute kaum noch in den Badezimmern oder Abstellkammern irgendwelcher Kreiskrankenhäuser gestorben: Von Riga bis Frankfurt, von Brescia bis Oslo ist man längst bemüht, die Standards der Weltgesundheitsorganisation zur palliativen Versorgung, die man im Internet nachlesen kann, einzuführen. Man darf in Europa zumindest immer sicherer sein, dass das Ableben geordnet, professionell, schmerzfrei und kontrolliert verläuft.

Wir versuchen in diesem Buch, darüber nachzudenken, ob es auch andere Richtungen gibt, andere Wünsche, andere Notwendigkeiten. Wir vertreten die Auffassung, dass die Umwandlung der Hospizbewegung in einen qualitätskontrollierten, spezialisierten medizinisch-palliativen Komplex ein verhängnisvoller Irrtum und ein falscher Weg ist. Vor allem aus zwei Gründen: Es ist zwar viel von der »Würde« der Menschen am Lebensende die Rede. Doch wir erheben Einspruch gegen eine Entwicklung, bei der die Sterbenden enteignet zu werden drohen und der Tod getötet wird. Je mehr das Ableben zu einer medizinisch-pflegerisch-spirituell überwachten und käuflichen Dienstleistung wird, desto mehr wird den Menschen ihr Sterben aus der Hand genommen. Diese Dienstleistung kommt gern Rilke-mäßig daher (»Oh Herr, gib jedem seinen eigenen Tod«), partnerschaftlich, aber das droht Maskerade und Camouflage zu werden, wenn der eigene Tod auf die Wahl zwischen verschiedenen palliativen Dienstleistungen reduziert wird. Die Nötigung zur Selbstbestimmung wird zu einem Teil des palliativen Geschäfts. Zuerst wird bis zum »vorletzten Atemzug« gnadenlos therapiert, die Möglichkeit des Sterbens weder angesprochen, geschweige denn vorbereitet. Möchten Sie diese Chemotherapie noch? Darf es eine terminale Sedierung sein oder möchten Sie noch einmal bei den spirituellen Angeboten zugreifen?[138]

Zum letzten Atemzug wird dann überwiesen, ins Hospiz, in die Kurzzeitpflege, ins Pflegeheim. Der expertokratische Zugriff auf den letzten Lebensabschnitt schafft ein Bedürfnis, das über kurz oder lang nicht mehr zu befriedigen sein wird. Der »einfache«, unbegleitete Tod stirbt aus und wird durch ein gesetzlich und finanziell abgesichertes Sterbepaket abgelöst. Die Menschen werden sich schon bald keinen Tod mehr vorstellen können, der nicht durch palliative Begleitgeschwader abgesichert ist. Aber wie überall, wo den Menschen die eigenen Kompetenzen genommen werden und sie »verdienstleistet« werden, wird es teuer. Eine ambulante oder stationäre palliative Versorgung, auf die irgendwann alle Menschen einen Anspruch zu haben meinen oder ohne die sie nicht meinen sterben zu können, wird unbezahlbar. Besonders in einem radikal alternden Europa. Während die deutsche Bevölkerung bis 2050 auf 68,8 Millionen Menschen schrumpfen wird, steigt der Anteil der Altersbevölkerung ab fünfundsechzig Jahren um achtunddreißig Prozent, der ab achtzig Jahren um hundertsechsundfünfzig Prozent. Die Zahl der Beitragszahler sinkt, die Gesundheitskosten werden explodieren, wenn ab 2020 die geburtenstarken Jahrgänge ins Rentenalter kommen.[139]

Fast überall in Europa sind diese Entwicklungen ähnlich. Das Bedürfnis nach einer palliativen Versorgung auf hohem Niveau wird unbezahlbar werden und zwangsläufig die Forderung nach der Begrenzung von Leistungen nach sich ziehen. Erst wurde das Bedürfnis geweckt, jetzt setzt es sich durch, und im nächsten Schritt wird es die Rationierung von Hospizleistungen geben müssen – man kann auch sagen: Die Deckelung von palliativen Angeboten wartet schon an der nächsten Ecke.

Weil dies so ist, wird die Hospizbewegung gebraucht. Je einsamer die Menschen werden, je mehr alte Menschen allein leben, je weniger die Familie eine Zuflucht am Lebensende ist, desto wichtiger wird eine zivilgesellschaftlich-freundschaftlich sorgende Antwort auf die neuen Ratlosigkeiten am Lebensende. Nur eine Hospizbewegung, die sich besinnt, die sich aus den Fängen der Vergeldlichung, der Professionalisierung und der medizinischen Alleinherrschaft befreit, wird imstande sein, den Herausforderungen der kommenden Jahrzehnte zu begegnen.

Eine selbstbewusste Neuerfindung der Hospizbewegung ist fällig. Diese neue Bewegung wird wissen, dass sie ohne Geld nicht auskommen kann und nicht ohne Erfahrungen, Kenntnisse und Kompetenzen – aber ihre Protagonistinnen und Protagonisten werden sich nicht wieder auf den Status der billigen Putzfrau reduzieren lassen, und sie kann damit Erfolg haben, weil die palliative Praxis, die sich allein auf die medizinisch-pflegerische Expertise (mit einer Prise Spiritualität) stützt, zum Scheitern verurteilt ist.

Eine Zeitlang kann man den Esel vorantreiben, indem man eine Karotte vor seinen Augen schaukeln lässt. Irgendwann bleibt er dennoch stehen und dreht um. Die Hospizbewegung muss endlich stehen bleiben, sich weigern, umkehren, neu anfangen.

Wir möchten einen bescheidenen Beitrag zu dieser Besinnung der Hospizbewegung leisten – als kritische Freunde hoffentlich, nicht als mäkelnde Beckmesser. Ins Auge zu fassen ist eine zivilgesellschaftliche Neugründung der Hospizarbeit, die sich ein Stück wieder löst vom Verfall an den Apparat. Die nicht möchte, dass das Lebensende in die Hände dienstleistender palliativer Bürokraten gerät, die an nicht anderes mehr als an Qualitätskontrolle und die Erschließung neuer Geldquellen denken und dabei fast zwangsläufig nicht mehr Personen, sondern statistische, messbare und entpersonalisierte Abläufe vor Augen haben, die die Zukunft der Versorgung von Sterbenden nahezu ausschließlich im Zuwachs von klinischen Palliativbetten sieht.

Die Hospizbewegung hat sich blenden lassen vom Geld, von der Akzeptanz, von der Medikalisierung. Die Hospizbewegung muss nicht zurückgehen, sondern zur Seite treten und neu ansetzen. Ganz ruhig wird sie sich neu entwickeln können und darauf warten, dass das medizinisch-palliative Projekt scheitert, weil es aus dem Ruder läuft: zu viel, zu groß, zu teuer, zu kalt, zu technisch – die Leute (die Betroffenen und ihre Angehörigen) sind eben gar nicht so dumm, wie manche vielleicht denken. Die Hospizbewegung muss sich neu erfinden, um nicht Gefahr zu laufen, an der Verplanung, Vermessung und Verprojektung des Lebensendes teilzuhaben.

Gefahren und Chancen für die Hospizbewegung

Die Hospizbewegung hat ein lebendiges und humanes Netz gewebt. Wo sonst trifft man heute so viele Menschen guten Willens, mit diesem Engagement, mit diesem Herzblut? Manchmal sieht es fast so aus, als würden sich die Nachdenklichen und Unangepassten, die der Beschleunigungs- und Konkurrenzgesellschaft überdrüssig sind, in diese hospizliche Gegenwelt retten. Dort haben die lebenswichtigen Fragen nach Würde und Menschlichkeit, nach Mitleidenschaft und Mitverantwortung, nach Liebe und Freundschaft, nach der Spiritualität und dem »Danach« offenbar noch einen Platz. Im Sterben und mit den Sterbenden – so hofft man – tritt das Leben noch einmal aus dem Schatten eines konsumistischen und oberflächlichen Dahinlebens. Viele scheinen zu ahnen, dass das Sterben der letzte »heilige Ort« ist, den wir noch haben, weil sich dieser Lebensabschnitt der dummdreisten Oberflächlichkeit, die unser Leben üblicherweise prägt, entzieht.

Die Hospizbewegung war immer eine Kritik am Status quo des Sterbens. Der Bau eigener Häuser, der stationären Hospize, war ja letztlich das skeptisch-resignative Signal, dass in den herkömmlichen Organisationen ein »gutes Sterben« wohl nicht möglich sei. Auf der anderen Seite wurde in der Hospizbewegung der aktiven Euthanasie immer eine klare Absage erteilt. Das war ihr Credo.

Die Hospizbewegung hat ihre Kritikfähigkeit, die Freiheit und Unabhängigkeit, das eindeutige Eintreten für die Schwachen und Lobbylosen weitgehend preisgegeben, fasziniert von der Möglichkeit, im Festsaal der Macht mit am Tisch zu sitzen und im Scheinwerferlicht der Öffentlichkeit Erfolg und Ansehen zu haben. Endlich wird gesetzlich und finanzpolitisch honoriert, was bis dato nicht in den gängigen Währungseinheiten der Gesellschaft verrechenbar war. Der Kapitalismus als Religion der Moderne (Walter Benjamin) hat auch die Hospizbewegung erreicht und droht sie aufzufressen. Natürlich nicht im Sinne der Selbstbereicherung, aber im Sinne des Aufbaus starker Organisationen und einflussreicher Lobbys, kurz: der Unterwerfung unter den Mainstream.

Die Medizin hat in fast allen ihren Fächern dem Tod den Krieg erklärt, die Hospizbewegung aber wollte und will Frieden schließen mit ihm. Also brauchte man eigene Organisationen und Dienste mit einer anderen Logik, in der Sterbende sein dürfen und der Tod nicht bekämpft werden muss, Orte eines ruhigen und gelassenen Umgangs. Hospiz steht für den Weg, neue Räume zu schaffen, in denen ein würdiges Sterben möglich ist – durch ambulante oder stationäre Unterstützung. Der wichtigste Impuls der Hospizbewegung ist ihre Sozialität gewesen: Das Sterben wollte sie herausholen aus einem technisch-pharmazeutisch-medizinischen Komplex, der zudem schwere Mängel aufwies: Tabuisierung des

Themas Tod, Abschieben ins Badezimmer, Distanzierung, Ausschluss der Angehörigen etc.

Heute sind diese Räume als soziale Räume aufs Höchste gefährdet: Menschenwürdiges und sozial verbundenes Sterben selbst ist so gefährdet wie der Urwald am Amazonas. Das Lebensende wird gegenwärtig zum Ziel eines planungs- und kontrollbesessenen Projekts. Die Menschen wurden in den letzten Jahrzehnten daran gewöhnt, »Lebensplanung« zu betreiben, nun tritt eine Art »Sterbeplanung« hinzu. Die Patientenverfügung ist das vielleicht anschaulichste Beispiel dafür, dass wir unter den Druck geraten, uns planend in eine Situation hineinzuversetzen, in der wir schwerkrank, dement oder krebskrank sind. Und dann sollen wir sagen, welche Entscheidungen in dieser Situation getroffen werden sollen.

Neben der Patientenverfügung ist die Debatte um »Sterbehilfe« ein deutliches Zeichen für die beginnende Projektierung des Sterbens: Der moderne Mensch, bis in die Zehenspitzen von seiner Individualität und Autonomie überzeugt, kann es sich nicht mehr vorstellen, dass der Tod »kommt«, sondern er muss ihn in seine eigene Verfügungsgewalt zu bekommen versuchen.

Das »eigene Sterben« ist bedroht: Wenn man im Urwald-Bild bleiben will, könnte man sagen: Das Eigene, das früher in einer Fülle von Ritualen erkennbar war, wird abgeholzt. Und so wie im Amazonasbecken öde Agrarsteppen an die Stelle der Vielfalt treten, so tritt an die Stelle des eigenen Sterbens ein in professionelle Dienstleistungen eingeschnürtes Ableben: angstfrei, schmerzfrei, pharmakologisch und spirituell narkotisiert.

Die Hospizbewegung ist in der Gefahr, diesem Prozess selbst auf den Leim zu gehen. Sie scheint sich oft selbst nicht zu trauen: Statt mit Selbstbewusstsein darauf zu bestehen, dass die soziale Einbettung der Sterbenden die wichtigste Voraussetzung für ein würdiges Sterben ist, lässt sie sich von den Betten der Sterbenden verdrängen und räumt dem medizinisch-technischen Tun selbstverständlich die Priorität ein. Statt davon auszugehen, dass sie das Eigentliche hütet, buhlt sie immer mehr um die Anerkennung durch die Palliativmedizin. Dass die Hospizler auch professionell handeln, dass sie auch ausgebildet sind, wird zum wichtigsten Argument in der Debatte. Die Hospizbewegung macht sich selbst zum *clerus minor,* zu den Laienbrüdern, neben den wahren medizinischen und pflegerischen Priestern. Damit besteht die Gefahr, dass die Hospizbewegung selbst es ist, die der Medikalisierung, Institutionalisierung und Ökonomisierung des Lebensendes den Weg frei macht.

Medikalisiert, weil Hospize künftig von Ärzten geleitet werden sollen, was den Sieg der Palliativmedizin über die Hospizbewegung endgültig machen würde.

Institutionalisiert, weil jeder – ob ambulant oder stationär – zum potenziellen Kunden palliativer Angebote werden soll. Palliativmedizin will »flächendeckend« werden. Wer noch unbetreut stirbt, wird zum Sonderling.

Ökonomisiert, weil die Sterbekosten künftig genau kalkuliert werden. Sterben ist zu teuer geworden, soll künftig durch palliative Angebote betriebswirtschaftlich besser kalkulierbar werden.

Summa summarum: Die Hospizbewegung ist in der Gefahr, ein Teil jenes Prozesses zu werden, der das Sterben zur Planungsaufgabe werden lässt. Sie ist aufgebrochen, um aus dem Ägypten eines kalten und seelenlosen Krankenhaussterbens auszuziehen, und kommt nun nicht etwa im Gelobten Land einer würdigen Sterbekultur an, sondern findet sich plötzlich als Teil eines Managementprojektes wieder, das »Sterben« heißt.

Die Hospizbewegung ist zu erfolgreich. Und sie droht an diesem eigenen Erfolg zugrunde zu gehen. In spätestens zehn Jahren wird sie gestorben sein, wenn sie die Richtung nicht ändert, oder sie wird so in die Palliativmedizin inkorporiert sein, dass sie sich selbst nicht mehr wiedererkennt. Die Totengräber der Hospizbewegung sind schon am Werk, und sie kommen vor allem aus den eigenen Reihen – und wissen nicht, was sie tun. Die Hospizbewegung ist in der Gefahr, bürokratisch stillgelegt zu werden, ihre Vitalität wird gerade gezähmt durch Regelfinanzierungen. Die Glut des Charismas erstickt in Qualitätskontrollen. Flächendeckend, bettendeckend werden die Standards für Lebensqualität vorgegeben. Die Hospizbewegung hat sich unter dem von ihr empfundenen Professionalisierungsdruck das ganze Vokabular und die Vorgehensweise moderner Sozialtechnologien angeeignet. Auch weil sie immer mehr Distanz zur Bürgerbewegung bekommen hat und immer mehr an Geldtöpfen hängt: Geldgeber wollen wissen, wo ihr Geld bleibt und wie es verwendet wird. Und auch die »Kunden« haben ein Recht auf Vergleichbarkeit, auf Überprüfung der geleisteten Dienste, auf Transparenz. Aber wenn man EDV-gestützte Pflegedokumentationen anlegt und anlegen muss, dann ist die Gefahr, dass der Patient mehr über Daten beobachtet wird als über den unmittelbaren körperlich-seelischen Kontakt; dass nur zählt, was auch gezählt werden kann; dass das Biographische, das soziale Gesicht des Lebens und sein Verlauf in einer Fußnote verschwindet, in den Masken der Computerprogramme. Schon ziehen sich gerade die Engagiertesten zurück, weil sie in den Debatten, die geführt werden, nichts mehr erkennen von jenen Motiven, die sie anfangs beflügelten. Ehemalige Pioniere degenerieren zu Lobbyisten in Sachen Sterben und Tod. Die Gefahr droht, dass Sterbeverwalter, Thanatokraten, die Regie übernehmen. In den Gesundheitsämtern und Behörden beginnen sich die Beamten des Sterbens verwaltungstechnisch anzunehmen. (Erwogen wird in Deutschland, dass die Gesundheitsämter die

Kontrolle über die Vergabe der Gelder für ambulante palliative Dienste übernehmen: Irgendjemand muss ja definieren, wer ein palliativer Patient ist, für den man eben eine begrenzte Zeit lang Geld ausgibt.)

Hospizbewegung versus Euthanasiebewegung

Ein Blick zurück ist notwendig: Die Vision des Anfangs war eindeutig. Das Ziel der Hospizbewegung bestand darin, Menschen ein Sterben in Würde und Individualität zu ermöglichen (»to die in dignity and character«). Das war eine eindeutige Opposition gegen die Hospitalisierung des Sterbens. In den Krankenhäusern wusste man mit Komatösen und Austherapierten nichts anzufangen, sie wurden irgendwo abgestellt. Es war ja nichts mehr zu machen. Sterbende hatten im Krankenhaus, das Heilung versprach, eigentlich nichts zu suchen. Das hat sich geändert. Elisabeth Kübler-Ross hatte im Rückblick auf ihr Lebenswerk gesagt, sie sei stolz darauf, den Tod von der Toilette geholt zu haben.

Dic Hospizbewegung war ja zu Beginn eine gesellschafts- und medizinkritische Kraft. Sie übte berechtigte Kritik an der atemlosen intensivmedizinischen Lebensverlängerungsideologie. Es gab und gibt hier oft immer noch kein Innehalten. Die Frage, was passiert, wenn alles nichts nutzt, durfte nicht gestellt werden. Die systematische Verleugnung des Sterbens ließ den Tod tatsächlich als peinliches Missgeschick, als eine Art Betriebsstörung, als statistischen Ausreißer in den Forschungsreihen der Medizin erscheinen. Ein Zwischenfall eben.

Der Hospizbewegung gelang es erfolgreich, Sterben und Tod und Trauer aus dem nebulösen und peinlichen und traumatisierten Umschweigen in die gesellschaftliche Öffentlichkeit zu stellen. Das Dethematisierte wird thematisiert, Unaussprechliches ausgesprochen, Gefühle wurden denkbar, Gedanken fühlbar. Bis heute ist die Hospizbewegung die Gegenbewegung zur Euthanasiebewegung, zu den politischen Bemühungen in Europa, die aktive Sterbehilfe zu entkriminalisieren. Vor einigen Jahren titelte der *Stern* in bewusster visueller und textlicher Anlehnung an die 1971 erschienene Titelgeschichte »Wir haben abgetrieben«, die ein wesentlicher Anstoß für die spätere Novellierung des § 218 war: »In Würde sterben. Zwölf schwerkranke Menschen erzählen, weshalb sie dafür ins Ausland fahren müssen. Sie fragen: Warum wird Sterbehilfe in Deutschland nicht erlaubt?«[140] Die Diskussion hat erst begonnen. Es mehren sich die Anzeichen, dass in ein paar Jahren die Euthanasie als ein Dienstleistungsangebot in vielen Ländern Einzug gehalten haben wird. Man kann dann wählen, weil das marktgesellschaftliche Muster ohnehin unser Leben bestimmt. Man kann ja sowieso immer und alles wählen: das Lebensmuster, die Partner, die Kinder, ihre Zahl und ihr Geschlecht, den Beruf, den Wohnort. Warum sollte man nicht auch die Art und Weise seines Lebensendes wählen? Das Grundelement unserer Existenz ist die Wahl zwischen Angeboten, und diese Wahlmöglichkeit will sich nun auch im Bereich »Lebensende« durchsetzen. Der »flexible Mensch«, von dem der US-amerikanische Soziologe Richard Sennett spricht,[141] steht unablässig unter dem Zwang, sein Leben zu gestalten, nun also auch sein Ende. Der Segen der Freiheit hat sich in den Fluch des Gestaltungszwangs gewandelt. Die fenster- und beziehungslose Autonomie, die ins Unerträgliche gesteigerte Zumutung der Selbstbestimmung ist zur Autonomieüberforderung geworden. Man muss alles unablässig selbst entscheiden, sogar das Lebensende. Die Finanzbuchhalter im Gesundheitsbereich und die Krankenhausökonomen rechnen vor, wie teuer man ist, wie kostspielig die letzten Wochen und Monate für das System sind. Immer lauter kann man einen Singsang hören, der darauf hinausläuft, dass man sich als überflüssig empfinden soll, wenn man nicht mehr leistungsfähig ist, und dass man sich bitte selbst als Sparopfer auf den Altar der Betriebswirtschaft legen möge, um dann dem Wunsch nach Selbstabschaffung zu entsprechen.

Der Europarat hat die Euthanasiediskussion schon dreimal auf die Tagesordnung gesetzt, und dreimal wurde die Debatte abgesetzt: Man befürchtete, dass die Bereitschaft, Euthanasie europaweit zuzulassen, schnell eine Mehrheit finden werde. Bisher kann man eher eine Zustimmung in den Ländern protestantisch-calvinistischen Ursprungs erkennen, während in den katholisch geprägten Regionen wie in Bayern und Österreich die Hospizbewegung starken Zuspruch hat und die Ablehnung der Euthanasie konstitutiv ist.

Die Ökonomisierung des Sterbens

Die Hospizbewegung gerät in die Versuchung, die moderne Ratlosigkeit im Umgang mit Sterben und Tod kurzerhand in technische und sozialtechnische Fragen umzuwandeln, um so der Ratlosigkeit zu entkommen. Begriffe, die neuerdings in diesem Umfeld – der Versorgung am Ende des Lebens – auftauchen, lassen die Gefahr ahnen: Da ist mancherorts heute ebenso vom »Sterbemanagement« die Rede wie vom »qualitätskontrollierten Sterben«, von Symptom- und Schmerzkontrolle, von »total pain management« usw. – Distanzierungsjargon. Man muss vermuten, dass, wer so redet, seine eigenen Ängste in technischen Abläufen zum Schweigen bringen möchte. Sterben die Patienten qualitätskontrolliert, als Teil eines Forschungs- und Betreuungsprojektes, kann man beruhigt konstatieren, dass sie noch einen Nutzen für das Allgemeinwohl gebracht haben, für die Zukunft der Menschheit. Die Palliativmedizin ist ein Teil der Hochleistungsmedizin geworden, sie braucht die Anerkennung der schulmedizinischen Kollegen und betreibt Standespolitik. Eine Hospizbewegung, die diese Dynamik nicht kritisch betrachtet, gibt sich selbst auf.

Die Ökonomisierung des Sterbens hat verschiedene Facetten. Zunächst geht es darum, die Dienstleistungen im Sinne der Hospizbewegung zu refinanzieren. Dazu wurde in der Vergangenheit ein bemerkenswerter Lobbyismus an den Tag gelegt. Politik funktioniert eben so, dass man in Berlin ist, dass man die Spiele der Macht und die Einflussnahme für die zweifelsfrei gute Sache nutzt. Dass man bei Gesetzesvorlagen die entsprechenden Parteien »informiert« und antichambriert.

Die Hospizbewegung lebte ursprünglich aus einer zutiefst demokratischen Vorstellung. Würdiges Sterben ist keine Geldfrage, darf nichts damit zu tun haben, ob jemand reich oder arm ist. Über Spenden, viel Phantasie und Einsatz, in einem unvorstellbaren großen zivilgesellschaftlichen Engagement gelang es, ein gutes Sterben zu ermöglichen.

Diese Revolution wird jetzt gestoppt und konterkariert. Grundlage sind nun die Beitragssätze der Krankenkasse. Die Gefahr ist, dass daraus ein Sterben in verschiedenen Klassen folgt. Die Luxusklasse des Sterbens ist im Augenblick den Kindern vorbehalten.

Leider sterben auch immer wieder Kinder. In Prozentzahlen sind es wenige, gemessen an den Gesamtzahlen der Sterbenden. Aber Zahlen bedeuten hier nichts. Schrecklich sind die Schicksale, die emotionalen und sozialen Beben, die das Sterben eines Kindes auslösen kann. Einige dieser Kinder sterben langsam und vorhersehbar an Krebserkrankungen, andere an unheilbaren Stoffwechselerkrankungen. Da die

Kinder als die Zukurzgekommenen des Lebens betrachtet werden, wird alles mobilisiert. Kann ein Kind lebenssatt sterben? Oder teilen uns manche leidenden Kinder mit: Ich möchte sterben? Und wäre diese Mitteilung zu respektieren? Seit den Anfängen der Hospizbewegung wird immer wieder berichtet, dass Kinder eine Größe und Reife in ihrem frühen Sterben entwickeln können, die tief beeindruckt.

Ein führender deutscher Onkologe – Pädiater an einer Universitätsklinik – sagte in einem Gespräch kürzlich: »Das Schwere ist oft, dass die Kinder gehen wollen, loslassen können, keine weitere Therapie wünschen, und die Eltern und wir Ärzte halten dagegen. Wir Erwachsenen verbünden uns gegen die Kinder, mit dem Argument, ihnen helfen zu wollen, die eigentlich eine andere Hilfe brauchen als Operationen, Chemotherapien, Strahlentherapien, von denen sie müde und mürbe geworden sind.«

Eine bemerkenswerte Einsicht. Was brauchen Kinder im Sterben? Brauchen sie Hospize? Es gibt sie, und es wird sie geben, überausgestattet, mit der Gefahr behaftet, kleine Legoländer, konsumistische Spielzeugparadiese zu werden. Es wiederholt sich das Elend der Kinderzimmer im Hospiz: Kinderzimmer, die ja heute im Allgemeinen wie Plastikmüllhalden aussehen. Und das Elend kehrt im Hospiz wieder und gibt sich als Teilhabe am Leben aus. Spielzeuggeschäfte, ausgeleert in Kinder- Sterbeparadiesen, in denen es alles gibt, was Erwachsene glauben, dass es ein sterbendes Kind glücklich machen könnte. Wer wäre nicht bereit zu spenden, für diese armen kranken Kinder? Der Eindruck entsteht, dass die üppig fließenden Mittel begleitet werden von einer immer lückenloser werdenden administrativen Ordnung im ambulanten und stationären kinderhospizlichen Tun.

Aber: Der Spendenmarkt ist begrenzt. Es wird gesamtgesellschaftlich nicht beliebig viel gespendet. Das Spenden hat eine Logik. Das wissen diejenigen Fundraiser, die auf das

Herbeischaffen von Geld spezialisiert sind. Für ein zweijähriges sterbenskrankes, kahlköpfiges Kind lässt sich leichter werben und Geld mobilisieren als für eine alte, verwirrte und einsame Frau, die in einem Pflegeheim ihrem Ende entgegendämmert, erst recht, wenn sie ursprünglich aus der Türkei kommt. Die Alten sind nicht nur schon sozial gestorben, sie werden auch noch einmal ökonomisch ausgegrenzt, finanziell verachtet.

Die Hospizbewegung in Zeiten der Gesundheitsreform

Gegenwärtig rückt die Tatsache immer mehr ins Blickfeld, dass das Sterben in den entwickelten Industriegesellschaften teuer ist. Menschen in ihrer letzten Lebensphase verursachen hohe medizinische Aufwendungen.

In einem Interview im Wiener *Standard,* das der Journalist Bert Ehgartner mit dem Gesundheitsökonomen Christian Köck von der Universität Witten-Herdecke geführt hat, ist noch die Scheu davor zu spüren, die Spardiskussion mit der Frage zu verknüpfen, was denn noch lebenswert ist (und dahinter taucht natürlich geradezu zwangsläufig die Frage nach dem »lebensunwerten« Leben auf): »Die letzten Tage auf der Intensivstation, wenn der Arzt schon weiß, dass ein Patient nicht überleben wird und die Patienten schon selbst nicht mehr wollen: da ist enormes Sparpotenzial drin. Das ist eine ganz dramatische, schwierige Situation, speziell für ein Land wie Österreich, weil es hier um die Frage eines lebenswerten Lebens geht. Trotzdem muss man die Diskussion führen.«[142]

Das betriebswirtschaftliche Kalkül verschafft sich gerade Zutritt in die Räume, in denen gestorben wird. Die Sterbenden sind ein Kostenfaktor in der Systembilanz, und dieser Kostenfaktor wird immer deutlicher, um nicht zu sagen:

schamloser, benannt. Und die Hospizbewegung muss diese Frage mit wachen Augen verfolgen.

Die Gesundheitsreform, die in Deutschland im April 2007 in Kraft getreten ist, spricht im Hauptsatz von den medizinischen und pflegerischen Leistungen für Sterbende, die nun in ambulanten palliativen Diensten organisiert und bezahlt werden. Im Nebensatz ist von den ehrenamtlichen Diensten die Rede, die auch weiterhin erbracht werden sollen, kostenfrei oder kostengünstig, aber im Vorhof der medizinisch-pflegerischen Tätigkeit. Das zeigt die Richtung an. Erstens: Am Sterben wird künftig gespart. Zweitens: Die Ehrenamtlichen dürfen eine unscheinbare Nebenrolle spielen, weil sie kostenmindernd wirken.

Die Hospizbewegung bleibt eigentümlich defensiv. Sie muss in die Offensive gehen im Bewusstsein der Tatsache, wie unabdingbar sie künftig zur Stütze der Gesellschaft werden kann, die nach dem Sozialstaat und nach der staatlichen Daseinsfürsorge kommt. Sie muss – will sie überleben – viel stärker das zivilgesellschaftliche Element betonen, sollte es wagen, darüber nachzudenken, wie Gemeinschaftlichkeit und Sozialität aussehen in einer Gesellschaft, die immer radikaler neoliberal wird und die Risiken des Lebens in das Private zurückverlagert. Zwar ist es wichtig, gegen diesen Versuch der Reprivatisierung der Risiken zu opponieren, aber zugleich gilt es, über den Tellerrand staatlicher Daseinsfürsorge hinauszusehen. Die ungeheure Chance, die darin liegt, mit der Hospizbewegung von den Rändern der Gesellschaft her – und Sterben ist eine exemplarische Randlage – eine neue Kultur des Helfens, des sorgend-freundschaftlichen Teilens zu entwickeln und zu verwirklichen: die wäre wahrzunehmen.

Dieses Mit-teilen braucht einen Rahmen, ist ein Convivium, braucht Brot, Wein, eine Suppe etc., den Austausch und das Teilen und ist offen für Dritte. »Auf diese Weise kann man das Wachsen einer offenen Gruppe befördern, die als Einzelne von der Treue zueinander bewegt sind und die es wagen, an der Treue auch dann festzuhalten, wenn der andere zu einer Last wird.« So hat es der Priester und Autor Ivan Illich formuliert.[143] So fing die Hospizbewegung einmal an. Gibt es ein Zurück in die Zukunft?

Eine wichtige europäische Angelegenheit

In den alternden Gesellschaften Europas wird mehr gestorben als geboren. Kein Wunder, dass sich das Thema »Umgang mit Sterbenden« kontinuierlich in den Vordergrund schiebt. »In Würde« möchte man sterben und übersieht dabei, dass diese Würde nur aus dem Einklang mit dem eigenen Leben hervorgehen kann, dass Würde an der Person haftet – oder eben nicht. Heute wird diese »Würde« immer ausschließlicher auf die Organisation anständiger Umstände in den letzten Augenblicken des Lebens bezogen. »In Würde sterben« – diese Formulierung ist tatsächlich zu einem klangvollen Decknamen für das geworden, was »qualitätskontrolliertes Sterben« genannt wird.

Die Debatte um Sterbebegleitung und Sterbehilfe – so darf man prognostizieren – wird in den nächsten Jahren zu einer wichtigen europäischen Angelegenheit. Im Augenblick sehen wir noch einen kulturellen Graben: Sterbebegleitung ist eher das Konzept in katholisch geprägten Regionen, Sterbehilfe scheint sich schneller in (ehemals) protestantischen Regionen durchzusetzen. Die besondere Irritation in einem Land wie Frankreich ist in diesem Zusammenhang bemerkenswert: Ein traditionell katholisch geprägtes Land mit einer radikalen Trennung von Staat und Kirche kann – in dieser Frage – kaum auf religiöse Optionen zurückgreifen und steht deshalb vor besonders scharfen ethischen Dilemmata.

Die Diskussion um die »Sterbehilfe« wird und darf natürlich nicht aufhören. Sie muss auf der Bühne der gesellschaftlichen Öffentlichkeit stattfinden, nicht in den Hinterzimmern von Experten. Zu brisant sind die aktuellen Entwicklungen: In Belgien, wo Euthanasie für Erwachsene bereits 2002 legalisiert und im Vorjahr nach offiziellen Angaben in 1432 Fällen angewendet wurde, wird gerade über eine Ausweitung auf Demenzkranke und Minderjährige diskutiert. Die Schweiz, wo aktive »Sterbehilfe« zwar verboten, die Beihilfe zum Suizid (etwa durch Organisationen wie »Exit«) aber möglich ist, wurde jüngst vom Europäischen Gerichtshof für Menschenrechte dazu aufgefordert, die Gesetzeslage zu klären. Und in Frankreich hat der Mediziner Didier Sicard im Auftrag von Präsident François Hollande einen Bericht über das Lebensende verfasst, der die aktive Euthanasie zwar ablehnt, jedoch für den ärztlich assistierten Suizid plädiert.

Anders die Situation in Deutschland, wo die Bundesärztekammer die Sterbehilfedebatte vorläufig beendet hat: Es sei mit dem ärztlichen Ethos nicht vereinbar, heißt es, Menschen in der letzten Lebensphase beim Suizid zu unterstützen. Die Diskussion um den ärztlich assistierten Suizid ist daher zunächst keine standespolitische Debatte, sondern eine gesellschaftsöffentliche. Die Zuständigkeit für ein würdiges Sterben kann nicht an eine Berufsgruppe delegiert werden, es ist die Aufgabe aller. Ärzte haben nur eine Rolle unter anderen Berufsgruppen in der Orchestrierung des Lebensendes. Oder können Ärzte besonders gut einschätzen, wann und wodurch das Leiden eines Patienten unerträglich ist? Wer kann und soll überhaupt einem Patienten die Urteilsfähigkeit über die Beendigung seines Lebens zusprechen? Soll schließlich das Recht auf assistierten Suizid per Krankenschein verankert und daran verdient werden? Solche Fragen entstehen nicht ganz überraschend in einer Zeit, in der die Rationierung medizinischer Leistungen das Gesundheitssystem tiefgreifend verändert. Wir haben ein Finanzierungssystem geschaffen, das Menschen zu Mitteln der Ertragssteigerung macht. Was ist, wenn Menschen, vielfältig erkrankt, am Ende des Lebens immer mehr Kosten verursachen? Soll dann die assistierte Selbsttötung als professionelle, abrechenbare und zertifizierte Dienstleistung, sozusagen als Sparmaßnahme, empfohlen werden? Es kann in dieser Logik eine Dynamik der Selbstabschaffungsbereitschaft entstehen: Bevor ich euch zur Last falle, werde ich mich »entsorgen«. Der assistierte Suizid kann zu einer sozialen Erwartung führen. Wird man sich rechtfertigen müssen, wenn man weiterleben will? Deshalb ist die Diskussion um den assistierten Suizid als soziale Frage des 21. Jahrhunderts auch eine über die Zukunft einer solidarischen, sorgenden Gesellschaft und der Bereitschaft, die Lasten gemeinsam zu tragen.

Auch die internationale Hospizbewegung versteht sich als Alternative zu den Euthanasiegesellschaften: Es gilt vielmehr, Sterbende durch kompetente ärztliche, pflegerische, psychosoziale und seelsorgliche Behandlung und Begleitung professionell und menschlich zu unterstützen. Hospiz bedeutet Gastfreundschaft und Asylrecht. Menschen mit schwerer Erkrankung, die nicht mehr heilbar ist, deren Leben zerbrechlicher wird, sollen keine Angst haben müssen, getötet zu werden. Aufgabe der »Gastgeber« besteht darin, sinnloses Leiden zu lindern und die existenziellen Leiden miteinander zu tragen. In der Hospizbewegung ist das menschheitsalte Wissen lebendig, dass das Leiden zum menschlichen Leben gehört. Es kann nicht gänzlich aus der Welt geschafft werden, es sei denn um den Preis, die Leidenden abzuschaffen.

Über den ethischen Streit um Sterbebegleitung oder Sterbehilfe legt sich gegenwärtig ein anderes Thema. Die Sparzwänge im Gesundheitsbereich verschieben die Debatte mittelfristig auch auf finanzielle Aspekte. Der Bochumer Bioethiker Jochen Vollmann schreibt: »Die zahlenmäßige Zunahme von alleinstehenden und älter werdenden Menschen in einer dynamischen, individualisierten und wertepluralistischen Gesellschaft macht eine rechtzeitige Entscheidungsfindung und Planung für den Fall von Krankheit und Sterben erforderlich. (...) Vor dem Hintergrund begrenzter Ressourcen im Gesundheitswesen wird auch eine medizinisch und ethisch begründete Prioritätensetzung zwischen kurativer und palliativer Medizin unvermeidbar sein. Angesichts hoher Krankenhausbehandlungskosten am Lebensende wird insbesondere bei hochbetagten Patienten zu entscheiden sein, ob diese Ressourcen nicht besser in eine gemeindenahe palliative Medizin investiert werden sollen.«[144]

Man sieht: Palliativmedizin, die als eine medizinisch-humanitäre Frage auf den Weg gekommen ist, wird schneller, als man denkt, mit Geldfragen konfrontiert sein. Keins der Themen, die in diesem Bereich aufkommen, wird künftig von der finanziellen Problematik unberührt bleiben.

Ethische Entscheidungen geraten unter den Druck ökonomischer Sparzwänge. Palliativmedizin und Hospizbewegung sind Wachstumsbereiche, aber schneller als gedacht könnten sie sich in einer Situation wiederfinden, in der ihnen – versteckt – eine Aufgabe zugeschoben wird, die sie ganz sicher nicht angestrebt haben: die Organisation eines europäischen Entsorgungsparks. Gegenwärtig beginnt in Europa eine Entwicklung, bei der lokale Formen des Umgangs mit Sterben und Tod eingeebnet werden und verschwinden, um ersetzt zu werden durch eine Form standardisierter Palliative Care, die europaweit dem gleichen Muster folgt. Die Vorteile, die damit verbunden sind, werden begleitet von Nachteilen: Vor unseren Augen entsteht eine europaweite medizinisch-administrative Ordnung des Sterbens, die die Rede vom »eigenen Tod« endgültig zur Makulatur machen wird.

Drei Tendenzen müssen ins Auge gefasst werden, wenn man beschreiben will, wie sich der Umgang mit Sterben und Tod gegenwärtig verändert: die Institutionalisierung, die Medikalisierung und die Ökonomisierung des Sterbens. Sie beschreiben eine sich heute in Europa durchsetzende »Vereinheitlichung« der Kultur des Sterbens.

Die Palliativmedizin – die neue medizinische Disziplin, die sich auf den Umgang mit Sterbenden spezialisiert – wird in diesem Prozess das medizinisch-technische Äquivalent zur »Letzten Ölung«. Das Gespräch mit dem Sterbetherapeuten dürfte sich dementsprechend zum Äquivalent für Beichte und Segen des Priesters entwickeln.

Ehemals verließ der Medicus den Raum, wenn die Zeichen des Todes – die facies hippocratica – in den Gesichtszügen des Sterbenden erkennbar wurden. Heute grenzte das an unterlassene Hilfeleistung. Mag auch die Verlängerung des Lebens um jeden Preis aus der Mode kommen, ein medizinisch kontrolliertes Sterben setzt sich zugleich umso deutlicher durch.

Wenn der Vorsitzende der Jungen Union schon im Jahre 2003 die Hüftoperation ab fünfundachtzig in Frage gestellt hat, dann wird es nicht mehr lange dauern, bis jemand die Frage nach der Begrenzung der Sterbekosten aufwirft. Bei älteren Leuten ist ja ohnehin die Auffassung verbreitet, dass man am Ende Schmerzvermeidung um jeden Preis anstreben müsse, aber keine sinnlosen lebensverlängernden Maßnahmen. Das ist ein merkwürdiges Gebräu. Einerseits eine völlig verständliche Auffassung. Sie passt aber genau in eine Gesamtlage, die allenthalben von Kostendämpfungsimpulsen getrieben ist. Haben die Alten den gesellschaftlichen Imperativ, dass man am besten verschwindet, wenn man zu nichts mehr nütze ist, stillschweigend verinnerlicht? Wer spricht im Sterbewunsch alter Leute? Vielleicht manchmal die Gesellschaft, die im Kontext der Marktgesellschaft »unnütze« Individuen entwerten muss und sie stillschweigend zum Abtreten auffordert? Und wann entsteht daraus die Idee einer qualitätskontrollierten Sterbe-Ordnung?

Am 16. April 2001 hat sich die niederländische linksliberale Gesundheitsministerin Els Borst-Ellers für die kontrollierte Abgabe von Selbsttötungstabletten an lebensmüde Alte ausgesprochen. Sie sagt: »Lebensmüdigkeit (...) ist ein Leiden, das keinerlei Beziehungen zu gesundheitlichen Beschwerden und Krankheiten hat.«[145]

Zuerst wurde die moderne Euthanasie mit »unerträglichem Leiden im Endstadium« begründet. Nun geht es schon um allgemeine Lebensmüdigkeit. Wann wird die Frage nach den Kosten, die ein Individuum verursacht, offen dazutreten?

Sterben und Tod werden – so scheint es – in ordentliche Abläufe verpackt und damit entschärft wie ein Sprengsatz. Das institutionalisierte, medizinisch überwachte, schmerzkontrollierte Sterben soll Sicherheit schaffen. Der Körper wird gewissermaßen zur Endbehandlung an Profis abgegeben.

Am Horizont wartet im Übrigen schon eine neue Spezies von Experten, die sich an der Verwaltung und Kontrolle der Emotionen und Gefühle, die in diesem Zusammenhang anarchisch werden könnten, erproben. Workshops mit dem Thema »Wie fühlt es sich an, wenn ich sterbe?« werden angeboten und brechen angeblich die letzten Tabus. In Wirklichkeit dürfte es sich darum handeln, erfolgreich die eigenen Empfindungen abzuspalten, um sie an Experten abgeben zu können.

Manchmal fragt man sich, wann das absurde, aber verbreitete Motto »Erfolgreich altern« überboten und fortgesetzt wird mit dem Slogan: »Wie sterbe ich richtig?« Teile eines solchen Pakets sind ja jetzt schon da, es muss sich nur einer trauen, alles zu einem Bestseller zusammenzufassen: Wie mache ich ein gültiges Testament? Welche Patientenverfügung ist die richtige? Will ich Organe spenden? Dazu könnte sich ein Hospizführer gesellen und ein Leitfaden der Palliativmedizin für Laien: Auf welche Schmerzmittel habe ich ein Recht? Und welche sind die besten? Welche gesprächstherapeutischen Angebote sind erprobt und erfolgreich? Wohin muss ich gehen, wenn ich einen medizinisch begleiteten Selbstmord möchte? Und schließlich: Wie organisiere ich meine Beerdigung? Welche Wünsche habe ich? Wer trägt die Kosten?

Heute bildet sich Hospizarbeit deutlich an kulturellen, ökonomischen und politischen Gegebenheiten der jeweiligen Regionen und Staaten aus. Die Hospizbewegung in Polen ist erkennbar von katholischen Initiativen getragen, in der Slowakei dagegen gibt es ein deutliches Planungsinteresse seitens des Gesundheitsministeriums. Lokale Formen des Umgangs mit Leid, Sterben und Tod verschwinden heute sehr schnell und weichen einer säkularisierten und medikalisierenden Einbettung, die tendenziell uniformen Charakter annimmt. Wenn sich die Bürokratie der Europäischen Gemeinschaft des Themas annimmt, dann muss man befürchten, dass solche lokalen Verknüpfungen entwertet werden. Am Ende stünde ein europaweites, von einheitlichen kontrollierten Standards geprägtes Hospiz – das spätestens dann die Strukturen einer entsorgenden Institution annehmen würde.

11. Kapitel

Warum geben wir die Verantwortung für unser Leben und Sterben ab?

»Der Begriff Verantwortung, der früher die ethische Verpflichtung gegenüber anderen widerspiegelte, wird heute nur noch auf Fragen der Selbstverwirklichung und der Kalkulation persönlicher Risiken bezogen – er steht ganz im Dienst der zentripetalen Sorge um sich selbst. Im Zuge dessen ist ›der Andere‹ als Ursprung, Gegenstand und Maßstab von Verantwortung nach und nach aus dem Blickfeld verschwunden und hinter das Ich des Akteurs zurückgetreten.«

Zygmunt Baumann

Die liberale kapitalistische Marktgesellschaft, die alle gesellschaftlichen Bereiche mit einer gnadenlosen Profitgier überzieht, formiert und formatiert seit langem auch das Gesundheitssystem und natürlich die Medizin. Geld ist das Leitmedium nicht nur im Flaggschiff des Gesundheitssystems, dem Krankenhaus. Früher war der Leitgedanke die Hospitalität, die Gastfreundschaft gegenüber den Bedürftigen. Heute sind sie Patienten geworden. Sie haben Geduld (lat.: *patientia*) zu üben. Die Patienten heute haben viele Rollen. Sie sind Kunden, Konsumenten, Nutzer auf dem Medizinmarkt geworden. Dieser Markt wird getaktet durch die Beschleunigung der Zeit. Und Zeit ist Geld. Geld wiederum verdient man nur durch Effizienzsteigerungen, durch Optimierungspraxen. Im System sei immer noch Luft nach oben, heißt es bei bestehender akuter Atemlosigkeit aller. Eine Beschleunigungsdynamik umfasst die Vorgänge, von der Aufnahme bis zur Aufbahrung. Patienten sind Mittel zum Zweck geworden. Der Zweck besteht darin, zu verdienen, Umsatz zu machen, den Ertrag zu steigern. Man hat keine Zeit mehr. Es muss schnell und immer schneller gehen. Damit geht verloren, worauf es wesentlich ankommt: Beziehung, Zeithaben und die Möglichkeit, sich aufeinander einzulassen, damit eine Atmosphäre entsteht, in der Menschen gesund werden können oder auch in Ruhe sterben können.

Der geldgierige Markt wächst zu einem Moloch. Es gibt die Tendenz, immer früher Bedürftigkeiten zuzuschreiben und normale menschliche Eigenarten, Verhaltensunterschiede zwischen Menschen mit einer Diagnose auszustatten. Je mehr Diagnosen, desto mehr Behandlung, desto mehr Umsatz.

Am besten früh genug anfangen, um aus Bürgern Patienten zu machen und sie über lange Jahre im System zu halten, sozusagen als Stammkunden. Die Vorsorge wird vorverlagert. Spätestens ab vierzig, heißt es, solle man das breite Spektrum der Präventivmedizin nutzen. Prostatakrebsfrüherkennung beispielsweise treibt Männer in Scharen in die Untersuchungsmaschinerie, zunächst in die Apotheken. Ein Test zur Selbstdiagnose kostet dort in der Regel achtzig bis hundertdreißig Euro. Diese Vorsorgemanie ist problematisch. Denn durch medizinische Forschung, durch Evidenzbasierung ist bekannt, dass man bei positiven Befund eher *mit* einem Prostatakrebs stirbt als *an* einem. Im Jahr 2011 hatte deshalb die amerikanische U.S. Preventive Services Task Force von diesen Reihenuntersuchungen abgeraten. Das sogenannte Screening einer ganzen Altersgruppe von Männern führe dazu, dass sie behandelt (das heißt operiert) würden und unter erheblichen Nebenwirkungen (Impotenz und Inkontinenz) zu leiden hätten. Und dies, obwohl der Krebs (hätte man ihn in Ruhe gelassen) ihnen mit hoher Wahrscheinlichkeit für den Rest des Lebens keine Probleme bereitet hätte.

Die Marktlogik erweitert das Panorama der Behandlungsangebote im Supermarkt der Medizin. Der Markt wird angeheizt durch »Diagnosen«. Diagnosen erfordern Behandlung. Wenn man etwa den Zustand eines Menschen, der am »Ungenügen der Welt leidet«, was man jahrhundertelang als Melancholie bezeichnete, in eine »Depression« ummünzt, ergibt sich ein neues pharmazieintensives Behandlungsmuster. »Depression (als biologische Funktionsstörung) weist auf den defizitären Menschen. Auf den, der den Anforderungen der (guten) Welt nicht genügt, weil er als Mensch zu langsam, zu unvollkommen, zu uninteressiert, zu ausdrucksarm, zu träge ist.«[146] Sein Verhalten kann mit Medikamenten reguliert werden. Die Diagnose schafft sich einen Markt.

Und so ist es auch am Lebensende. Sterben ist zu einer Diagnose geworden. Wenn dann immer mehr Menschen als palliativbedürftig »diagnostiziert« werden, wird der Ruf nach »flächendeckender Versorgung« verständlicher, nach dem Ausbau von stationären Einrichtungen, nach mehr Betten. Ausbau wird als weitere Spezialisierung und Ausdifferenzierung des Systems gedacht. Die Logik des Expertentums führt zu Strukturen, die immer mehr Spezialisten und Bürokraten bedienen, optimieren, kontrollieren und evaluieren müssen. Man baut so – relativ reflexionsarm – eine spezialisierte ambulante Palliativversorgung (SAPV) auf, sozusagen den dritten Stock eines als Haus gedachten Versorgungsangebots, das aber kein Fundament, keinen Keller, keinen ersten und zweiten Stock hat. Man etabliert die Spezialisierung für einige wenige Menschen, ohne vorher eine allgemeine Sorgekultur für alle konzipiert und realisiert zu haben. Ein absurder Lobbyismus von Experten und Verbänden kann so etwas in Deutschland erreichen.

Wenn der Markt Handeln und Behandeln der Medizin leitet, entfernt sich die Medizin von ihrem ureigenen Verständnis und Auftrag zu heilen, zu trösten und zu lindern.

Medizin ist heute orientiert an einer industriellen Arbeitslogik. Es herrscht der Irrglaube, sie könnte Gesundheit als eine Art Produkt in den fabrikähnlichen Operationssälen der Krankenhäuser, den Kathedralen eines fortschrittsoptimistischen technischen Zeitalters, handwerklich, ingenieurhaft herstellen. Erwartet werden wiederholbare, kontrollierbare und den Erfolg (Gesundheit, Wiederherstellung von Leben) garantierende chirurgische oder pharmakologische Interventionen in Serie. Der Mensch selbst wird als ein Objekt, ein Produkt, eine Maschine gedacht, in die technisch eingegriffen wird. Das Handeln des einzelnen Arztes, der Arzt selbst wird in dieser Produktionslinie austauschbar. Der individuelle Arzt zählt nicht, weil er ein Rädchen in der Maschinerie der Gesundheitsproduktion sein und bleiben muss. Das widerspricht diametral dem ärztlichen Ethos, dem über Jahrhunderte gewachsenen Selbstverständnis einer humanen Beziehungsmedizin.

Kranke wissen, was sie wollen

Werden betroffene Kranke gefragt, was für sie gute Pflege, gute ärztliche Behandlung ist, ergeben sich eindeutige Perspektiven. Immer hat ihre Antwort damit zu tun, als individueller Mensch und nicht als Fall gesehen zu werden, die Erfahrung zu machen, dass der Arzt sich Zeit nimmt und die engen Grenzen seiner vorgeschriebenen Rolle zu überschreiten bereit ist, hin auf eine menschliche Begegnung. Es ist diese einfache menschheitsalte Einsicht der Großzügigkeit, des Geschenks, das die Beziehung konstituiert, wenn es biblisch heißt: Wenn dich einer bittet, eine Meile mit ihm zu gehen, gehe zwei Meilen mit ihm. In diesem Überschreiten, diesem Geschenk der Begegnung, liegt die Erfahrung, dass der andere eben nicht nur eine Patientin in einer Rolle ist, sondern ein Mensch wie ich, zu dem ich Beziehung aufnehme, dem ich mich selbst auch mitteile, so dass existenzielle Anteilnahme und Anteilgabe möglich werden. Jenseits der Routine sind es die kleinen Dinge, die zählen, das Lächeln, die Aufmunterung, die sorgende Berührung, die Bedeutung für andere, wie der Psychiater Klaus Dörner es formulierte.

Der Freiburger Arzt und Medizinethiker Giovanni Maio hat der modernen Medizin bleibend ins Stammbuch geschrieben: »Die Behandlung eines kranken Menschen kann nicht als reiner Leistungsgegenstand betrachtet werden. Vielmehr kann diese Behandlung adäquat nur als ein umfassender Dienst am Menschen erfasst werden. Als ein umfassender Dienst von einem ganzen Menschen als Persönlichkeit für einen ganzen Menschen in all den vielfältigen Facetten seiner einzigartigen Lebensgeschichte. Daher ist die moderne Medizin aufgerufen, nochmals darüber nachzudenken, was sie ist und worin der Kern ihrer Identität besteht. In einer Ära des Verschwindens des Begegnungscharakters von Heilung ist die Medizin aufgerufen, sich neu zu besinnen und für das einzutreten, was für die gesamte Medizin in allen Bereichen unabdingbare Notwendigkeit ist: das Wiederentdecken der Sorge um den anderen. Dies ist der Kerngehalt dessen, was Medizin als Heilkunde ausmacht, weil es gerade diese Sorge ist, die das Heilsame der Therapie erst zur Entfaltung bringen kann.«[147]

Wir müssen uns »verandern«, hatte der Sozialphilosoph Emmanuel Lévinas (1906–1995) formuliert. Wir müssen verstehen lernen, dass wir die Fragen des Lebens und Sterbens nicht an den Kriterien der Zweckmäßigkeit und der Nützlichkeit, über Effizienz und Produktivität, um den Preis von immer mehr Ungleichheit und Ungerechtigkeit, beantworten dürfen. Wenn es um uns selbst geht, um Menschen, die wir lieben, mit denen wir verbunden sind, ist es schmerzhaft, zu sehen, wenn es ihnen schlechtgeht. Natürlich ist das Leben komplex und der Umgang mit diesen Fragen ebenfalls. Und weil es so ist, ist die Wahrscheinlichkeit auch groß, dass eine von zwei möglichen Haltungen eingenommen wird: Man resigniert oder man empört sich. Beide Reaktionen bleiben folgenlos für die unmittelbare Situation. Wir müssen daher lernen, zu verstehen, und uns mit anderen verständigen. Verstehen heißt andere Perspektiven, die Sicht der anderen »verandernd« aufnehmen und miteinander in Beziehung setzen. Wir müssen uns zusammensetzen, um uns auseinanderzusetzen. Wir müssen mit anderen ins Gespräch kommen, um von den anderen her zu denken und zu fühlen. Wir müssen darüber reden, was wir wollen, was für uns gutes Leben ist bis zuletzt, erst recht in den Zeiten, wo dieses Leben brüchiger und verletzbarer wird.[148] Ohne ein gemeinsames ethisches Nachdenken und gemeinsames Entscheiden haben wir keine Zukunft.

Die rechtliche Ausgangslage und die »Spielregeln« im Gesundheitssystem lassen sich leicht beschreiben. Die Betroffenen entscheiden. Der Arzt entscheidet in den Fragen unseres Leben und Sterbens letztlich nicht. Seine »Letztverantwortung« bezieht sich auf die medizinische Indikation, die kompetente Behandlung. Aber jede ärztliche Therapie bildet einen Eingriff in unsere körperliche Integrität. Praktisch und juristisch stellt sie damit eine Körperverletzung dar, selbst wenn dadurch unser Leben gerettet werden würde. Damit diese Körperverletzung legitimiert wird, braucht es eben eine entsprechende medizinische Indikation und vor allem den Willen, die Zustimmung der Betroffenen. Wenn eine dieser beiden Voraussetzungen nicht gegeben ist, so ist die Handlung strafbar. Entsprechende Ansprüche von Schadensersatz können die logische Folge sein.

Also noch einmal anders: Jeder Kranke kann jede Behandlung ohne Angabe von Gründen ablehnen. Allerdings kann auch kein Arzt zu einer Behandlung verpflichtet oder gar gezwungen werden.

Aber: Wir als Betroffene haben das Recht zu entscheiden. Wenn wir selbst dazu nicht in der Lage sein sollten, sollte es der Mensch sein, dem wir in diesen Fragen vertrauen, ein Mensch, der sich in freundschaftlicher Sorge um uns zu kümmern bereit ist. Wir sind im Falle der (demenziellen) Orientierungslosigkeit oder einer komatösen Abwesenheit besonders auf solche sorgenden anderen angewiesen, darauf, dass sie an unserem guten Leben interessiert bleiben und sich ethisch daran orientieren, wie wir gut leben und möglicherweise auch gut sterben wollten. Wohlgemerkt, das gilt für den Fall, dass wir selbst dazu nicht mehr in der Lage sein sollten.

Das sind die rechtlichen Rahmenorientierungen für ein Nachdenken über die ethische Frage, was für uns gutes Leben bis zuletzt sein kann. Auf diese Ausgangslage müssen wir antworten, hier braucht es unsere Verantwortung, eben nicht solistisch, sondern in geteilter Verantwortungsbereitschaft. Wir müssen uns mit anderen um ihr und um unser eigenes gutes Leben kümmern. Das ist die ethische Herausforderung heute.

Was meint Ethik?

Sprachgeschichtlich verweist das Wort Ethik auf »Ethos«, auf das gute »Wohnen« des Menschen in der Welt. Die Ethik war seit der Antike eine Verständigung über das gute Leben. In den Händen der modernen Medizin ist daraus ein gewisser Minimalismus geworden, als gehe es lediglich um Problem- und Konfliktsituationen. Man meint hier, man müsse nach bestimmten Prinzipien abwägen, wie die weitere Behandlung angelegt ist.

Das Bild der Antike für eine zielgerichtete Ethik des guten Lebens ist dagegen eher das gemeinschaftliche gute und schöne »Wohnen« des Menschen in der Welt.

Die antike Philosophie denkt das (ästhetisch) Schöne und das (moralisch) Gute zusammen. Es geht um »das Schön-Gute«. Im antiken Kontext war die »Ethik« nicht bloß mit Vorschriften und dem moralischen Gewissen, das grundsätzlich einmal ein »schlechtes Gewissen« ist, verbunden, sondern eher noch mit der »Ästhetik der Existenz« (Michel Foucault), mit der Erfüllung und dem Ziel des Menschseins. Die »Ethik« war nicht so sehr ein Diskurs von »Problemen«, »Konflikten« und Dilemmata, sondern eine Praxis und ein Gespräch, in dem Menschen ihrem Leben eine schöne und vollendete Form geben.

Ein »gutes« Leben ist ein schönes, ästhetisches Leben. Und das heißt zunächst ganz einfach, dass es sich um ein Leben handelt, »das sich sehen lassen kann«, eines, für das man sich folglich nicht zu schämen braucht. Es ist ein Leben, das guten Gewissens »hergezeigt« und der »Wahrnehmung« (griech. *aisthesis*) durch andere wie der eigenen Betrachtung ohne inneres Ausweichen und Ausblenden ausgesetzt werden kann. In einer solchen sozialen Sichtbarkeit steckt nun ein moralisch-ethisches Moment, das vielleicht am besten mit dem Begriff der »Achtung« umschrieben werden kann. Ein Leben, vor dem man »Achtung« haben kann, fühlt sich nicht einfach nur »gut« an, sondern es kann sich auch in aller Sichtbarkeit dem Urteil der anderen Menschen – im Grenzfall »aller« Menschen, der »Menschheit« – aussetzen sowie auch der eigenen reflektierten Beurteilung, dem eigenen Gewissen, der persönlichen Bilanz.[149]

Handeln ist nicht erst »ethisch« relevant, wenn irgendeines der klassischen medizin- oder pflegeethischen Dilemmata auftaucht inmitten von ansonsten vermeintlich ethisch neutralen Berufs- und Lebensroutinen. Das tägliche Handeln selbst ist »ethisch«. Kranksein und Altwerden können mit tiefen Infragestellungen der Ermöglichung von (Selbst-) Achtung einhergehen. Primär ist es das Leid, das der Mensch vom Menschen erfährt, in allen denkbaren Formen der Gewalt, wodurch Menschen entwürdigt und gedemütigt werden, bis hin zum Verlust der Selbstachtung. Aber es gibt auch so etwas wie Formen von »natürlicher« Gewalt, wie Krankheit, Behinderung, Schicksalsschläge. Der Verlust der Kontrolle über den eigenen Körper (Inkontinenz); die zentrale Bedeutung der Körperlichkeit in schweren Krankheiten; die zunehmende Beschränkung der eigenen Handlungsmöglichkeiten; das Angewiesensein auf andere in der Hilfsbedürftigkeit, mit ohnehin belastenden Symptomen und Einschränkungen, eventuell einhergehende soziale Stigmatisierung und Isolation; die Empfindung, zur Last zu fallen; das angebliche Unnützwerden; der Verlust der Teilhabe an gesellschaftlich-gemeinschaftlichen Prozessen. Alle diese natürlichen Gewalten des Zeitlaufs und des Lebensflusses können Kränkungen bedeuten, die die Selbstachtung schwinden lassen.

Es hängt von anderen Menschen, die sich mehr oder weniger kümmern, ab, ob diese Kränkungen vertieft, zementiert oder gemildert und vielleicht sogar überwunden werden können. Dabei handelt es sich so gut wie nie um »Entscheidungen«, worauf etwa in klinisch-ethischen Fallbesprechungen ja fokussiert wird, auch nicht um (eine Addition von) »Mikroentscheidungen«, sondern um Haltungen, Umgangsformen, Berührungen, Aufmerksamkeiten, das Aufbringen von Verständnis, also eben um den »Stil«, die Lebensform.

Die Kunst der helfenden Berufe besteht darin, trotz all dieser Gefährdungen ein Leben zu ermöglichen, für das sich niemand zu schämen braucht, ein Leben, das sich in jeder

Phase vor dem eigenen Blick und dem Blick der anderen sehen lassen kann, für das niemand die Selbstachtung verlieren muss.

Genau darin liegt die Definition einer Ethik der Sorge und des Sorgens: Sorgen ist das Streben nach einem guten Leben, dem Bewahren von Würde und der Ermöglichung von Achtung angesichts von Leid und (natürlicher) Gewalt – durch helfenden Beistand, Verständnis, Anteilnahme, Solidarität. Pflege und die anderen helfenden Berufe werden oft – gerade aus Managementsicht – nur sehr tätigkeitsbezogen gesehen (Waschen, Unterstützung beim Kleiden, Essen, Ausscheiden usw.), dabei bleibt diese Sorge- und Würde-Arbeit an der Möglichkeit eines guten, achtbaren Lebens unsichtbar.

Ethik ist Alltag, der Alltag ist ethisch

Gleichzeitig ist jedoch gerade diese existenzielle Dimension das, was den eigentlichen Motivationskern für viele im Gesundheitssystem ausmacht; es ist der höhere Sinn dahinter. So gewendet ist Ethik dann auch kein Problemdiskurs mehr, sondern der konstante Versuch, die existenziell-ethische Dimension des Lebens bewusst leben zu können – also eine Art »Ressource« im Alltag nicht nur der professionell Helfenden, sondern auch aller anderen. Denn auch die Achtung vor der eigenen Berufspraxis hängt davon ab, inwieweit es gelingt, ein solches schönes und gutes Leben zu ermöglichen – es ist dann eine Praxis, die sich vor anderen oder nach Dienstschluss, am Abend, vor dem Schlafengehen »beim Blick in den Spiegel« vor sich selbst sehen lassen kann. Sorge zu erfahren, bedeutet nicht nur für hilfsbedürftige Menschen eine Möglichkeit, Würde zu bewahren und Achtung vor dem eigenen Leben zu erfahren, sondern auch einen »Gewinn« für die helfenden Personen. Diese können in der Sorge für andere gleichsam moralisch, menschlich wachsen.

Wenn nun Ethik anders zu denken ist als nach dem Strickmuster der klinisch-medizinischen Ethik, dann muss sie auch in der Praxis anders vollzogen, kommuniziert und organisiert werden. Zunächst gilt es, sich ein Stück weit vom Pathos der schwierigen Entscheidungen zu verabschieden. An die Stelle der punktuellen und oft fast schon ins Sakrale überhöhten Entscheidung (»Hochamt der Visite«) tritt eher so etwas wie ein »Versprechen«,[150] nämlich für den Beistand über die Zeit hinweg. Egal wie diese oder jene ohnehin letztlich »unentscheidbaren Entscheidungen« gefällt werden, steckt in der Sorge das Versprechen, dass der Beistand, unabhängig davon, »wie die Geschichte weitergeht«, nicht aufgekündigt wird, ja vielleicht sogar umgekehrt, dass das gute Leben bis zuletzt und in jedem Fall durch gemeinsame Sorge möglich gemacht werden kann.

Das Versprechen der Sorge erstreckt sich über die Zeit, relativiert punktuelle (Fehl-)Entscheidungen, stellt ein »Bündnis«[151] her, das daran festhält, dass niemand bei aller Entstellung, Schwäche, Abhängigkeit, vordergründiger »Nutzlosigkeit« aus der Teilhabe an der menschlichen Gemeinschaft und am menschlichen Leben verstoßen wird. Das Versprechen einer sorgenden Ethik sagt gewissermaßen: Unsere Geschichten bleiben verschlungen, und du spielst in der einen oder anderen Weise eine aktive Rolle in diesen Geschichten, die Geschichten drehen sich auch um dich.

Damit geht also ein Paradigmenwechsel von der Orientierung an allgemeinen Prinzipien zur Orientierung an Geschichten einher. Die grundlegende ethische Operation stellt nicht die moderierte quasi-juristische Kasuistik, einen »Fall« im Licht von allgemeinen moralischen Prinzipien zu beurteilen, dar, sondern das Herstellen von Anteilnahme in und durch das Erzählen und Hören von Geschichten und die Reflexion auf das Selbstverständnis, ausgehend von diesen Geschichten. Jeder Mensch eröffnet gleichsam eine Mini-Tradition, ist »Exempel« für eine Weise, in der Welt zu »wohnen« und mit dem natürlichen Gang der Dinge zurechtzukommen. Die Sorgeethik beginnt, wenn die Wirklichkeit des anderen Menschen zu einer Möglichkeit von mir selbst wird.[152]

Das heißt aber: Die Geschichte des anderen Menschen hat mir etwas zu sagen. Dieses »Sich etwas sagen lassen« eröffnet einen ethischen Raum, in dem der hilfsbedürftige Mensch aus seiner Schwäche etwas »geben« kann, und verweist auf die ethische Qualität und normative Dimension von Erzählungen. Wie es schwachen, desorientierten Frauen und Männern geht, welche Gefühle sie beschäftigen, wie Ekel und Scham, Peinlichkeiten und Angst von Wut und Erleichterung, von Unruhe und Sicherheit »erhoben« werden können, um sich buchstäblich »ein Bild« zu machen, ist entscheidend für eine umfassende ethische und therapeutische Einschätzung. Es stellt einen der bemerkenswertesten Unterschiede zu vielen Formen der »Fallbesprechung« dar, dass die »Besprechenden« sich zunächst ein Bild mit und von der Person machen, mit der und über die zu reden dann ihre Aufgabe sein wird.

Ethik beginnt mit Geschichten

Daher braucht es keine alltagsabstrakten Besprechungen. Es geht um eine erzählende Kunst und Kultur im Alltag. Ethik ist narrativ. Die Geschichten der Betroffenen und derer, die stellvertretend versuchen, in Geschichten und Anekdoten ein Bild von Betroffenen zu vermitteln, bekommen einen gleichrangigen Stellenwert neben den Fachsprachen der

Heil- und Sonderpädagogik, der Medizin, Pflege, Ökonomie und Ethik. Was ist den Betroffenen wichtig? Was ist ihre Geschichte? Woran hängt sie? Was bedeutet ihnen was? Erzählt werden Situationen, Begebenheiten, Irritationen, die Fragen aufwerfen, an die erzählend angeknüpft werden kann.

So dürfte es beispielsweise für die ethische Aufmerksamkeit von entscheidender Bedeutung sein, welche Kommunikationsgewohnheiten sich etwa bei Dienstübergaben einstellen: Wird dort nur über quasi-manuelle Aufgaben gesprochen, oder kommen die subjektiven Erlebensweisen der Betroffenen zur Sprache? Werden Gefühle artikuliert und mit eigenen Lebenserfahrungen in Beziehung gesetzt zum Erleben der Bewohner/innen? Dienen Narrationen primär einem »Dampfablassen«, oder wird darin auch um »Würdigung« des Lebens der Bewohnerinnen, der Erzählenden dieser Geschichten, gerungen? Ist die tägliche Besprechung eher ein Ort des Austausches nur instrumentell verwertbarer Informationen oder auch eine Gelegenheit, bei der moralischer Stolz über die Schönheit einer »herzeigbaren« Praxis, die Achtung vor dem Wohnen-Leben (Ethos) gefeiert und kommuniziert wird?

Es braucht Rahmenbedingungen für das Leben und Arbeiten, Räume gelebter Sorge, die solche ethische Kommunikation ermöglichen.

Ethik hieße dann erstens weniger Probleme, Konflikte, Dilemmata bearbeiten, sondern eher so etwas wie – im besten, also am wenigsten moralisierenden Sinn – »die Moral heben«, wofür die Achtung der Begriff, das erhobene Haupt das Bild ist. Zweitens hieße Ethik dann aus politisch-institutioneller Sicht das, wofür der israelisch-weltbürgerliche Philosoph Avishai Margalit die Artikulation fand, wenn er meinte, eine Gesellschaft sei dann anständig, wenn ihre Institutionen die Menschen nicht demütigen.[153]

Vielleicht kann das tägliche Ringen um die Bewahrung

von Würde in ihrer Gefährdung überhaupt den Leitfaden für eine gesellschaftspolitische Orientierung geben: Achtung ermöglichen, Verachtung und Ächtung vermeiden. Wir brauchen dazu keine Ethikexperten. Wir sind Expertinnen und Experten unseres eigenen guten Lebens.

Dies bedeutet, dass ethische Verantwortung nicht delegiert werden sollte an Gremien und Komitees, sondern im Ringen um das »gute Leben« im Alltag mit den zu Beteiligten gemachten Betroffenen stattfinden muss. Leider ist es nicht selbstverständlich, dass die Betroffenen im Krankenhaus etwa in den Fragen ihres Gesundseins und Krankseins, ihres Lebens und Sterbens angemessen am Prozess der Entscheidungsfindung beteiligt werden.

Im Grunde genommen unvorstellbar. Die weltweit anerkannte amerikanische Philosophin und Ethikerin Martha Nussbaum formuliert hier, was zu gelten hat: »Die Norm sollte immer die Person selbst in die Lage versetzen, die relevanten Tätigkeiten zu wählen. Wenn das nicht möglich ist, sollte man sich entweder zeitweilig oder dauerhaft um eine Vormundschaft bemühen, die eng darauf zugeschnitten ist, der Person dort zu helfen, wo sie Hilfe braucht, und zwar auf eine Weise, die es ihr ermöglicht, soweit es geht, am Prozess der Entscheidungsfindung und der letztendlichen Entscheidung beteiligt zu sein.«[154]

Ein Schlüsselkriterium ist ganz einfach: Die Betroffenen sind zu beteiligen. Man sollte meinen, dass das selbstverständlich ist. Weit gefehlt. Seit Ende der neunziger Jahre ist in den deutschen und in der Folge auch in den Schweizer und österreichischen Krankenhäusern eine ethische Komiteepraxis etabliert worden, die systematisch die Betroffenen ausgrenzt und nicht beteiligt. Gesprochen wird in diesen klinischen Ethik-Komitees in der Regel über dilemmatöse »Fälle« medizinischer Behandlung. Es geht um Therapieabbruch, um Behandlungszieländerungen etc. Aber diejenigen, über die gesprochen wird, sind nicht eingeladen, partizipieren nicht an den Diskussionen über ihr Leben, ihr Kranksein und ihr Sterben. Es ist auch explizit selten jemand dabei, der die Interessen der Betroffenen sozusagen anwaltschaftlich vertreten würde, falls diese dazu nicht in der Lage sein sollten. Man bleibt lieber unter sich. Die Profis reden über die Betroffenen, nicht mit ihnen. Deren Betroffenheit macht halt zu betroffen. Und Betroffensein, gefühlsmäßige Mitteilungen, Erzählungen, die von Trauer und Traurigkeit, von Angst und Verzweiflung handeln, braucht man in dieser alltagsfernen ethischen Welt der Deliberation, in der der klare Gedanke, das schneidende Argument zählt, wirklich nicht.

Diese »Ethik im Krankenhaus« hat für viele andere Bereiche eine prägende Bedeutung. Es gibt also irgendwo im Haus »Experten« in Sachen Ethik, die – je nach Modell – verschiedene Aufgaben übernehmen und dadurch, wie es manchmal genannt wird, Ethik »implementieren«. In der Regel sind sie zuständig für die Formulierung von Leitlinien, für die Weiterbildung der Mitarbeiter in Sachen Ethik, vor allem aber für die konkrete Ethikberatung. Diese kann beispielsweise in Form eines Konsiliar- oder Liaisondienstes, also unter Beiziehung eines in Sachen Ethik ausgebildeten Spezialisten, oder im Rahmen einer Fallbesprechung im Komitee selbst erfolgen.

Als wichtigste Variante gilt mittlerweile jedoch die moderierte ethische Fall-Besprechung auf Station unter Teilnahme des betreuenden Teams. Der Fokus liegt auf schwierigen medizinischen Behandlungsentscheidungen, auf punktuellen ethischen Dilemmata, die in einer Diskussion unter Bezugnahme auf allgemeine moralische Prinzipien bearbeitet werden. Die Einbindung der Betroffenen selbst ist in der Regel nicht gegeben oder sehr zufällig. Das ist ethisch bedenklich und im Grunde auch rechtlich und demokratiepolitisch nicht wirklich gut vertretbar. Ethik muss, damit eine Auseinandersetzung stattfinden kann, logischerweise anders organisiert werden.

Die Ethik gibt der Kernfrage Raum, ob und für wen das in und durch die Organisation eines Krankenhauses, eines Pflegeheimes, einer Einrichtung oder Dienstleistung ermöglichte, erzwungene und ausgelöste Handeln und Verhalten gut sei und woran es sich bemesse. Hier geht es um Ethik im genuinen Sinn, also um ein ethisches Procedere, das mit Beteiligten und Betroffenen in der Organisation und an ihren Schnittstellen stattfindet. Somit bedeutet Ethik organisieren, den geltenden normativen Rahmen, das Gesetzte und »Gesatzte« nicht einfach zu praktizieren und umzusetzen, sondern auch der Erschütterung und Revision durch neue Fragen und Reflexionen auszusetzen.

Diese Bewegung ist als ein kritisch-integrativer Dienst an der Organisation zu sehen. Es geht eben auch um eine Kreation von Verfahrensweisen im Umgang mit moralischen Fragen und normativen Konflikten. Gleichgültig, ob sie lösbar oder auf absehbare Zeit nicht zu lösen sind, sondern eben »nur« auszuhalten.

Natürlich können organisationsethisch alle Formate an Ethikberatung, Ethikkomitees, Fallbesprechung, Bewohnerbesprechung, Dienstübergabe, Supervision, Strategieklausur etc. als Orte ethischer Fragestellungen und somit als »ethische Verständigungsarrangements« verstanden und genützt werden. Das bedeutet, dass jedes Kommunikationsformat auch offen sein muss für Fragen und Auseinandersetzungen.

Eine erste große Untersuchung zu den Wirkweisen der klinischen Ethik-Komitees in Deutschland hat unter anderem zum Ergebnis geführt, dass es in ihnen weniger um Problemlösung geht, als vielmehr um die Beschreibung von Problemen. Ethik dient dazu, an- und auszusprechen, was sonst nicht gesagt wird, also zu thematisieren, was gut und schlecht, richtig und falsch ist. Ethik ermöglicht Kommunikation im Sinne von Unterbrechung, Entschleunigung und Differenz. Das ist natürlich alles andere als selbstverständlich.

Das Augenmerk einer Organisationsethik liegt darauf, immer wieder die ethisch relevanten Fragen danach zu stellen, wer betroffen ist, wer das Recht hat zu entscheiden und wer in welcher Form zu beteiligen ist. Die Kunst einer Organisationsethik besteht darin, immer wieder neue Settings zu kreieren, um Betroffene und Beteiligte in ethische Gespräche und Entscheidungsprozesse einzubinden. Die Frage der Einbeziehung und Beteiligung ist je nach Situation zu entscheiden, sie kann nicht grundsätzlich im Sinne einer Festlegung auf das professionelle Personal vorentschieden werden. Die Ausblendung der Betroffenen aus der ethischen Reflexion widerspricht dem ethischen Anspruch, mit den anderen, den Fremden, den Kranken, den Sterbenden in eine Beziehung einzutreten. Die Anerkennung des anderen um seiner selbst willen ist die angemessene ethische Haltung in dieser Beziehungsaufnahme.

Fragen, die sich in solchen Gesprächsformen stellen:

- Ist die Art und Weise, wie wir mit den zu versorgenden Menschen und miteinander umgehen, gut für uns und für andere (zum Beispiel für die Angehörigen)?
- Wie wird die Würde der Bewohner und die der Mitarbeiter geschützt, wodurch wird sie verletzt und gekränkt? Wessen identitätsbildende Selbstachtung wird verletzt? Welche Möglichkeiten gibt es und müssen noch geschaffen werden, um darüber nachzudenken?
- Halten wir das, was hier geschieht, für gut? Wollen wir es auch so, oder wollen wir es anders?
- Welche Möglichkeiten haben wir, etwas zu ändern, und werden wir ernst genommen?

Wie immer solche Fragen im Einzelnen konkretisiert werden – Fragen dieser Art unterscheiden sich grundsätzlich von der Perspektive, das Gute in Organisationen auf gutes, nämlich reibungsloses und optimales Funktionieren im Sinne eines gegebenen Organisationszweckes oder bestimmter exklusiver Einflussgruppen zu reduzieren. Sie sind auf unverkürzte Kommunikation angewiesen, auf die Möglichkeit der Unterbrechung und Entschleunigung.

Organisationsethik richtet Möglichkeitsräume für ethische Fragen in Organisationen ein, wobei gerade die ethische Blindheit der Organisation und die organisationale Blindheit der Ethik Thema werden können. Es geht um sozial und strukturell angemessene Orte ethischer Fragestellungen. Und solche Orte sind zuallererst Orte der kritischen Differenz. Sonst machen sie keinen Unterschied zum Bestehenden.

Diese Überlegungen haben ihren »Sitz im Leben«, in der Erfahrung, dass die Ethik gerade deshalb so virulent geworden ist, weil sie praktisch Themen aufzunehmen in der Lage ist, für die in der Organisation kein Raum, keine Zeit, kein Interesse zu sein scheint. Ob die Themen, die mit Ethik verbunden werden, tatsächlich ethische Themen im herkömmlichen Sinne sind, ist wiederum eine Frage, die im Prozess der Bearbeitung gestellt werden muss. Faktisch degeneriert Organisationsethik aber zu einem betriebswirtschaftlich gewünschten Schmieröl, wenn sie nicht Differenzen zum Großen und Ganzen zu setzen vermag und die Betroffenen nicht beteiligt.[155]

12. Kapitel

Wie wir uns freundschaftlich sorgen können

»Wir brauchen und ersehnen zuverlässige, lebenslang loyale Freunde, die uns unverzüglich und aus freien Stücken zu Hilfe eilen, wenn wir sie rufen, die uns das sind, was eine Insel dem Schiffbrüchigen, ein Oase dem Verdurstenden.«

Zygmunt Baumann

Wir stehen zweifellos vor großen sozialen und humanitären Fragen. »Heute sprechen wir von der Zweidrittelgesellschaft. Wenn im Jahre 2030 ein Drittel unserer Bevölkerung über 65 Jahre alt sein wird und wenn durch Fortschreiten der Automatisierung in Industrie und Dienstleistungsbereich ein weiteres Drittel für die Wirtschaft zu unflexibel, zu langsam, zu dumm, in jedem Fall aber überflüssig sein wird, dann werden wir nur noch von der Eindrittelgesellschaft sprechen können und danach fragen müssen, wofür die restlichen zwei Drittel eigentlich noch da sind. Die heutige Sterbehilfediskussion, das Engagement für das ärztliche Töten oder den Suizid von Behinderten, Alten, und Sterbenden als Akt ihrer Selbstbestimmung, die Frage der Sterilisierung nichteinwilligungsfähiger Behinderter als Akt ihrer Befreiung, die Sorglosigkeit gegenüber der Massenarbeitslosigkeit und die Begeisterung für ein gentechnisches Menschenbild sind hinreichend Alarmzeichen (…), ob wir ein anderes Bild des Menschen und der Gesellschaft uns zu eigen machen wollen« – so formuliert es der Psychiater Klaus Dörner.[156]

Für welches Bild der Gesellschaft, für welches Bild vom Menschen sollten wir uns entscheiden? Elisabeth von Thüringen, Fürstin im 13. Jahrhundert, verließ den höfischen Luxus, verließ ihren Mann, verließ ihre Kinder. Ging nach Marburg und begann, Aussätzige, Kranke und Sterbende zu pflegen. Sie verlor jede höfische Unterstützung, lebte in der gleichen Armut und unter den gleichen Bedingungen wie ihre Schützlinge. Berichtet wird, dass ihr Kleid immer weiter in Lumpen zerfiel, so dass sie schließlich in einem Gewand, das aus unzähligen Flicken bestand, umherging und ihre Arbeit tat.

Sie hat zusammengebracht, was zusammengehört: das Leben und die Liebe. Bis heute gilt sie als das Urbild der *caritas*, des *carings*, der Sorge.

Wir sind daran gewöhnt, das professionelle Tun (als Lehrer, als Krankenschwester, als Sterbebegleiter) abzuspalten von unserer innersten Bewegung. Professionalisierung heißt aber immer auch Vereisung. Wir zersplittern uns als Pflegerin oder als Professor, als Arzt oder Kindergärtnerin in die Seite, die uns mit Modulen wie mit einem Panzer überzogen hat und die Seite, in der unser Herz, unser Gemüt, unsere Seele sprechen – wenn sie denn noch sprechen.

Wie nahe sind wir den Sterbenden in der Aufspaltung zwischen professionellem Tun und der ins Private verlegten Sorge-Empfindsamkeit? Das geht ja immer nur, wenn wir unser Herz verstümmeln. Gepriesen seien diejenigen, denen das nicht gelingt. Gepriesen sei die Pflegehilfskraft, die die ihr im Kurzkurs zugemuteten standardisierten Vollzüge durchbricht und aus ihrem Herzen keine Mördergrube macht. Die das Wort an die im Bett Liegende richtet, ihr über die Wange streichelt. Eine Aristokratin des Helfens und eine Fürstin der Pflege. Die Sprache und die Techniken der Versorgungsindustrie, die durch alle Ritzen dringen möchte, vergiften unser Leben. Und man muss hoffen, dass unsere Nachkommen dieses ganze vergletscherte Erbe in einer Nacht versaufen, um als Menschen neu anzufangen.

Beschädigungen der Helfenden

Was wir heute brauchen, ist eine neue, zunächst vielleicht skurrile und abseitige Aristokratie des Helfens, der freundschaftlichen Sorge. Wir müssen sehen, dass Helfen heute in Misskredit geraten ist. Ihr Tun wird abgewertet, schlecht bezahlt und genießt wenig Anerkennung. Und das schon länger.

Von dieser miesen gesellschaftlichen Stimmung haben sich nicht wenige helfende Berufe anstecken lassen. Sie sind infiziert mit dem Virus der Abwertung ihrer Tätigkeiten, ihrer Existenz. Das schmerzt und höhlt langsam die Hilfsbereitschaft aus und lässt die Energie der Sorge abfließen.

Es gibt Vorurteile gegenüber Angehörigen helfender Berufe, die unbedingt überwunden werden müssen. Welche sind das? Das sind zum Beispiel: Alle Helfenden hätten einen Komplex, ein Helfersyndrom. Sie hülfen nicht um des anderen willen, sondern um ihre eigene Hilflosigkeit zu verdecken. Oder: Sie seien psychisch kränker und abhängiger als die Menschen, um die sie sich zu kümmern hätten. Sie seien durch ihre Berufswahl auf dem Helfertrip, ein Leben lang und bräuchten die anderen als Mittel und als Droge für den eigenen Narzissmus. Oder: Helfen und Arbeit in einem helfenden Beruf sei ein bisschen anormal (»Das könnte ich nicht!«), manchmal pathologisch. Weil der Normalfall in der Gesellschaft heißt: auf *sich* zu schauen. Bemitleidenswert, unmodern und überholt sind die, die auf *andere* schauen. Sie stecken in der »Helferfalle«, aus der sie sich selbst nicht befreien können. »Anderen hat er geholfen, sich selbst kann er nicht helfen«, war schon der Spott, mit dem Jesus, ans Kreuz genagelt, konfrontiert war.

Heute, in einer Gesellschaft des psychologischen Halbwissens, werden den Helferinnen und Helfern immer neue Varianten dieser Vorurteile entgegengebracht: Im Grunde seien sie inkompetent, weil sie nicht einmal in der eigenen Familie, nicht einmal für sich selbst das umsetzten, was sie anderen empföhlen.

Das Helfen, die Sorge um andere und um sich selbst muss wieder aus dieser negativen Abwärtsspirale und den Anklageräumen der Verdächtigungen herausgeholt werden. Die Helfenden sind besser als ihr Ruf. Vielleicht ändert sich die Lage mit der Erkenntnis, dass das Schicksal anderer auch das mögliche eigene sein könnte. Wir wissen oder ahnen dann, dass unsere Zukunft unvorhersehbar ist und sich nicht »im Modus der Verfügung« eindeutig und linear klären, planen verwalten lässt.

Wir ahnen, dass wir Menschen brauchen, die sich staunend und sorgend auf uns beziehen, die versuchen, unsere veränderten Lebenslagen zu verstehen und auf neue Situationen, rechtliche Rahmenbedingungen mit freundschaftlichem Sorgen zu reagieren. Wir ahnen aber auch, dass wir uns entscheiden müssen, wir müssen uns riskieren und Mitgefühl und Nähe, Sorge, Vertrauen, Liebe und Freundschaft leben und, was vielleicht schwerer ist, auch die Sorge anderer annehmen. Wir ahnen, dass wir in Situationen geraten können – und vielleicht sind sie jetzt schon Teil unseres Alltags –, wo wir vom Wohlwollen der anderen abhängig sind. Das ist das Gegenbild zur Ego-Gesellschaft, die der neoliberale Markt befördert hat. Das Motto dieser Gesellschaft hatte schon Adam Smith, der so etwas wie der Begründer des Neoliberalismus ist, vor mehr als zweihundert Jahren geschrieben. Es ist eine Gesellschaft der Ichlinge, die am Nutzen und am eigenen Wohlergehen orientiert ist. »Nicht vom

Wohlwollen des Metzgers, Brauers, Bäckers erwarten wir das, was wir zum Essen brauchen, sondern davon, dass sie ihre eigenen Interessen wahrnehmen. Wir wenden uns nicht an ihre Menschen-, sondern an ihre Eigenliebe, und wir erwähnen nicht die eigenen Bedürfnisse, sondern sprechen von ihrem Vorteil. Niemand möchte weitgehend vom Wohlwollen seiner Mitmenschen abhängen, außer einem Bettler, und selbst der verlässt sich nicht allein darauf.«[157]

Mittlerweile erkennen wir, dass eine solche Gesellschaft, in der niemand vom Wohlwollen anderer Menschen abhängig sein will, nicht in der Lage sein wird, ihre sozialen und menschlichen Herausforderungen aufzunehmen.

Wir brauchen Menschen, die verrückt gewordene Alte nicht ruhigstellen, sondern sie ertragen: in ihrer Aggressivität, in ihrer Unruhe, in ihrer Schlampigkeit. Weil sie vielleicht endlich aggressiv, unruhig und schlampig sein wollen. Vielleicht weil sie ohne weitere und zusätzliche Diagnosen und Behandlungskonzepte leben wollen.

Vorläufig freilich erhöhen sich noch die Mauern »der festen, kieselharten Förmlichkeit des aufeinander abgestimmten Sprechens«[158], mit der die Versorgungsindustrie das Leben der Schwachen, der Verrückten, der Sterbenden umgibt, um sie (voller guter Absichten) vom Leben abzuschneiden. Wir müssen – wie Botho Strauß sagt – neue unzugängliche Gärten bauen: Raus aus der ägyptischen Gefangenschaft einer nekrophilen Professionalität.

Patientenverfügungen haben Konjunktur. Millionenfach sind sie im Umlauf. Entstanden sind sie im Wesentlichen aus zwei Gründen. Einerseits aus Misstrauen gegen eine Apparatemedizin, die sich verselbständigt. Andererseits aus einer einseitigen Ausrichtung auf die Technik unter Vermeidung der Beziehung und des Gesprächs. Beides hat Skepsis gesät. Patientenverfügungen wurden zu einem Selbstverteidigungsinstrument gegen die Medizin. Patientenverfügungen sind aber auch Instrumente der autonomen Selbstbehauptung, der misstrauischen Vereinsamung.

Positiv haben Patientenverfügungen eine wichtige Funktion, sie sind Fahrzeuge in die Welt unserer Lebenszerbrechlichkeit, Foren und Hilfsmittel zugleich, um mit anderen, mit für uns bedeutsamen Menschen zu sprechen über Kranksein, Sterben und Tod und über die Ängste unserer eigenen möglichen Zukünfte.

Doch: Patientenverfügungen haben mehrere Gewissheiten ans Licht befördert. Wenn es um unsere Zukunft geht, wenn wir uns ein Bild von dem machen wollen, was alles sein könnte, und wie wir uns einen Plan erdenken, wie es gehen könnte mit unserem Lebensende, so müssen wir doch immer wieder erfahren, was schon in der *Dreigroschenoper* Bert Brechts erkannt ist: »Ja, mach nur einen Plan. Sei nur ein großes Licht! Und mach dann noch 'nen zweiten Plan. Geh'n tun sie beide nicht.«[159] Unser Leben und erst recht unser Sterben sind nicht linear planbar.

Wie soll man sich jetzt, hier und heute, eine lebensbedrohliche Situation, eine vulnerable Lebenslage, das Zerbrechen des Lebens in der Zukunft ausmalen und konkretisieren, deren Eigenart gerade darin liegt, dass sie sehr schwer vorstellbar ist? Kann man imaginieren, abhängig zu sein in den Bedürfnissen und Aktivitäten des täglichen Lebens? »Wer wird mein Gebiss herausnehmen, reinigen und wieder einstecken? Wer wird mich füttern? Wer wird meinen Po abwischen? Wer wird meine Urinspuren auf dem Boden beseitigen? Wer wird mich baden? Wer wird mir die Zeitung vorlesen? Wer wird meine vollen Unterhosen waschen? Wer wird bei mir sein und mir zuhören oder mir etwas erzählen? Wer wird mich trösten? Wer schenkt mir ein Lachen? Wer hört meinen Witzen zu? Wer hilft mir in die Strümpfe? Wer schenkt mir ein Bier ein und reicht mir den Strohhalm, dass ich es trinken kann?«[160] Was ist, wenn die (mit Sicherheit weniger werdenden) gutwilligen Menschen (verständlicherweise) die Nerven verlieren, mich schlagen, mir Gewalt antun durch Worte und Taten oder durch ihr Schweigen mir zu erkennen geben, dass ich Last und Belastung werde? Wie fühlt sich dann mein Leben an? Wie sehen mich andere – abschätzig, abwertend? Wie reagiere ich dann, wenn diese Sicht mich schmerzhaft erreicht?

Wir kommen hier an die Grenzen unserer Gefühls- und Gedankenwelten. Also behelfen wir uns mit Patientenverfügungen. Deren Aussagekraft besteht oft im »So nicht!« So möchte ich dann nicht mehr leben! Wenn ich nichts mehr mitkriege. Wenn ich im Wachkoma bin oder dement werde. Wenn ich abhängig von Hilfe bin. Wenn ich anderen zur Last falle.

Vor kurzem erklärte der Geschäftsführer einer großen Pflegeheimkette in Deutschland auf einer öffentlichen Veranstaltung: »Meine Damen und Herren. Ich empfehle Ihnen unbedingt eine Patientenverfügung. Und besprechen Sie das zu Hause mit Ihrer Frau und Ihren Kindern. Ich persönlich will nicht, dass mich meine Söhne oder Töchter pflegen müssen. Ich erwarte von meinen Kindern, dass sie mit ihrem eigenen Leben zurechtkommen. Sie sollen ihre Lebenszeit und Energie in den Aufbau ihres Lebens investieren. Deshalb habe ich sie freigesprochen von jeder Verpflichtung, sich bei meiner eigenen möglichen Pflegebedürftigkeit um mich meinen kümmern zu müssen.«

Im Publikum ließ sich zustimmendes Raunen beobachten. Solche Überlegungen haben eine gewisse Plausibilität und sind vielleicht auch hier und dort schon Gegenstand von Familiengesprächen, von Gesprächen in Nachbarschaften und Freundeskreisen gewesen.

Was lässt sich auch auf eine solche kraftvolle Rede der Autonomie und Unabhängigkeit, des verantwortungsbewussten Freispruchs aus Sorge um die Zukunft der eigenen Kinder sagen?

Vielleicht braucht es eine Gegenrede? Vielleicht sollten die Kinder, sollte die nächste Generation nicht allzu schnell entlassen werden aus der Sorge um die Alten und Schwachen? Wo und wie lernen sie, dass wir Menschen angewiesen und verwiesen sind? Ist es so abwegig, die Sorge für und um die Eltern oder Menschen in Not auf sich zu nehmen, geteilt mit anderen, geteilt mit Professionellen, also in geteilter Verantwortung? Kann es sein, dass die »Kinder« in solchen Sorgebemühungen etwas Zentrales und Elementares für ihr eigenes Leben lernen – nämlich Sorge, Zuwendung, Mitleidenschaft, Trauer, Grenzen und die Einsicht in die Zerbrechlichkeit des Lebens?

Wir brauchen Freunde des Sterbens statt einer Bürokratisierung des Sterbens

Eine neue freundschaftlich-sorgende Entwicklung einzuleiten wird nicht einfach sein. Scheitern ist wahrscheinlicher als Gelingen. Das Sterben ist gelandet in den Räumen einer expertokratisch gesinnten Perfektion, die den Tod erniedrigt hat, seit sie ihn in Verfahren verregelt, eingesperrt, betäubt hat. Die palliative Professionalität versucht, das Lebensende auf ein Schema, auf standardisierte Verläufe, kontrollierbare und messbare Quantitäten zurückzuführen, in denen Schon-Bekanntes wiedererkennbar wird. Aber es gehört zur Würde des Menschen, das Lebensende aus Systemen, Stufen, Schemata, aus der Bürokratisierungsdynamik herauszuhalten. Das Furchtbare ist ja: Selbst der oft zitierte Satz Rainer Maria Rilkes (»Oh Herr, gib jedem seinen eignen Tod …«) lässt sich von der palliativen Professionalität noch auf die eigene Fahne schreiben und als die Raffinesse begreifen, mit der man die im Prinzip standardisierten Prozesse auf die Einzelperson, den Spezialfall, zuschneidet. Das Sterben findet nicht mehr in der Abstellkammer statt, sondern im Käfig einer exzellenten palliativen Bürokratisierung.

Der Soziologe Max Weber (1864–1920) war der Erste, der über die Logik und Arbeitweise der Bürokratie nachgedacht hat. Ihre Funktionsfähigkeit erweise sich in dem Maße, wie sie sich spezialisiere und abstrahiere vom konkreten Menschen. Ja, es gehe darum, ohne Ansehen der Person amtlich zu handeln. »Genauigkeit, Schnelligkeit, Eindeutigkeit, Kenntnis der Akten, Kontinuität, Diskretion, (…) strenger Gehorsam, reduzierte Reibungsverluste sowie Material- und Personalkosten – all das erreicht in einer streng bürokratischen Verwaltung einen Kulminationspunkt (…), die Bürokratisierung bietet zuallererst die Möglichkeit der Spezialisierung von Verwaltungsfunktionen auf der Basis völlig objektiver Kriterien …«[161]

»Objektive« Amtsausübung richtet sich nach berechenbaren Regeln und wird »ohne Ansehen der Person vollzogen«. Es sei eben der Mangel »an menschlichem Mitgefühl« und die »Vergötzung von Vorschriften«, die die Bürokratie charakterisiere, meinte einige Jahrzehnte später in der Reflexion des deutsch-österreichischen Faschismus der Sozialpsychologe Erich Fromm (1900–1980). »Bürokratismus kann man als Methode definieren, bei der Menschen wie Dinge verwaltet werden und Dinge nach quantitativen statt qualitativen Gesichtspunkten behandelt werden, um die Quantifizierung und Kontrolle zu erleichtern und zu verbilligen. Das bürokratische Verfahren wird von statistischen Daten gesteuert; Bürokraten handeln aufgrund starrer Regeln, die auf statistischen Daten basieren, nicht in spontaner Reaktion auf die vor ihnen stehenden Personen. Sie entscheiden Sachfragen anhand der Fälle, die statistisch am häufigsten vorkommen …«[162]

»Sobald der lebendige Mensch zu einer Nummer reduziert ist«, führt Fromm weiter aus, »kann der echte Bürokrat Akte äußerster Grausamkeit begehen, nicht weil er von einem seinen Taten entsprechenden Maß an Grausamkeit dazu getrieben würde, sondern weil ihn kein menschliches Band mehr mit seinem Opfer verbindet (…). Menschen als Objekte des Mitgefühls und der Barmherzigkeit existieren für sie nicht.«[163] Diese Bürokratisierung endet fatal. Widerspruch und Widerstand tut not. Man muss sehen, dass die Grausamkeit der gegenwärtigen Versorgungslage Sterbender darin besteht, dass an der Ideologie eines technisch-pharmazeutisch-medizinischen Komplexes kein Zweifel besteht und dass es einen verbreiteten Mangel gibt, sich in die Lage der Betroffenen hineinzuversetzen.

Der Käfig des Sterbebürokratismus ist von innen nicht zu öffnen, weil uns der Schlüssel fehlt. Der Schlüssel: Das wäre eine neue Sprache der Freiheit, der Würde, des Schmerzes. Der Schlüssel besteht in der Distanz zur eigenen Ideologie, besteht in der Fähigkeit, sich mitfühlend und mitleidenschaftlich zu begegnen. Nur wenn wir Freunde haben oder finden – vielleicht erst in der letzten Stunde des Lebens finden –, die uns aus dem Käfig befreien, haben wir eine Chance auf ein würdiges Sterben. Oder anders: Nur wenn wir von

Menschen gefunden werden, die uns anschauen und nicht anders können, als uns zu helfen, kann uns geholfen werden. Freundschaftliche Sorge ist Mitsorge und Vorsorge. Was wir brauchen, sind »freundschaftliche Sorgeversprechen und freundschaftliche Sorgebündnisse.« Wir müssen uns sorgend der Sorge aussetzen und werden dadurch reicher, lebendiger und auch sinnvoller leben. Was wir sein werden und wer wir sein werden und wie wir sein werden, wissen wir jetzt nicht. Und das kann heute niemand vorhersagen. Was wir wissen, ist: Wir brauchen Freunde und Freundinnen, Freundschaftlichkeit. Freundschaft begründet sich aus dem Wissen, dass wir wahrscheinlich immer mehr empfangen haben, als wir selbst zu geben in der Lage sind. Sorge um andere ist daher Teil unseres Lebens. Diese Sorge ist eine freundschaftliche Sorge. Freundschaft wird hier nicht im Sinne von »(aller-) beste Freunde« oder auch männlichen Seilschaften verstanden, von »Freunderlwirtschaft«. Freundschaft meint die gemeinsame und geteilte Verantwortung und Sorge um die Gerechtigkeit in einer Gesellschaft, die Sorge um das gemeinsame Band mit den Mitmenschen, erst recht mit denen, die Hilfe und Unterstützung brauchen.

Tatsächlich ist diese freundschaftliche Sorge zunehmend umstellt von einer Vielzahl von Profis, die sich als Hospizpflegefachkräfte, Brückenschwestern, Psychoonkologen, Palliativmediziner, Sozialarbeiter, Physiotherapeuten, Seelsorger, professionelle Sterbebegleiter und nicht zuletzt als Case Manager über die Sterbenden beugen und ihre Betten zustellen.

In seiner als »Sommergeschichte« apostrophierten Erzählung *Schloss Gripsholm*[164] führt Kurt Tucholsky einen seiner Freunde mit einfachen Worten ein und verdichtet das Programm, die Philosophie der Freundschaft, zur Aussage »sich auf jemand verlassen können! Einmal mit jemand zusammensein, der einen nicht mißtrauisch von der Seite ansieht, wenn irgendein Wort fällt, das vielleicht die als Berufsinteressen verkleidete Eitelkeit verletzen könnte, einer, der nicht jede Minute bereit ist, das Visier herunterzulassen und anzutreten auf Tod und Leben (…)

Zwei Männer kenne ich auf der Welt; wenn ich bei denen nachts anklopfte und sagte: Herrschaften, so und so (…) ich muß nach Amerika – was nun? Sie würden mir helfen (…) Freundschaft, das ist wie Heimat.«[165]

Freundschaft bedeutet hier, sich auf jemanden verlassen zu können, vor dem man nicht ständig, konkurrenzgetränkt, auf der Hut sein muss. Freundschaft ist selbstverständliche Präsenz für den anderen, die offen ist für Dritte, sich nicht abschließt, »die als Einzelne von der Treue zueinander bewegt sind und die es wagen, an der Treue festzuhalten, wenn der andere zu einer Last wird«.[166]

Freundschaftliche Sorge bildet den Kern einer künftigen vorsorgenden und sorgenden Gesellschaft, sie ist Movens und Motivation eines guten Lebens.

Das ist eine Erkennntnis, die eigentlich so alt ist wie die Geschichte der Menschen – Aristoteles betont: »In der Freundschaft geht es darum, den anderen um seiner selbst willen zu lieben. Der Freund, sagt Aristoteles, wird nicht wegen irgendwelcher Eigenschaften geliebt, aufgrund deren er für mich nützlich oder angenehm ist, sondern um seiner selbst willen. Er besitzt menschliche Vorzüge, die ihn um seiner selbst willen liebenswert machen. Die Gemeinschaft mit ihm ist für seine Freunde eine Quelle des Glücks, ohne dass man sagen könnte, der andere würde wegen dieses Glücks geliebt.«[167]

Es bedarf einer gastfreundschaftlichen Haltung

In Hospizen werden die Patienten gerne als »unsere Gäste« bezeichnet. Dahinter steht der große Respekt vor der Fremdheit und Andersartigkeit des Gastes. Als Gastgeber verneige ich mich vor dem Gast, zeige ich Respekt gegenüber dem Fremden, trete zurück, um der Einmaligkeit des Fremden Raum zu geben. Eine solche gastfreundschaftliche Haltung hat etwas mit Demut zu tun, mit dem Mut und der Bereitschaft, dem Leben und der Würdigung des anderen zu dienen, absichtslos am anderen interessiert zu sein. Das meint gastfreundschaftliche Sorge. Es ist eine Haltung der Überraschungsbereitschaft, sich wundern zu können und verwundert zu sein über den anderen, den ich ja nicht kenne, von dem ich nichts weiß, den ich nicht einordne in Kategorien. Neugierig und offen sein, buchstäblich interessiert an dem, was mir der Gast eröffnet, wovon er Kenntnis hat, wie er mich informiert. Emmanuel Lévinas hat es so formuliert: »Einem Menschen begegnen heißt, von einem Rätsel wach gehalten zu werden.«[168]

Die Fremden werden in einem anderen, tieferen Sinne als diejenigen gesehen, die eine »Kunde haben«, die kundig sind. Entsprechend wird die Beziehung anders akzentuiert im Sinne einer Gast-Freundschaft, eines Teilens und Mitteilens, eines radikalen Gebens. Der Gast interessiert nicht deshalb, weil er sich den Aufenthalt erkaufen kann, weil er sich rechnet, sondern weil er etwas Kostbares mitbringt, sein einmaliges Menschsein, seine unteilbare Geschichte, sein individuelles Schicksal, seine Not, sein gelebtes und ungelebtes Leben, eben sich selbst im Sterben.

Der Gast entscheidet, was er braucht. Der Gast wird Worte, den Ausdruck, die Form finden, auf die er Antwort braucht. Es kann eben nicht darum gehen, aufgrund von objektiven und verallgemeinerbaren Kategorien einen Behandlungsstandard festzulegen. Genau dies war und ist nie die Haltung der Gastfreundschaft. Die Sterbenden sind die Erfahreneren. Sie sind auf der Reise, haben daher in gewisser Weise einen existenziellen Vorsprung. Deshalb haben sie etwas zu sagen, auszudrücken verbal und nonverbal, oft schon zurückgezogen in sich selbst, körpersprachlich embryonal verhockt, stumm schweigend, manchmal zur Wand gewendet, buchstäblich die Schulter zeigend, die Rückenpartie und ihre Verlängerung als demonstratives Symbol für die Gleichgültigkeit gegenüber allem, was sie stören, aufschrecken, aufwecken könnte, das ihnen nicht (mehr) entspricht.

Gastfreundschaft steht für ein kollektives, gemeinsames Hören auf das, welche Botschaft die Gäste mitbringen und was sie zu sagen haben, ein In-Berührung-Kommen mit Menschen und ihrem Leben, ihrem Gewordensein, ihrem Schicksal, ihrer Geschichte und ihren Geschichten. Die Sterbenden um ihrer selbst willen anzuerkennen, mit ihnen in einen Prozess der gemeinsamen Suche zu treten, was als Nächstes dran ist, worin der erste und vielleicht der letzte Schritt besteht. Es gibt eben immer nur den nächsten Schritt als ersten oder als letzten. Es ist immer das Nächste, das Naheliegende, um das es geht. Gerade angesichts des Todes hat ja das Unmittelbare Vorrang, das Gegenwärtige präsent zu machen, verlangt dann die Aufmerksamkeit einer sorgenden Gastfreundschaftskultur.

Die vielen Erzählungen von letzten Wünschen, die Menschen im Sterben haben, zeigen das: die alte Dame, die im

Bett um Mitternacht frisiert werden möchte; das leukämiekranke Kind, das einmal auf einem Flugzeugträger kommandieren möchte; der leberkranke Mann, der »Hunger« auf ein Bier und eine Stelze entwickelt; das Kind, das noch einmal seinen Hund im Krankenhaus streicheln möchte …

In diesen Beispielen steckt das ganze Leben von Menschen, das kleine Glück, die Ahnung einer erfüllenden Suche nach dem, was dem anderen hier und jetzt guttut, was er braucht, um bei sich zu sein und so auch einander nahe sein zu können. Menschen werden in ihrer Einmaligkeit bestätigt und respektiert, aufgenommen und angenommen.

Unsere Überlegungen zum Umgang mit dem Sterben haben uns, die Schreiber, nicht unberührt gelassen. Die Gefahr besteht freilich, dass über die Brücke, die vom Leben in den Tod führt, geredet wird, als wäre das vor allem ein architektonisches Problem. Wie soll sie aussehen, die Brücke? Wie muss sie konstruiert sein? Welches Material wird benutzt? Von dem Weg, der da beschritten wird, kann so abgelenkt werden. Es wird dann schwer, sich daran zu erinnern, dass die Brücke von hüben nach drüben führt. Der letzte Satz, den Heidegger geschrieben hat, lautet: »Denn es bedarf der Besinnung, ob und wie im Zeitalter der technisierten gleichförmigen Weltzivilisation noch Heimat sein kann.«[169]

Dieser Besinnung bedarf es auch, wenn wir das Thema und die Perspektive dieses Buches noch einmal bedenken.

In unserer Ego-Gesellschaft fragen sich viele Menschen: Warum soll ich eigentlich nicht meinem Vorteil entsprechend handeln? Warum soll ich an andere denken? Was habe ich eigentlich davon, wenn ich das tue, was bringt denn das für mich? Wer tut denn überhaupt etwas für mich? Und warum soll ich denn etwas tun, was andere auch nicht tun? Das sollen doch die machen, die nichts anderes gelernt haben, die dafür bezahlt werden …

Diese Haltungen verkörpern nicht den Beginn eines moralischen Handelns, sondern kündigen sein Ende an. Es ist die uralte Frage des Kain, nachdem er seinen Bruder Abel erschlagen hat, die heute anders beantwortet werden muss. Im biblischen Text stellt Gott die Frage: Wo ist dein Bruder, Abel? Kain antwortet mit der Gegenfrage: Bin ich denn der Hüter meines Bruders? Und distanziert sich von dieser selbstverständlichen Sorge um den anderen, einen Grund suchend.[170]

Sorge der Freundschaft

Wie geht es mit den Menschen weiter, wie mit der Gesellschaft, wie mit dem globalen Dorf, mit unserer Welt? In wissenschaftlicher Tradition stehend, könnte man vermuten: Wir brauchen mehr, anderes, qualifiziertes Wissen, um die Zukunft zu gestalten. Dieser lineare Optimismus ist vielfach gebrochen: Unser Wissen ist unvollständig, mindestens unscharf, manchmal sogar falsch. Wir haben uns daran gewöhnt, dass zu allen Fragen der gesellschaftlichen Zukunft verschiedene Positionen denkbar und sagbar sind. Die Suggestion einer objektiven Wissenschaft ist spätestens mit dem Konstruktivismus und der Einsicht in die Relativität und Standortbezogenheit des Wissens zerbrochen. Vorhandene Fakten werden neu bewertet. Aus ähnlichen Konstellationen werden andere Schlüsse gezogen. Experten widersprechen sich. Die Politik ist ratlos und muss die Unsicherheiten aufnehmen und entscheiden und natürlich Entscheidungen ständig revidieren. Die Folge: Eine Reform wird von der nächsten Reform abgelöst und diese von der vollmundig angekündigten Reformoffensive. Das Publikum ist müde und verdrossen, geeint in einer erwartungsvollen Erwartungslosigkeit.

Die Wissensgesellschaft ist ebenso begrenzt wie eine Gesellschaft, die sich zu allen Fragen ihres Lebens und Überlebens zu entscheiden hat. Entscheidungen erfordern den Diskurs guter Gründe. Dieser bildet keine hinreichende und tragfähige Basis für eine gute Zukunft. Wir brauchen das Miteinander von guten Gründen und guten Gefühlen. Ohne die Bereitschaft, sich zu verständigen, werden wir in der Kälte der guten Argumente erfrieren, wird uns der Optimierungswahnsinn eines allerorten sich breitmachenden Qualitätsmanagements atemlos machen, das alle Prozesse menschlichen Lebens »verfolgt« und berechnet bis zum Abschalten, keine Schwellen und keine Scham kennt. Es ist die von Max Weber pointierte Bürokratisierungsdynamik, die genau, schnell, in Kenntnis der Aktenlage, diskret, staatsdienend, unter Berücksichtigung »objektiver Kriterien« Vollzüge organisiert, die »ohne Ansehen der Person« erfolgen können.[171]

Wir können nicht menschlich leben nur aus den nackten Fakten, von den in Zahlen geronnenen Sicherheiten eines bürokratisch legitimierten mathematisierten Wissens, wir gehen zugrunde an der Input-Output-Logik einer an Akkumulation orientierten Ökonomisierung.

Was uns leben lässt und Zukunft gibt, erwächst aus einer empathisch-freundschaftlichen Kultur verstehenden Wohlwollens – eine Art sorgend-vorsorgendes Dasein freundschaftlicher Gewissheit und eine ringende Verbundenheit.

Freundschaftliche Sorge ist das Bild für eine neue Kultur des Miteinanders, eine solidarische Hilfekultur, die reagiert auf die moderne Versuchung, menschliche und soziale Probleme lediglich sozialtechnologisch abarbeiten zu wollen. Hier müsste der Ort sein, einander zu verstehen in den Ängsten und Sorgen, in den Ratlosigkeiten des Entscheidens und dem ehrlichen Ringen um diese Welt und einer angemessenen Lebensweise.

In der alten biblischen Erzählung vom barmherzigen Samariter verdichten sich wichtige Momente dieser Sorge um den anderen. Es ist die Urgeschichte des Helfens, des Menschen, der nicht anders kann, als sich zu sorgen um den, der in Not ist. Diese Geschichte bildet den Impuls und die Grundlage für die lange Tradition einer grenzüberschreitenden christlichen Hilfe bis heute. Helfen geht vom konkret leidenden Menschen aus, ist eine Bewegung zu ihm und eine Identifikation mit ihm. Ohne diese Fähigkeit zur Mitleidenschaft, zur Compathie, kann es keine gute Sorge geben. Hilfe für andere, grenzüberschreitende Hilfe, unbeschadet des Ansehens der Person, ihrer Herkunft, ihrer Abstammung, ihres Geschlechts und ihres Glaubens, wird in der christlichen Tradition seit Jahrhunderten in der Geschichte vom barmherzigen Samariter begründet und aufgehoben.

Die alte Frage: Wer ist mein Nächster? wird von den Schriftgelehrten an Jesus gerichtet, wie man dem Lukasevangelium (Lk 10,25–37) entnehmen kann.

Ein Schriftgelehrter stand auf, und weil er Jesus auf die Probe stellen wollte, fragte er ihn: Wie kann ich das ewige Leben bekommen? Jesus antwortete: Was steht hierüber im Gesetz? Was kannst du dort lesen? Der Schriftgelehrte antwortete: Du sollst den Herrn, deinen Gott lieben, mit deinem ganzen Herzen und deiner ganzen Seele und mit all deiner Kraft und all deinen Gedanken. Und du sollst deinen Nächsten lieben wie dich selbst. Jesus sagte zu ihm: Richtig, so ist es geschrieben. Handle in dieser Weise, und du wirst das ewige Leben haben.

Dem Schriftgelehrten genügte das noch nicht, und so fragte er Jesus erneut: Wer aber ist denn nun mein Nächster?

Als Antwort erzählte Jesus diese Geschichte: Ein Mann ging von Jerusalem nach Jericho und wurde unterwegs von Räubern überfallen. Sie raubten ihn aus, schlugen ihn nieder, gingen weg und ließen ihn halb tot liegen. Zufällig kam ein Priester des Weges; er sah den Mann und ging weiter. Auch ein Levit kam vorüber; er sah den Mann ebenfalls und ging weiter. Dann kam ein Mann aus Samarien an diese Stelle. Als er den Ausgeraubten sah, hatte er Mitleid mit ihm. Er beugte sich zu ihm herab, säuberte seine Wunden mit Öl und Wein und verband sie. Schließlich hob er den Verletzten auf seinen Esel, brachte ihn zur nächsten Herberge und kümmerte sich dort um ihn. Am anderen Morgen holte er zwei Silbermünzen aus der Tasche, gab sie dem Wirt und sagte: Sorge du nun für ihn, und wenn du mehr als das brauchst, was ich dir gegeben habe, werde ich dafür bezahlen, wenn ich das nächste Mal hier einkehre.

Jesus sah den Schriftgelehrten an und sagte: Was glaubst du? Welcher dieser drei Menschen war dem Überfallenen der Nächste? Der Schriftgelehrte antwortete: Derjenige, der ihm geholfen hat. Da sagte Jesus zu ihm: Dann handle in Zukunft genauso.

Diese Geschichte ist jahrhundertelang immer wieder interpretiert worden. Sie bildet sozusagen die humanitär-spirituelle Grundlage für eine Kultur und Ethik freundschaftlicher Sorge. Und es kann kein Zweifel sein, dass viele Hospizgründungen sich diesem Geist der samaritanischen Barmherzigkeit verdanken.

Die Rahmenerzählung stellt die zentrale Frage des Lebens: Wofür lebe ich, wann ist Leben sinnvoll, was ist gutes Leben? Was sollen wir tun, was ist zu tun und zu lassen? Auf die konkrete Frage: Wer ist mein Nächster?, wird mit einer Geschichte geantwortet. Zunächst zielt die Frage auf Exklusivität, auf Entweder-Oder. Sie will den Unterschied zwischen dem Nächsten und dem Fernsten hervorrufen. Insofern bewegt sich die Frage im Spektrum einer erwartbaren Antwort. Vielleicht ist der Fragesteller auch ein Fallensteller, insofern er der Vorstellung folgt, es gebe eben bestimmte Menschen, Menschengruppen, die nicht unbedingt und zwangsläufig als Nächste bezeichnet werden können. Der Perspektivenwechsel, der durch die folgende Geschichte vorbereitet wird, ist fundamental und radikal. Nächster-Sein bestimmt sich nicht aus der Perspektive der Helfenden, sondern aus der Sicht der Hilfsbedürftigen. Radikal wird diese Betroffenenperspektive eingenommen. Im Urtext erschließt sich über das griechische Wort für »Mitleid fühlen« *(splagchnizomai, splagchna* sind die Eingeweide) dieser Wandel. Mitleid ist etwas, was sich in den Eingeweiden, den inneren Organen, bemerkbar macht. Das heißt doch, das Elend des unter die Räuber Gefallenen schlägt dem Samariter auf den Magen, es geht ihm an die Nieren, es lässt ihn nicht kalt und gleichgültig. Diese menschliche Fähigkeit, sich in die Lage eines anderen einzufühlen, mitzufühlen und leidenschaftlich zu handeln, unterscheidet ihn von anderen. Der Gegensatz könnte nicht radikaler konstruiert sein: Der Palästinenser hilft dem Juden. Die gelehrten Gottesdiener aber, die »religiösen Virtuosen« (Max Weber) bleiben auf dem Weg zur Hauptverwaltung ewiger Wahrheiten, entwickeln andere Interessen.

Ivan Illich formuliert es so: »Es steht jedem, der diese Straße entlanggeht, frei, sie zu verlassen und eine Beziehung, eine Verbindung mit dem geschlagenen Mann einzugehen, ein Band zu ihm zu knüpfen. Das zu tun entspricht der Natur von zwei Menschen und bringt deren Natur zur vollen Blüte. Der Samariter hat die Möglichkeit, einen Bezug, ein Verhältnis zu dem anderen Menschen herzustellen, das gänzlich frei ist und nur durch seine Hoffnung genährt wird, dass der geschlagene Jude darauf reagiert, indem er diese Beziehung annimmt. Die Parabel vom Samariter war (...) ohne Zweifel schockierend für die Pharisäer, weil der Herr ihnen damit sagte: Wer dein Nächster ist, wird nicht durch deine Geburt bestimmt, durch deine Lebenslage, durch die Sprache, die du sprichst, sondern durch dich selbst. Du kannst diesen anderen Menschen annehmen, der kulturell außerhalb deiner Verpflichtungen steht, der dir sprachlich fremd ist und der, ob nun durch Vorsehung oder aus reinem Zufall, derjenige ist, der irgendwo auf deinem Weg im Gras liegt. Zu ihm kannst du die höchste Form der Bezüglichkeit herstellen, die nicht durch die Schöpfung vorgegeben ist, sondern von dir geschaffen wird. Jeder Versuch, dieses »Soll« in Bezug auf eine Norm zu erklären, nimmt diesem freien Akt seine geheimnisvolle Größe.«[172]

Im Lukasevangelium wird die Rahmenerzählung am Ende wieder aufgegriffen, und Jesus ermuntert den Fragesteller zu einem Perspektivenwechsel. Die Welt ist nicht in Nächste und Fernste zu teilen. Hier geht es grundsätzlich darum, mit den Augen anderer sehen zu lernen, und das heißt, immer auch die eigene Blindheit zu sehen, so paradox das auch sein mag. Wir sind in gewisser Hinsicht alle blind und können uns selbst nicht einmal ins Gesicht sehen. Wir brauchen die Augen anderer, um sehender zu werden, um zu sehen, was wir sonst nicht sehen können. In dem Maße, wie wir diese eigene Blindheit erkennen und akzeptieren, sehen wir gleichzeitig die Verwiesenheit aufeinander. »Das Geben und das Maß des Gebens werden zu einem Problem des alltäglichen Gleichgewichts. Den Armen in die Augen zu schauen, bedeutet, die eigene Grenze einzugestehen, nicht mehr tun zu können und sich nicht die Aufgabe anzumaßen, alles und alle zu retten. Wer dem Bedürftigen in die Augen schaut, wird nie ein großer Wohltäter werden, höchstens einer, der ein Stück Leben mit den Weggefährten teilt, wobei er vielleicht zuerst etwas gibt oder etwas erhält, so dass eher eine Beziehung der Solidarität als die einer Wohltat entsteht.«[173]

Aufmerksamkeit verdient noch eine Auslegungstradition des Gleichnisses vom barmherzigen Samariter durch die lateinamerikanische Befreiungsethik. Die eurozentrische Perspektive wurde hier auf dem Hintergrund von struktureller Gewalt und Abhängigkeit erweitert durch die Frage: Was muss getan werden, damit auf der Straße von Jerusalem nach Jericho nicht immer wieder Menschen unter die Räuber fallen? Enthalten in dieser Frage ist die politische Notwendigkeit, auf die Rahmenbedingungen, die Gestaltung von Strukturen und Kontexten zu achten. Helfen hat sowohl den Blick der Betroffenen einzunehmen, als auch die Perspektive der Kontextgestaltung – unter welchen Bedingungen ist Hilfe wirklich Hilfe für die Betroffenen?

Zugegeben, dies ist ein kleines theologisches Intermezzo. In Zeiten, in denen christliche Begründungen für Hilfe brüchiger geworden sind, keine breite Plausibilität für die Mehrheit mehr haben, braucht es vielleicht andere, sozialphilosophische Begründungsfiguren, um eine Antwort auf die Frage zu geben: Warum soll ich helfen?

Für Knud Løgstrup, einen der bedeutendsten Ethiker des 20. Jahrhunderts, bedeutet ethisches Handeln, die Sorge um jemand anders aus einer gedankenlosen Spontaneität heraus zu erbringen. »Mitgefühl«, meinte er, »muss spontan entstehen, weil es durch das geringste Zögern, das geringste bisschen Berechnung, die geringste Beimischung eines anderen Zwecks vollkommen zerstört und in sein Gegenteil, Unbarmherzigkeit, verwandelt würde.«[174]

Das angemessene, gute, moralische Handeln ergibt sich spontan, nicht berechnend und auch nicht abgeleitet von irgendwelchen Forderungen. Es schielt nicht nach Beifall und öffentlicher Anerkennung, erst recht nicht nach der Absicht, eine Gegengabe zu erhalten. Es ist eben nicht verrechenbar in einer wie auch immer gesellschaftlich oder göttlich gedachten Wechselstube der Moral. Es ist ein Handeln, das nicht aus einem Gebot, einem Gesetz, einer Vorschrift, einem Grundsatz erfolgt, sondern aus der freien Entscheidung eines mitfühlenden Menschen heraus.

In der Philosophie von Emmanuel Lévinas ermöglicht das Antlitz des anderen, der Vereinzelung zu entkommen und seine eigene Existenz sinnvoll zu entfalten: Der Mensch ist, indem er für andere da ist. Der französische Philosoph Paul Ricœur meinte daran anschließend: »Vom leidenden Anderen geht ein Geben aus, das eben nicht mehr aus seinem Vermögen zu handeln und zu existieren geschöpft ist, sondern aus seiner Schwäche selbst (...). Das ist vielleicht der höchste Beweis der Fürsorge, dass die Ungleichheit des Vermögens kompensiert wird durch eine authentische Wechselseitigkeit im Austausch, die, in der Stunde der Agonie, sich verbirgt im geteilten Murmeln der Stimmen oder in der schwachen Umklammerung sich drückender Hände (...). Ein Selbst, das an die Verwundbarkeit der sterblichen Bedingtheit erinnert wird, kann von der Schwäche des Freundes mehr empfangen, als er ihm gibt, indem es aus seinen eigenen Kraftreserven schöpft.«[175] Diese Gedanken sind in einer auf Tausch und Warenverkehr ausgelegten Gesellschaft fast nicht mehr vermittelbar. Der andere ist ein Geschenk an mich. Der Schwache gibt, indem er vom »Schrecken«, vom »Leid«, von der Gebrochenheit und der Unvollendetheit des Lebens Zeugnis ablegt.[176]

Seine Schwäche ist eine Gabe. Demnach gibt es eben keine Gabe von oben herab, keine Gabe als ein großzügiges Gönnen aus dem Überfluss heraus. Geben ist keine Leistung, für die Gegenleistung erwartet werden könnte.[177] Es geht im Geben nicht um ein reziprokes Hin und Her. Jacques Derrida schreibt unmissverständlich: »Gabe gibt es nur, wenn es keine Reziprozität gibt, keine Rückkehr, keinen Tausch, weder Gegengabe noch Schuld (...). Damit es Gabe gibt, ist es nötig, dass der Gabenempfänger nicht zurückgibt, nicht begleicht, nicht tilgt, nicht abträgt, keinen Vertrag schließt und niemals in ein Schuldverhältnis tritt.«[178]

Im Vollzug des Gebens gibt man nicht etwas, sondern sich

selbst, setzt man seine eigene Existenz aufs Spiel. Insofern meint Geben sich aussetzen und sich riskieren. Diese existenzielle Verlagerung ist kein Planspiel, das gezielt ein Ergebnis erreichen möchte. Denn in den herkömmlichen Redeweisen ist die Rolle klar definiert: Der Geber ist der, der gibt, und der Empfänger der, der nimmt. So sind auf der einen Seite die Patienten Objekte der Versorgung, Adressaten und Zielgruppe und die Professionellen auf der anderen Seite diejenigen, die eine Dienstleistung, ein »Etwas« (eine Therapie, eine Chemotherapie, eine Operation etc.) anbieten und zur Verfügung stellen.

Um einem leidenden Menschen, der in seinem Vermögen zum Handeln eingeschränkt ist oder dessen Handlungsvermögen überhaupt zerstört ist, mich »gebend« zu nähern, ist der eigentliche Modus aber der, mich fragend, nichtwissend zu nähern. Es geht um eine Haltung, eine Ethik des Nichtwissens. Hier gewinnt die Rede von den Sterbenden als den Lehrmeistern einen tiefen Sinn und eine tragende Bedeutung.

In der letzten Lebensphase haben wir mit Mitmenschen zu tun, die auf das Mitsorgen von uns angewiesen sind, die sich nicht in einer beziehungslosen Weise autonom darstellen können. Ihre Fähigkeit, unabhängig zu sein und sein zu wollen, ist erheblich reduziert. Sie sind abhängig von Hilfe. Diese Verwiesenheit auf andere bedeutet selbst eine bestimmte Abhängigkeit. In der Regel wird diese über Professionalität, Engagement und Idealismus gesteuert und supervisorisch reflektiert. Alle Helfenden kennen den schwierigen Balanceakt zwischen der Sorge für andere und der Sorge um sich selbst, zwischen empathischer Nähe und Distanz, zwischen Geben und Nehmen. Hilfen für Helfer, Selbsthilfe, Selbstpflege sind daher zu Recht gängige Orientierungen geworden, um die Hilfeleistung auf Dauer erbringen zu können.

Es wird notwendig und unerlässlich sein, nicht unter Verleugnung der eigenen Gebrochenheiten, Ängste und Verzweiflungen da zu sein. Helfen kann nur, wer Hilfe nicht prioritär als ein Machen und Tun begreift, sondern als eine Daseinsform, eine Haltung der Präsenz, als wahrnehmende Wachsamkeit. Helfen ist in diesem Sinne zunächst keine Technik und Instrumentensicherheit, sondern vor allem auch ein Dableiben und Ansprechbarsein, ein Erreichbarsein, ein haltendes Aushalten.

Erkennen, was andere brauchen, hat in der existenziellen Erschütterung einer todesbedrohenden Erkrankung damit zu tun, sich selbst zu erkennen: Selbsterkenntnis, Selbstreflexion und die Fähigkeit, sich selbst in Frage zu stellen.

Die politische Kraft freundschaftlicher Sorge orientiert sich an der Präambel des deutschen Grundgesetzes: »Die Würde des Menschen ist unantastbar.« Es geht um die Würde jeder Person und die Würde »einer Selbstachtung, die auf sozialer Anerkennung« basiert – wie Jürgen Habermas es gesagt hat.[179] Soziale Anerkennung der Sterbenden bedeutet, sie zu würdigen, in Beziehung zu treten und in Beziehung zu bleiben. Würdigen vollzieht sich in freundschaftlich sorgenden Beziehungen. Soziale Anerkennung kann verweigert werden. Würde ist verletzbar. Sich an der Würde als Leitkategorie[180] orientieren heißt, Beiträge zu leisten, dass Menschen nicht durch Institutionen und Personen, durch Programme und Mechanismen »gedemütigt werden«, dass sie keinen rationalen Grund und kein emotionales Gefühl haben, sich in ihrer Selbstachtung gekränkt zu erleben.[181]

Möglicherweise beginnt der Verlust der Selbstachtung mit dem Gefühl, anderen eine Last zu sein.[182] Vielleicht haben wir in den deutschsprachigen Ländern Mitteleuropas ein spezialisiertes Niveau der Organisiertheit des Sterbens erreicht, auf dem es darum gehen wird, sich den facettenreichen Demütigungen am Lebensende zu widersetzen, der unausgesprochenen Zumutung der Gesellschaft, sich als Kostenfaktor selbst aus dem Leben zu entsorgen? Wie anders muss man das »Angebot« des Kantons Luzern in der Schweiz an die Bewohner in den Pflegeheimen verstehen, den assistierten Suizid »wählen« zu können?

Eine der fundamentalen Demütigungen besteht darin, dass der Absicht von Menschen, sich selbst umbringen zu wollen, nicht widersprochen, sondern »beamtet« entsprochen wird.

Hospiz ist keine kollektive Entsorgungspraxis, sondern ein »Versprechen«, wie es Gerhard Höver und Gerda Graf formuliert haben. Auch die Medizin kann als ein »bedingungsloses Versprechen verstanden werden (...), den Menschen in Not zur Seite zu stehen«[183]. Wir versprechen dem anderen: Du hast ein Recht auf Asyl am Lebensende, wir wollen dir Anerkennung entgegenbringen, dich achten ohne Gegenleistung, so dass du keine Angst haben musst, unter Druck gesetzt zu werden, dich assistiert umzubringen oder gar getötet zu werden.

In der lateinischen Etymologie des Wortes *hospes,* der Gast, steckt auch *hostis* – der Feind. Das lateinische Wort enthält das Wissen, dass jede Begegnung eine Beziehung von Gegnern, von Fremden sein kann. Respekt vor anderen, dem Geheimnis ihres Leben, dem Rätselhaften und nicht Verstehbaren, eben allem, was sich im Schweigen des Sterbens der Fassbarkeit entzieht. In der Gastfreundschaft ist die Unfassbarkeit des Sterbens aufgehoben und gehalten. Freundschaftliche Sorge ist daher auch ein Widersprechen, nämlich gegen alle Versuche, Sterben und Tod »herzustellen«.

Vielleicht erinnert eine freundschaftliche Sorge vor allem daran, dass wir in der möglichen Fassungslosigkeit des Sterbens die Fassung wiedergewinnen können durch Menschen, die gefasst das Leben und darin das Sterben und den Tod aufgenommen und angenommen haben, die vielleicht sogar von einer Zuversicht erfüllt sind, in einem größeren, religiösen oder spirituellen Ganzen aufgehoben und gehalten zu sein.

Es gibt so viele verschiedene Antworten auf die Frage, was der Tod bedeutet. Wie immer die Antwort lautet – ans Ende des Lebens schieben lässt sich der Tod jedenfalls nur schwer: Machen wir die Augen auf, so ist er immer da, der eigene Tod, der des geliebten Menschen und der fremde Tod. Wir selbst werden ihn nicht erblicken, gnädig drückt er uns die Augen zu, bevor wir ihn sehen.[184]

Leben muss man ein Leben lang lernen, und ein Leben lang muss man sterben lernen, schreibt der Philosoph Seneca in seiner berühmten Schrift *Von der Kürze des Lebens.*[185] Die Sterbekunst betrachtet er als Grundlage der Lebenskunst, denn, wer nicht sterben lernt, geht verschwenderisch mit der Lebenszeit um: »Ihr lebt, als ob ihr immer leben würdet, nie kommt euch eure Vergänglichkeit in den Sinn.«[186] Diese implizite Aufforderung, sich mit dem eigenen Sterben auseinanderzusetzen, das Memento mori (»Denk daran, du musst sterben!«), ist ein wesentlicher Bestandteil aller spirituellen Sterbekulturen.

Leben und Sterben hängen untrennbar zusammen. Den eigenen Tod sterben kann, wer das eigene Leben gelebt hat. Leben, mahnt Seneca, heißt mehr als Zeit verbringen – wegen grauer Haare und Runzeln muss man nicht glauben, ein Mensch habe lang gelebt: »Er hat nicht lang gelebt, sondern ist lang da gewesen. Wäre es denn nicht Unsinn zu glauben, der habe eine weite Seereise unternommen, den ein wilder Sturm schon beim Auslaufen aus dem Hafen überfallen und hierhin und dorthin getragen und im Wechsel der gegeneinander wütenden Winde immer dieselbe Bahn im Kreis herumgetrieben hat? Er hat nicht eine weite Seereise unternommen, sondern ist viel herumgeworfen worden.«[187]

Eine Zivilisation, die über ihre Kräfte lebt, die im Begriff ist, die physischen Grundlagen kommender Generationen zu zerstören, und die alles dem Götzen »Wachstum« zu opfern bereit ist, sie braucht eine Neuorientierung, wenn sie nicht sogar schon eine hospizliche Begleitung nötig hat.

Im Thema der Hospizbewegung jedoch meldet sich das Verdrängte: dass diese Gesellschaft zwar ein Nest aus Stahl und Beton errichtet hat, dass den Menschen in diesem Nest aber immer deutlicher das Du, die Gemeinschaftlichkeit, der Zusammenhang und die Wärme fehlen. Am Ende des Lebens wird das besonders gravierend deutlich, und der Hospizbewegung ist es zu verdanken, dass darauf endlich ein Blick fallen konnte. Die Religionen sollten damit aufhören, den Tod zu töten, meinte die Theologin Dorothee Sölle in ihrem letzten, unvollendeten Buch.[188]

Vielleicht muss endlich aufgehört werden, den Tod zu töten und die Sterbenden unter Kontrolle zu bekommen. Diese Siegermentalität hilft uns nicht weiter. Sie verleugnet die Endlichkeit, die Vergänglichkeit, statt den Tod anzunehmen »als eine Wirklichkeit in mir, als einen spirituellen Raum«, in dem ich andere vergängliche Dinge aufnehmen und lieben kann. Gäbe es den Tod nicht, »wie könnten wir davon sprechen, geboren zu werden?« Jedes Lied, das wir singen, kommt und geht, jeder Sommerabend ist vergänglich, nicht ewig. Vergänglichkeit aber ist nicht unser größtes Unglück. Dass ein jegliches Ding seine Zeit hat (Prediger 3), lehrt uns der alte Lehrer Tod. Der Kreislauf der Erde, der Rhythmus des Lebens, ist eine Bedingung für das, was wir Liebe nennen.

Die Annahme des Todes ist nicht Verleugnung seines Schmerzes, seiner Unerträglichkeit, aber es ist ein Versuch, ihn einzubeziehen in den Rhythmus des geschaffenen Lebens. Ohne ihn könnten wir nicht eintreten in den »Kreislauf der Erde«.[189]

Wir schließen dieses Buch mit einer Geschichte, weil wir uns Geschichten werden erzählen müssen, wie es anders gehen kann, mit dem Sterben und den Sterbenden. Sie wurde uns erzählt von einer Palliativfachkraft. Ein etwa siebzigjähriger Mann ist »zum Sterben« nach Hause überwiesen worden und wird von einem ambulanten Palliativteam gut betreut. Die Ehefrau ist Tag und Nacht bei ihm und wird unterstützt. Die Krankenschwester verabschiedet sich eines Abends mit dem Hinweis, sie sei jederzeit erreichbar, auch in der Nacht, und lässt beruhigungstiftend ihre Telefonnummer noch einmal da. Sie steht im Treppenhaus. Da öffnet sich die Tür der Nachbarwohnung. Eine Frau, eine Muslima, tritt auf den Flur mit einer Schüssel warmer Suppe in beiden Händen. »Suppe«, sagt sie, »Suppe kann man immer essen«, gibt die Schüssel der Ehefrau und verschwindet wieder in ihre Wohnung.

Am nächsten Tag kommt die Palliativkraft gewohnheitgemäß am Morgen. Die Ehefrau öffnet die Tür. Sie geht in die Wohnung. Der Mann ist in der Nacht gestorben. Nun liegt er aufgebahrt, gewaschen und angekleidet in seinem Bett. Die muslimische Nachbarin ist da und hat der Ehefrau in der Nacht geholfen, in freundschaftlicher Sorge.

Anmerkungen

1 Vgl. Bronnie Ware: 5 Dinge, die Sterbende am meisten bereuen, München 2013
2 Ivan Illich: In den Flüssen nördlich der Zukunft. Letzte Gespräche über Religion und Gesellschaft mit David Cayley, München 2006, S. 252
3 Vgl. Philippe Ariès: Geschichte des Todes, München 1980, S. 747 ff.
4 Vgl. Karlfried Graf Dürckheim: Der Ruf nach dem Meister. Die Bedeutung geistiger Führung auf dem Weg zum Selbst, Bern 1986, S. 166
5 Harald Welzer: Selbst denken. Eine Anleitung zum Widerstand, 2. Auflage, Frankfurt 2013, S. 154. Hervorhebungen im Original
6 Søren Kierkegaard: Zur Selbstprüfung der Gegenwart anbefohlen. Erbauliche Reden 1850/51 Urteilt selbst. Simmerath 2003
7 Ivan Illich: Die Wiedergeburt des epimetheischen Menschen, in: Derselbe: Entschulung der Gesellschaft. Eine Streitschrift, 6. Auflage, München 2013, S. 147 f.
8 Paul Ludwig Landsberg: Die Erfahrung des Todes, Berlin 2009, S. 33
9 Vgl. Eugen Drewermann: Das Lukas-Evangelium Teil II, Ostfildern 2009, passim zu Kap. 16.
10 Vgl. Ivan Illich: Wiedergeburt des epimetheischen Menschen, a. a. O., S. 153
11 Vgl. Marianne Gronemeyer: Das Leben als letzte Gelegenheit. Sicherheitsbedürfnisse und Zeitknappheit, 2. unv. Aufl., Darmstadt 1996
12 Vgl. David Olusoga/Casper W. Erichsen: The Kaiser's Holocaust. Germany's Forgotten Genocide and the Colonial Roots of Nazism, London 2011
13 Anna Bergmann: Der entseelte Patient. Die moderne Medizin und der Tod, Berlin 2005, S. 247–248
14 Michael Stolberg: Die Geschichte der Palliativmedizin. Medizinische Sterbebegleitung von 1500 bis heute, Frankfurt am Main 2011, S. 107
15 Ilse Helbich: Grenzland Zwischenland. Erkundungen, 2. Auflage, Graz 2012, S. 60
16 Arthur E. Imhof: Die verlorenen Welten. Alltagsbewältigung durch unsere Vorfahren – und weshalb wir uns heute so schwer damit tun, München 1984
17 Franz Werfel: Das Lied von Bernadette, 10. Auflage, Frankfurt am Main 2002 (erstmals erschienen: Stockholm 1941), S. 472
18 Werner F. Kümmel: Der sanfte und selige Tod. Verklärung und Wirklichkeit des Sterbens im Spiegel lutherischer Leichenpredigten des 16. bis 18. Jahrhunderts, in: Rudolf Lenz (Hg.): Leichenpredigten als Quelle historischer Wissenschaften, Bd. 3, Marburg 1984, S. 199–226, 202
19 Tiziano Terzani: Noch eine Runde auf dem Karussell. Vom Leben und Sterben, München 2007, S. 351
20 Andrzej Stasiuk: Kurzes Buch über das Sterben, Frankfurt 2013, S. 43

21 Ebd., S. 44

22 Thomas Mann: Der Zauberberg, 18. Auflage, Frankfurt am Main 2007 (zuerst 1924), S. 77

23 Norbert Elias: Über die Einsamkeit der Sterbenden in unseren Tagen, Frankfurt am Main 1982, S. 44–45

24 Vgl. Katharina Heimerl: Orte zum Leben – Orte zum Sterben. Palliative Care in Organisationen umsetzen, Freiburg 2008

25 Vgl. Gian Domenico Borasio: Über das Sterben. Was wir wissen. Was wir tun können. Wie wir uns darauf einstellen, München 2011

26 Rainer Maria Rilke: Die Aufzeichnungen des Malte Laurids Brigge, München 1997 (zuerst Leipzig 1910), S. 11 f.

27 Ebd., S. 12 f.

28 Giovanni Boccaccio: Das Dekameron; Übers. v. Karl Witte; hg. v. Helmut Bode, München 1964, S. 20 f. Das Werk erschien zuerst 1470

29 Vgl. Neithart Bulst: Der schwarze Tod. Demographische, wirtschafts- und kulturgeschichtliche Aspekte der Pestkatastrophe von 1347–1352. Bilanz der neueren Forschung, in: Saeculum 30 (1979), S. 45–67. Stefan Winkler: Geißeln der Menschheit. Kulturgeschichte der Seuchen, 2. Auflage, Düsseldorf, Zürich 1997

30 Anna Bergmann: Der entseelte Patient, a. a. O., S. 40

31 Giovanni Boccaccio: Das Dekameron, a. a. O., S. 17 f.

32 Vgl. Anna Bergmann: Der entseelte Patient, a. a. O., S. 82 f.

33 Ebd., S. 90 f.

34 Zygmunt Baumann: Tod, Unsterblichkeit und andere Lebensstrategien, Frankfurt am Main 1994, S. 231

35 Eberhard Jüngel: Tod, Gütersloh 1993, S. 161 f.

36 Walter Benjamin: Zur Kritik der Gewalt und andere Aufsätze, Frankfurt am Main 1965, S. 84 f.

37 Vgl. dazu den Aufsatz von Charlotte Jurk: Von der Industrialisierung des Sterbens, in: BioSkop, Dezember 2013, S. 14 f.

38 Zit. nach Charlotte Jurk, a. a. O.

39 So am Ende des Buches von Philippe Ariès: Geschichte des Todes, a. a. O., S. 789

40 Anlage zur Rundmail 06/2013 (01.08.2013). Informationen der Kassenärztlichen Bundesvereinigung zu den neuen EBM-Ziffern für die allgemeine Palliativversorgung. www.kbv.de/43 707.html

41 Elisabeth Kübler-Ross: Interviews mit Sterbenden, 5. Auflage, Stuttgart 1999. Siehe dazu besonders das Kapitel 3

42 HOPE ist ein Angebot des Deutschen Hospiz- und PalliativVerbandes (siehe dessen Homepage www.dhpv.de und www.clara-klifo.de/startseite/hope/). Das Zitat findet sich bei Charlotte Jurk, a. a. O.

43 HOPE, a. a. O.

44 Zit. nach Charlotte Jurk, a. a. O.

45 Hans-Herbert Sittig: Was SAPV wirklich kostet. Eine Kostenrechnung auf betriebswirtschaftlicher Grundlage, http://www.ag-sapv.de/tl_files/public/aktuelles/ws2_wirtschaftliche-Aspekte_Sittig.pdf

46 Bericht in *The Guardian* vom 13. und 15. Juli 2013
47 Vgl. *The Telegraph* vom 3. August 2013
48 Vgl. *The* Guardian, a. a. O.
49 Michael Ende: Trödelmarkt der Träume. Mitternachtslieder und leise Balladen, München 2000, S. 87–88. Copyright © by Nachlass Michael Ende. Vertreten durch AVA international GmbH, München; www.ava-international.de
50 Rudi Carrell: Ich hatte Angst, es gäbe nur noch Mitleid, in: Stern 29/13.7.2006, S. 142–144
51 Carl-Henning Wijkmark: Der moderne Tod. Vom Ende der Humanität, Berlin 2001
52 Vgl. David Clark/Neil Small/Michael Wright/Michelle Winslow/Nic Hughes: A Bit of Heaven for the Few? An oral history of the modern hospice movement in the United Kingdom, Lancaster 2005
53 Interview mit Cicely Saunders für www.hospice-history.org.uk
54 René Descartes: Über den Menschen, Heidelberg 1969 (1664 erstmals erschienen), S. 69
55 Leo Tolstoj: Der Tod des Iwan Iljitsch, Frankfurt 2002. Erstmals erschienen 1886, S. 129
56 Leo Tolstoj, Der Tod des Iwan Iljitsch, a. a. O., S. 118, 133
57 David B. Morris: Geschichte des Schmerzes, Frankfurt am Main 1969, S. 400
58 Adolf Muschg: Recht auf Schmerz, in: Georg Schönbächler (Hg.): Schmerz. Vgl. Birgit Heller, Andreas Heller: Spiritualität und Spiritual Care. Orientierungen und Impulse, Bern 2014
59 David Wagner: Leben, Reinbek bei Hamburg 2013, S. 59
60 Henri Nouwen/Donald McNeill/Douglas A. Morrison: Das geteilte Leid, Freiburg 1983, S. 13
61 Hans-Georg Gadamer: Über die Verborgenheit der Gesundheit, Frankfurt am Main 1993, S. 130
62 Cicely Saunders: Brücke in eine andere Welt. Was hinter der Hospizidee steht. Herausgegeben und eingeleitet von Christoph Hörl, Freiburg 1999, S. 123
63 Vgl. die Website der WHO: http://www.who.int/cancer/palliative/definition/en/
64 Vgl. Morris, a. a. O., vgl. Andreas Heller, Sabine Pleschberger: Palliative Versorgung im Alter, in: Adelheid Kühlmey, Doris Schaeffer (Hg.): Alter, Gesundheit und Krankheit, Bern 2008, S. 382–299
65 Vgl. Michael Stolberg: Die Geschichte der Palliativmedizin, a. a. O.
66 Ruth Albrecht in: Andreas Heller/Sabine Pleschberger/Michaela Fink/Reimer Gronemeyer: Die Geschichte der Hospizbewegung in Deutschland, Ludwigsburg 2012, S. 273. Die Interviewzitate auf den folgenden Seiten sind im Rahmen eines Forschungsprojekts entstanden, das von den genannten Autorinnen und Autoren durchgeführt wurde.
67 Zitiert nach: Shirley du Boulay: Cicely Saunders. Ein Leben für Sterbende, Innsbruck 1987, S. 45
68 Ebd. S. 153
69 Zitiert nach: Andreas Heller et. al.: Die Geschichte der Hospizbewegung in Deutschland, a. a. O., S. 32–33

70 Zitiert nach: ebd.
71 Hans-Christoph Piper: Gespräche mit Sterbenden, 4. Auflage, Göttingen 1990
72 Johann Baptist Metz: Mystik der offenen Augen. Wenn Spiritualität aufbricht, Freiburg 2011, S. 258
73 Margarete Mitscherlich: Die Radikalität des Alters. © Fischer Verlag GmbH, Frankfurt am Main 2010, S. 223
74 Vgl. unter anderem: Bettina Alberti: Seelische Trümmer: Geboren in den 50er und 60er Jahren. Die Nachkriegsgeneration im Schatten des Kriegstraumas, 5. Auflage, München 2013; Hartmut Radebold: Abwesende Väter und Kriegskinder. Alte Verletzungen bewältigen, Stuttgart: 2010; Hartmut Radebold/Gereon Heuft/Insa Fooken (Hg.): Kindheiten im Zweiten Weltkrieg. Kriegserfahrungen und deren Folgen aus psychohistorischer Perspektive, Weinheim-München 2006
75 Vgl. den in der Nachkriegszeit angesiedelten Roman von Ursula Krechel: Landgericht, Salzburg 2012
76 Vgl. Hartmut Radebold/Gereon Heuft: Bleiben (Kriegs-)Traumata potenziell lebenslang ein Risikofaktor? Wir haben eine Geschichte, wir sind Geschichte und wir verkörpern Geschichte, in: Zeitschrift für Psychotraumatologie und Psychologische Medizin 4 (2006) S. 39–50, 41–42
77 Margarete Mitscherlich, a. a. O., S. 221–222
78 Sabine Bode: Die vergessene Generation. Die Kriegskinder brechen ihr Schweigen, 5. Auflage, Stuttgart 2013, S. 28
79 Vgl. Natan Kellermann: Holocaust Trauma – Psychological Effects and Treatment, New York 2009
80 Paolo Conte: Melancholie, in: *Süddeutsche Zeitung*, 13.–14.11.2010
81 Heinrich Pera: Schrecken ohne Ende oder Mut zur Wende?!, in: Reimer Gronemeyer/Erich H. Loewy (Hg.): Wohin mit den Sterbenden? Hospize in Europa – Ansätze zu einem Vergleich, S. 106 ff.
82 Vgl. Wlodzimierz Borodziej: Geschichte Polens im 20. Jahrhundert, München 2010, S. 190. Vgl. auch im Überblick: Ludolf Herbst: Das nationalsozialistische Deutschland 1933–1945 = Neue Historische Bibliothek, Frankfurt am Main 1996, S. 279 ff.
83 Norman Davies: Im Herzen Europas. Geschichte Polens, 4., durchges. Aufl., München 2006, S. 58–59
84 Vgl. Shirley du Boulay: Cicely Saunders. The founder of the Modern Hospice Movement, London 1984
85 Elisabeth Kübler-Ross, zitiert aus dem Film von Stefan Haupt: Elisabeth Kübler-Ross, Dem Tod ins Gesicht sehen (als DVD erhältlich)
86 Zitat im Buch von Derek Gill: Elisabeth Kübler-Ross. Wie sie wurde, wer sie ist. 2. Auflage, Stuttgart 1981, S. 375
87 Elisabeth Kübler-Ross: Interviews mit Sterbenden, a.a.O., Vorwort
88 Elisabeth Kübler-Ross: Interviews mit Sterbenden, a. a. O., S. 20
89 Byung-Chul Han: Topologie der Gewalt, 2. Auflage, Berlin 2012, S. 17
90 Inger Hermann (Interview der Autoren)
91 Janusz Korczak: Wie man ein Kind lieben soll, Gütersloh 2002, S. 54
92 Eine neue Übersetzung (von Reinhard Kaiser) ist 2009 in Frankfurt am Main erschienen

93 Hans Jacob Christoffel von Grimmelshausen: Der abenteuerliche Simplicissimus, Deutsch, Berlin 2009, S. 48 f.
94 Ebd.
95 Ebd.
96 Ebd.
97 www.bv-trauerbegleitung.de
98 Zitiert nach: Die Religion in Geschichte und Gegenwart, 3. Auflage, Tübingen 1962, Band VI, Spalte 999. Einer besonderen Aufmerksamkeit bedürfte das Thema der geschlechtsspezifischen Rollen im Prozess des Trauerns. Vgl. dazu Birgit Heller/Franz Winter (Hg.): Tod und Ritual. Interkulturelle Perspektiven zwischen Tradition und Moderne, Wien 2007
99 Jorgos Canacakis leitet die »Akademie für Menschliche Begleitung« (AMB©).
100 Interview mit Thile Kerkovius am 5.1.2011 (Interview der Autoren). Vgl. auch Andreas Heller et al.: Die Geschichte der Hospizbewegung,, a. a. O., S. 2
101 Norbert Elias: Über die Einsamkeit der Sterbenden in unseren Tagen, Frankfurt am Main 1962, S. 81
102 Vgl. Charlotte Jurk: Der niedergeschlagene Mensch: Depression. Geschichte und gesellschaftliche Bedeutung einer Diagnose, Münster 2008
103 Ruthmarijke Smeding/Eberhard Aulbert: Trauer und Trauerbegleitung in der Palliativmedizin, in: Eberhard Aulbert/Detlev Zech: Lehrbuch der Palliativmedizin, Stuttgart 1997, S. 866 ff.
104 Siehe dazu vor allem Bernhard Streck (Hg.): Wörterbuch der Ethnologie, Köln 1987, Stichwort Tod
105 Vgl. Émile Durkheim: Die elementaren Formen des religiösen Lebens, Frankfurt 1981 (Orig. französisch, Paris 1912)
106 Durkheim zitiert bei Thomas Hauschild in: Bernhard Streck: Wörterbuch der Ethnologie, a. a. O., S. 231
107 Vgl. Alfred Reginald Radcliffe-Brown: The Andaman Islanders. A Study in Social Anthropology, Cambridge 1964 (zuerst 1922)
108 Sigmund Freud: Totem und Tabu. Einige Übereinstimmungen im Seelenleben der Wilden und der Neurotiker, Wien 1912/1913.
109 Elias Canetti: Masse und Macht, Frankfurt am Main 1960, S. 249 ff.
110 Johan Huizinga: Herbst des Mittelalters. Studien über Lebens- und Geistesformen des 14. und 15. Jahrhunderts in Frankreich und den Niederlanden, Stuttgart 1975, S. 208
111 Ebd., S. 208
112 Karlfried Graf Dürckheim: Vom doppelten Ursprung des Menschen, Freiburg im Breisgau 1997, S. 74
113 Martina Rosenberg: Mutter, wann stirbst du endlich? Wenn die Pflege der kranken Eltern zur Zerreißprobe wird, München 2012
114 Bernard Lown: Die verlorene Kunst des Heilens. Anstiftung zum Umdenken, 2. Auflage, Stuttgart 2004, S.250 f.
115 Vgl. F.A.Z., http://www.faz.net/aktuell/feuilleton/demenzarchitektur-zeit-hat-hier-keine-bedeutung-mehr-11745678.html, vgl. auch: Andrea Newerla: Verwirrte pflegen – verwirrte Pflege, München 2012
116 Hans-Georg Gadamer: Über die Verborgenheit der Gesundheit, Frankfurt am Main 1993, S. 130

117 Ebd., S. 140
118 Vgl. Klaus Dörner: Leben und Sterben, wo ich hingehöre. Dritter Sozialraum und neues Hilfesystem, Neumünster 2007. Klaus Wegleitner, Katharina Heimerl, Andreas Heller (Hg.): Zu Hause sterben. Der Tod hält sich nicht an Dienstpläne, Ludwigsburg 2012
119 Thomas Klie: Palliative Care und Welfare Mix, in: Andreas Heller, Katharina Heimerl, Stein Husebø (Hg.): Wenn nichts mehr zu machen, ist noch viel zu tun. Wie alte Menschen würdig sterben können. 3. aktualisierte und erweiterte Auflage, Freiburg 2007, S. 457–466. Vgl. auch Thomas Klie: Wen kümmern die Alten? Auf dem Weg in eine sorgende Gesellschaft, München 2014
120 Allan Kellehear: Compassionate Cities. Public health and end-of-life care, Oxford 2005
121 Vgl. dazu die Homepage der Aktion Demenz e. V. (www.aktion-demenz.de und demenzfreundliche-kommunen.de)
122 David Foster Wallace: Das hier ist Wasser, Köln 2012
123 Vgl. Claus Fussek/Gottlob Schober: Es ist genug. Auch alte Menschen haben Rechte, München 2013
124 www.architekten-bhp.de
125 Michel Foucault: Überwachen und Strafen. Die Geburt des Gefängnisses, Frankfurt am Main 1977, S. 294
126 Vgl. Georg Seeßlen: Das Geisterhaus, in: konkret 5, 2012, S. 56
127 Georg Seeßlen: Blödmaschinen. Die Fabrikation der Stupidität, Frankfurt am Main 2011
128 Georg Seeßlen: Das Geisterhaus, a. a. O., S. 57. Vgl. auch zum Ganzen: Markus Metz/Georg Seeßlen: Bürger erhebt euch! Postdemokratie, Neoliberalismus und ziviler Ungehorsam, Hamburg 2012
129 So der Psychotherapeut Gustl Marlock in einem Vortrag in Frankfurt 2011
130 WHO: Dementia: A Public Health Priority, Genf 2012
131 Vgl. Josef Huber: Zwischen Supermarkt und Sozialstaat. Die neue Abhängigkeit des Bürgers, in: Ivan Illich u. a. (Hg.): Entmündigung durch Experten. Zur Kritik der Dienstleistungsberufe, Reinbek 1979, S. 129–154
132 Zitiert nach Huber: Zwischen Supermarkt und Sozialstaat, a. a. O., S. 147
133 Siehe die Internetseite der Aktion Demenz: www.demenzfreundliche-kommunen.de
134 Vgl. dazu Ivan Illich: Dwelling, in: Ivan Illich: In the Mirror of the Past. Lectures and Addresses, New York/London 1992, S. 55 ff.
135 Theodor W. Adorno, Minima Moralia. Reflexionen aus dem beschädigten Leben. © Suhrkamp Verlag Frankfurt am Main 1951. Alle Rechte bei und vorbehalten durch Suhrkamp Verlag Berlin
136 Vgl. zur Hospizbewegung allgemein: Andreas Heller/Sabine Pleschberger/Michaela Fink/Reimer Gronemeyer: Die Geschichte der Hospizbewegung in Deutschland, 2., überarb. Aufl., Ludwigsburg 2013
137 Die Verfasser übersehen keineswegs, dass sie daselbst des Öfteren und durchaus dankbar stehen und sitzen.
138 Vgl. dazu Silja Samerski: Professioneller Entscheidungsunterricht. Vom Klienten zum mündigen Entscheider, in: Leviathan 41, Jahrgang, 1/2013, S. 144–163

139 Berechnungen des Fritz-Beske-Instituts für Gesundheits-System-Forschung, zitiert in: *Süddeutsche Zeitung* vom 26.8.2009, S. 6

140 *Stern* vom 23.11.2006

141 Richard Sennett: Der flexible Mensch. Die Kultur des neuen Kapitalismus, Berlin 1998

142 *Der Standard,* Wien, vom 22.1.2007, S. 20

143 Ivan Illich: In den Flüssen nördlich der Zukunft, a. a. O., S. 174 f.

144 Zitiert in: *Bioskop* 21, März 2003, S. 3

145 Els Borst-Ellers: Neue Zürcher Zeitung v. 8.1.2001

146 Charlotte Jurk: Der niedergeschlagene Mensch. Depression – Geschichte und gesellschaftliche Bedeutung einer Diagnose, Münster 2008, S. 207

147 Giovanni Maio: Mittelpunkt Mensch. Ethik in der Medizin. Ein Lehrbuch, Stuttgart 2012, S. 395

148 Vgl. H. Christof Müller-Busch: Abschied braucht Zeit. Palliativmedizin und Ethik des Sterbens, Frankfurt 2012, S. 251 ff.

149 Patrick Schuchter/Andreas Heller: Ethik in der Altenhilfe – eine alltagsnahe Besprechungs- und Entscheidungskultur in der Sorge um ältere Menschen. In: Hospizkultur und Palliative Care im Pflegeheim, hg. v. Dachverband Hospiz Österreich, Ludwigsburg 2012, S. 152–158

150 Gerhard Höver, Gerda Graf: Hospiz als Versprechen. Zur ethischen Grundlage der Hospizidee, Wuppertal 2006

151 Silvia Käppeli: Bündnis oder Vertrag? Eine Reflexion über zwei Paradigmen der pflegenden Beziehung, in: *Pflege 18* (2005), S. 187–195

152 Vgl. Nel Noddings: Warum sollten wir uns ums Sorgen sorgen?, In: Herta Nagl-Docekal; Herlinde Pauer-Studer (Hg.): Jenseits der Geschlechtermoral. Beiträge zur feministischen Ethik, Frankfurt 1993, S. 135–171

153 Avishai Margalit: Politik der Würde. Über Achtung und Verachtung, Frankfurt 2012

154 Martha Nussbaum: Die Grenzen der Gerechtigkeit. Behinderung, Nationalität und Spezieszugehörigkeit, Frankfurt 2010, S. 275

155 Vgl. zum Thema: Thomas Krobath/Andreas Heller (Hg.): Ethik organisieren. Handbuch der Organisationsethik, Freiburg 2010

156 Klaus Dörner: Tödliches Mitleid. Zur Sozialen Frage der Unerträglichkeit des Lebens, fortgeschriebene Neuauflage, Paranus, Neumünster 2002

157 Adam Smith: Der Wohlstand der Nationen. Eine Untersuchung seiner Natur und seiner Ursachen, München 1978, S. 17. Auf Englisch erstmals erschienen 1776

158 Botho Strauß: Lichter des Toren. Der Idiot und seine Zeit, München 2013, S. 10

159 Bert Brecht: Ballade von der Unzulänglichkeit menschlichen Planens, in: Die Dreigroschenoper, Frankfurt am Main, Frankfurt, 1968, S. 77

160 Erich Schützendorf: In Ruhe alt werden können? Widerborstige Anmerkungen, 2. Auflage, Frankfurt am Main 2006, S. 60

161 Max Weber, zitiert nach: Zygmunt Baumann: Dialektik der Ordnung. Die Moderne und der Holocaust, Hamburg 2002, S. 28

162 Erich Fromm: Haben oder Sein. Die seelischen Grundlagen einer neuen Gesellschaft, Stuttgart 1978, S. 182 f.

163 ebd., S. 183 f.
164 1931 in Berlin erschienen
165 Kurt Tucholsky: Schloß Gripsholm. Eine Sommergeschichte, Reinbek bei Hamburg 1973, S. 68
166 Ebd., S. 174
167 Robert Spaemann/Walter Schweidler (Hg.): Ethik. Lehr- und Lesebuch, Stuttgart 2012, S. 206, 445
168 Emmanuel Lévinas: Die Spur des Anderen. Untersuchungen zur Phänomenologie und Sozialphilosophie, Freiburg 1983, S. 120
169 Zitiert bei Rüdiger Safranski: Ein Meister aus Deutschland. Heidegger und sein Zeit, 4. Auflage, Frankfurt am Main 2004, S. 477
170 Vgl. Zygmunt Bauman: Wir Lebenskünstler, Frankfurt am Main 2010
171 Siehe dazu auch Zygmunt Baumann: Dialektik der Ordnung. Die Moderne und der Holocaust, Hamburg 2002
172 Ivan Illich: In den Flüssen nördlich der Zukunft, a. a. O., S. 231–232
173 Vgl. Giovanni Franzoni: Die Einsamkeit des Samariters. Impulse für eine neue Ethik der Solidarität, übersetzt und herausgegeben von Marie Luise Grün, Münster/Hamburg/London 2003, S. 71
174 Knud Løgstrup: After the Ethical Demand, Aarhus 2002, S. 26
175 Paul Ricœur: Soi-même comme un autre, Paris 1990
176 Vgl. Arthur W. Frank: The Wounded Storyteller. Body, Illness and Ethics. Chicago 1997
177 Vgl. Hans-Dieter Gondek/László Tengelyi: Neue Phänomenologie in Frankreich, Berlin 2011, insbes. S. 169–176 und 411–421
178 Jacques Derrida: Falschgeld. Zeit geben I, München 1993, S. 22 f.
179 Jürgen Habermas: Zur Verfassung Europas. Ein Essay, Frankfurt am Main 2011, S. 26
180 Vgl. Elisabeth Reitinger et. al.: Leitkategorie Menschenwürde. Zum Sterben in stationären Pflegeeinrichtungen, Freiburg 2004
181 Vgl. Avishai Margalit: Politik der Würde. a.a.O.
182 Vgl. Sabine Pleschberger: Nur nicht zur Last fallen. Sterben in Würde aus der Sicht alter Menschen in Pflegeheimen, Freiburg 2005
183 Gerhard Höver/Gerda Graf: Hospiz als Versprechen. Zur ethischen Grundlage der Hospizidee, Wuppertal 2006
184 Vgl. Thomas Macho: Todesmetaphern. Zur Logik der Grenzerfahrung, Frankfurt am Main 1987
185 Franz Peter Waiblinger (Hg.): Seneca. De brevitate vitae. Die Kürze des Lebens. München 2001, S. 26
186 Ebd., S. 27
187 Ebd., S. 28
188 Vgl. Dorothee Sölle: Mystik des Todes. Ein Fragment. Stuttgart 2003
189 Ebd., S. 110 ff.

Reimer Gronemeyer

Das 4. Lebensalter

Demenz ist keine Krankheit

Prominente wie Rudi Assauer, Tilman Jens und Arno Geiger haben die Öffentlichkeit wachgerüttelt – nun liefert Reimer Gronemeyer den Hintergrund zu einer längst überfälligen Debatte: Sein Buch »Das 4. Lebensalter« beschreibt den schwierigen Alltag dementer Menschen und ihrer Angehörigen und prophezeit eine soziale Kernschmelze: In unserer alternden Gesellschaft werden immer mehr Menschen dement, ihre Familien sind immer weniger in der Lage, diese Menschen aufzufangen, und die Kosten für ihre Betreuung explodieren. Reimer Gronemeyer fordert einen Perspektivwechsel. Seine These: Mit medizinischer Forschung werden wir das Problem nicht lösen! Was wir brauchen, ist eine Strategie gegen die sozialen Folgen von Demenz. Denn wir wissen nicht, wodurch Demenz ausgelöst wird – aber wir wissen, dass es jeden treffen kann.